Sobre a Arte da Psicanálise

Edna Vilete

Sobre a Arte da Psicanálise

EDITORA
IDEIAS &
LETRAS

Direção Editorial:
Marcelo C. Araújo

Comissão Editorial:
Avelino Grassi
Edvaldo Araújo
Márcio Fabri

Copidesque:
Ana Aline Guedes da Fonseca de Brito Batista
Camila Pereira Ferrete

Revisão:
Ana Aline Guedes da Fonseca de Brito Batista

Diagramação:
Érico Leon Amorina

Capa:
Alfredo Carracedo Castillo

© Ideias & Letras, 2016.
2ª impressão

Rua Tanabi, 56 – Água Branca
Cep: 05002-010 – São Paulo/SP
(11) 3675-1319 (11) 3862-4831
Televendas: 0800 777 6004
vendas@ideiaseletras.com.br
www.ideiaseletras.com.br

Dados Internacionais de Catalogação na Publicação (CIP)
(Câmara Brasileira do Livro, SP, Brasil)

Sobre a arte da psicanálise / Edna Vilete.
São Paulo: Ideias & Letras, 2013.

ISBN 978-85-65893-18-3

1. Psicanálise - Interpretação 2. Psicanálise e cinema 3. Psicanálise e literatura I. Título.

13-02128
CDD-150.195

Índices para catálogo sistemático:

1. Psicanálise e cinema: Psicologia 150.195
2. Psicanálise e literatura: Psicologia 150.195

Prefácio

Este livro abrange alguns dos trabalhos apresentados desde o final dos anos 1970, em jornadas, congressos, aulas ou cursos que coordenei, muitos deles publicados em diferentes periódicos. No início, pensei em rever os textos mais antigos, decidindo, depois, deixá-los na forma original, pois as ideias que então me atraiam retornaram em textos posteriores, aprofundados pela experiência clínica e pelo estudo de autores aos quais sentia afinidade.

Sempre me surpreendi com a possibilidade que as diferentes expressões da arte possuem para iluminar a psicanálise em seus conceitos teóricos e patologias clínicas. Quando recorremos a elas, seguimos o sábio conselho de Freud em *A Gradiva* ao nos dizer: "Os escritores criativos são aliados muito valiosos, cujo testemunho deve ser levado em alta conta, pois costumam conhecer toda uma vasta gama de coisas entre o céu e a terra com as quais a nossa filosofia ainda não nos deixou sonhar. Eles estão bem adiante de nós, gente comum, no conhecimento da mente, já que se nutrem em fontes que ainda não tornamos acessíveis à ciência".

Para a discussão de material clínico, a história narrada por um escritor e seus personagens tem a óbvia vantagem de ser compartilhada igualmente por todos os integrantes de um grupo, diferentemente dos casos oferecidos por um colega em sua experiência restrita, além de proteger o sigilo de nossos pacientes.

O cinema, por sua vez, com os recursos técnicos os quais dispõe, pode abolir as categorias de tempo e espaço, à semelhança da linguagem do sonho, do processo primário, e assim transmitir sensações e afetos em uma comunicação direta com o inconsciente do espectador. É, pois, um terreno fértil para nossos estudos.

Estudos esses que, para mim, começaram com a curiosidade em entender o *setting* analítico e a natureza do ofício do analista, levando a uma indagação que abre a sequência dos textos deste livro: *O psicanalista, um artista em seu trabalho?*

Entrego a pergunta ao leitor.

Edna Vilete

Agradecimento

Para minha mãe,
no colo de quem descobri o mundo.

Sumário

I - A Clínica

1 - O psicanalista – um artista em seu trabalho	13
2 - Regressão no processo analítico – A visão de Winnicott	28
3 - O falso *self* grandioso	40
4 - Comunicação no *setting* – do silêncio à interpretação	57
5 - O brinquedo e o sonho	79
6 - Winnicott e a moça que sonhou com a tartaruga	91

II - Psicanálise e Cinema

1 - All that jazz – um ensaio sobre o narcisismo patológico	105
2 - Cria Cuervos – Amor e ódio na obra de Winnicott	120
3 - O mal da lua	132
4 - Um coração no inverno	147
5 - Gattaca – a experiência genética	160
6 - Seis graus de separação	166
7 - Uma relação pornográfica – Ele, Ela, uma história nos tempos de agora	171
8 - A bela do palco	183

III - Psicanálise e Literatura

1 - O corpo e os demônios da loucura	199
2 - A caverna de Jean-Baptiste	216
3 - Por que foges de mim? – O mito do amor não correspondido	226
4 - Clarice, Winnicott e Macabéa	235
5 - Pai contra mãe	246
6 - Sobre a intimidade	258

I. A Clínica

1. O Psicanalista – um artista em seu trabalho?

I – Nossa alma é uma morada. E quando nos lembramos das casas, dos aposentos, aprendemos a morar em nós mesmos.

Ao introduzir sua Poética do Espaço, Bachelard sugere que nosso inconsciente está alojado, venturosamente instalado; considerando a imaginação a força maior da natureza humana, ele localiza as imagens que atraem em um "espaço feliz", concentrando o ser no interior de limites que o protegem. A casa, diz ele, abriga o devaneio protege o sonhador, o permitindo sonhar em paz. Lamenta que a psicanálise prefere colocar o ser em movimento ao invés de aquieta-lo, embora compreenda e justifique que ela procure ajudar os inconscientes brutal e insidiosamente desalojados. Recomenda, assim, a topoanálise, uma análise auxiliar da psicanálise tradicional, para estudar os locais de nossa vida íntima. Poderíamos, aqui, incluir a relação espacial em três dimensões com que Winnicott define o suporte ambiental e denomina de *holding*. Em suas funções – sustentação física, proteção de agressões, rotina, suspensão da existência de qualquer coisa além do eu, o holding faria parte desse espaço feliz referido por Bachelard e que, para Winnicott, é o começo bem sucedido da existência. A esse respeito, o filósofo também é explícito: "A vida começa bem, começa fechada, protegida, agasalhada no regaço da casa".

Tudo aquilo que se aplica ao começo reverbera ao longo vida e, bem a propósito, faz-me relembrar um filme antigo de Saura – *Bodas de Sangue* – no trecho onde os bailarinos chegam ao teatro para um ensaio; sentam-se diante dos espelhos no camarim, o falatório cessa, então, eles ficam concentrados; cada qual abre uma caixa de maquiagem, de onde tiram seus pertences, como retratos, cartões postais, imagens de santos, talismãs que arrumam com cuidado religioso. Só, então, espalham lápis, *blushes*, batons, pincéis e esponjas, instrumentos de trabalho que usam com olhar distante e sonhador.

Antonio Gades, o coreógrafo, enquanto se pinta, tem o pensamento solto, sua memória "vai" até seu tempo de menino e jovem iniciante na dança. Dirige-se depois, sozinho, para o salão vazio e, diante dos espelhos, com a mesma expressão sonhadora nos olhos, ensaia novos movimentos.

O espectador se vê agora, e outras vezes durante o filme, diante de uma sala vazia, porém, repleto de expectativa dentro de si. O espaço anuncia e antecipa o ato criador; o artista, como protegido pela intimidade de que se cercou com seus pequenos gestos rituais, pode se lançar no mundo imenso e desconhecido de sua criação.

Sob enfoque semelhante, podemos olhar o local de trabalho do psicanalista – o *settting* – tal como Winnicott nos apresentou no final da década de 1950, o ambiente desenvolvido com confiança para o paciente regredido e onde, no domínio do narcisismo primário, ele nada sabe sobre ambiente algum. Também aqui, tal como sucede com o bebê bem atendido por sua mãe, podemos repetir o que Winnicott diz a respeito – do ponto de vista de um observador haveria nesse espaço duas pessoas, mas do ponto de vista do paciente haveria uma só. O *setting* de Winnicott reproduz as técnicas de maternagem da primeira infância e dos estágios iniciais, mas para exercer seus cuidados, o analista necessita, tal como os bailarinos no camarim, cercar-se de seus objetos conhecidos e instalar-se em uma rotina de horários e, ao se pôr à vontade, esquecer-se de si mesmo. Sob essa condição, o paciente pode "se enroscar no divã, deitar a cabeça sobre a mão e parecer aquecido e contente". Essas palavras de Winnicott lembram o "espaço feliz" de Bachelard e descreve a extrema satisfação que a experiência de dependência no *setting* pode proporcionar. Tal satisfação não é, entretanto, de natureza sensual, esclarece Winnicott, mas se refere ao fato de que a regressão alcança e fornece um ponto de partida, "um lugar" onde o eu é encontrado. Nesse lugar criado de isolamento e intimidade, de devaneio e repouso, o paciente pode divagar sem orientação e ser simplesmente capaz de existir sem qualquer direção de interesse externo ou movimento. Para Winnicott esses breves momentos de não integração permitem uma "elaboração imaginativa" em que, a partir das funções corporais, a psique passa a residir no soma. Assim, através desse processo de personalização, podemos, como nos diz Bachelard, supor que o paciente começa, agora, a morar em si mesmo.

II - *Não sou eu que descrevo. Eu sou a tela e oculta mão colore alguém em mim.*

Fernando Pessoa

Nos versos do poeta encontramos um movimento impulsivo de inscrição, de registro que nos lembrando a descrição feita por Winnicott em seu jogo do rabisco e que, por sua qualidade de inconsciente, poderia ser definido como louco, não fosse sã a pessoa que o faz.

De fato, no *setting* oferecido e que acolhe a regressão, antigos registros de percepção podem, então, ocorrer. Que sentido acurado, por exemplo, permite ao paciente perceber, com tamanha precisão, mesmo deitado, a desatenção do analista, seu transitório alheamento? Como um bebê que para de sugar o leite enquanto mama se a mãe não estiver olhando para ele, também o paciente se perde em suas associações, ou interrompe o que fala se o pensamento do analista se distanciar.

Ao nos apresentar a existência de uma comunicação direta e silenciosa, primitiva e fundamental, possível somente com um objeto subjetivo, Winnicott nos esclarece porque a mãe zelosa, e ninguém mais, identifica mensagens variadas que vão desde a fome até o desejo de colo, de embalo, de contato corporal do seu bebê. Só a sintonia extrema, a dedicação exclusiva, a preocupação materna, em uma identificação primária, permite perceber nuances tão sutis. Entretanto, o *setting* proposto por Winnicott prevê condições ideais para tal sintonia acontecer; a disponibilidade emocional do analista faria o resto.

A seguir, leremos uma situação clínica vivida e oferecida por uma colega em supervisão. Ela pode nos ajudar a entender o mecanismo da citada comunicação primitiva:

> *O paciente procurou a analista desejando se tratar em virtude de um tique que muito o incomodava. Após três entrevistas e indecisões, resolveu, afinal, adiar o começo da análise. Poucos meses depois, porém, o paciente telefonou pedindo para ser atendido com urgência. Muito angustiado por um caso de amor que vivia no momento, intensamente enamorado e desprezado pela amante, iniciou suas sessões. Curiosa, a analista se perguntou sobre o tique, que jamais havia presenciado e não fora descrito pelo paciente, muito embora ele o dissesse frequente e extremamente perturbador. Um dia, durante a sessão, em clima de muita angústia e queixas do paciente que protestava por não melhorar, a analista se viu inspirando profundamente, iniciando um suspiro que, subitamente, interrompeu como um espasmo, emitindo um ruído que lhe pareceu semelhante ao coaxar de um sapo. Mais de uma vez o fenômeno se repetiu e, agora, constrangida e surpresa, ela se pôs a pensar se não seria esse o tique escondido. Ao sair, como em confirmação, o paciente repete o mesmo movimento e o mesmo som, numa escala aumentada.*

O ocorrido permitiu uma compreensão inicial do paciente, sua sôfrega busca de uma relação amorosa, vital para ele como o ar que respirava, tão intensa quanto a inspiração profunda a que se entregava, mas que fora bruscamente interrompia, numa expiração-expulsão súbita e explosiva. O fenômeno descrito representa, para nós, um belo exemplo de mutualidade na experiência, de fato uma experiência corporal, realizada em termos da "anatomia e fisiologia de corpos vivos" ou das "cruas evidências da vida", vivida pela analista quando, sem se dar conta, copiou os movimentos respiratórios do seu paciente. O processo de identificação primária que Winnicott resgata da psicanálise clássica realiza-se, assim, através de identificações afeto-motoras, com a imitação inconsciente de gestos e expressões emocionais ou com alterações do funcionamento corporal. Essas alterações são decorrentes de uma recepção cenestésica, uma sensibilidade profunda de músculos e vísceras, são respostas neurovegetativas aos estímulos do ambiente. É a sensibilidade da mãe, no princípio exclusiva e depois predominante, nos primeiros meses de vida de um recém-nascido, sem a qual ele não conseguiria sobreviver, o ponto de partida para o sistema de comunicação já descrito, uma verdadeira linguagem corporal, onde, no dizer de MacLuhan: "o meio é a mensagem".

Substituída, com o desenvolvimento, por outras formas de percepção, os sinais semânticos obscurecendo os demais, persiste, entretanto, nos artistas e em condições especiais de intimidade emocional como o *settting* analítico tal qual foi proposto. Seja no artista ou no analista, essa forma de recepção primitiva acontece em uma condição de se sentir fundido, e essa fusão entre o *self* e o mundo representa um sentimento provisório de autoexpansão, de enriquecimento, tão bem descrito por Bachelard quando diz em *O Direito de Sonhar*:

> *Antes da obra, o pintor, como todo criador, conhece o devaneio meditante, o devaneio que medita sobre a natureza das coisas. Com efeito, o pintor vive, de muito perto, a revelação do mundo pela luz, para participar, com todo o seu ser, do nascimento incessantemente renovado de um universo... Aceitando a solicitação da imaginação dos elementos, o pintor recebe o germe natural de uma criação.*

Mas o próprio pintor dá seu testemunho quando revela, em confidência:

> *O artista é o abrigo de emoções vindas não importa de onde, do céu, da terra, de um pedaço de papel, de uma figura que passa, de uma teia de aranha. Acrescentando: quando entro em meu ateliê de trabalho, deixo meu corpo à porta, como os muçulmanos deixam os sapatos antes de entrarem na mesquita.* (Picasso)

Se o corpo fica "à porta", podemos concluir que deve ser para receber o outro e poder, ao criar, traduzi-lo, já que o poeta, falando melhor do que todos nós leva mais adiante a ideia:

> *Não sou eu quem descrevo. Eu sou a tela*
> *E oculta mão colora alguém em mim.*
> *Pus a alma no nexo de perdê-la*
> *E o meu princípio floresceu em Fim.* (F. Pessoa)

A alma perdida é uma bela imagem para definir o sentimento de perda de identidade na situação de regressão provisória, no estado de fusão do eu e do mundo, do eu e do outro, condição prévia e necessária à criação, em que o princípio pode, afinal, florescer.

As sensações corporais descritas representam para o analista os sinais em uma trilha desconhecida, ele é o "guia" que abre o caminho, ligando as sensações aos afetos e os afetos às ideias que ou estão dissociadas ou não conseguem, ainda, ser formuladas pelo paciente. Mas, concordando com Clarice Lispector, todo momento de achar é um perder-se a si próprio e, por isso, o analista se vê exposto a um esforço doloroso que, na própria opinião de Winnicott, talvez preferisse evitar.

Ao se debruçar sobre seu paciente regredido, o analista pode viver, em confusão, um estado de inquietude, de expectativa por algo que precisa ser encontrado e que, afinal, consiste no reconhecimento de si mesmo. Localizando as emoções, as vivências desencadeadas na relação analítica – toda a gama de sentimentos contratransferenciais e que estão relacionadas à sua história, à sua própria experiência, o analista pode, por analogia ou identidade, chegar à compreensão do seu paciente.

Concluindo com Picasso: *"C'est en rentrant dans l'objet qu'on rentre dans sa propre peau"* (Isso é relevante para a finalidade que se encaixa em sua própria pele).

III - De quem é o olhar que espreita por meus olhos?

Muito embora a vivência de fusão seja transformadora do *self* e dos objetos, na condição da maternidade e na situação analítica, ela conduzirá, mais cedo ou mais tarde, ao restabelecimento dos limites entre os parceiros dessa díade, o que não acontece nos estados de regressão patológica. Margaret Mahler, estudiosa e pesquisadora do processo de diferenciação entre o bebê e a mãe, conta-nos que a consciência inicial da falta da mãe – a metade simbiótica do seu eu – leva o bebê a um estado especial de interrupção de atividade, de introspecção, concentrando interiormente sua atenção, ocupado em fazer o que ela chama de "imaginar", buscando recapturar a mãe ausente nessa atividade imaginante.

Seria esse o instante mágico em que se origina o pensamento reflexivo, o *insight*, o ato criador? Seria a expressão dos bebês igual a que vimos, curiosos, no rosto dos bailarinos de Saura?

Novamente, o poeta pode dar continuidade a nossa hipótese quando, tentando desvendar o mistério de uma invisível presença, pergunta:

> *De quem é o olhar*
> *Que espreita por meus olhos?*
> *Quando penso que vejo,*
> *Quem continua vendo*
> *Enquanto estou pensando?*
> *Por que caminhos seguem,*
> *Não os meus tristes passos,*
> *Mas a realidade*
> *De eu ter passos comigo?*

(Fernando Pessoa)

Não é difícil reconhecer na invisível presença que os versos sugerem o paradoxo apresentado por Winnicott ao descrever a capacidade de ficar só, fenômeno altamente sofisticado que ocorre no amadurecimento da criança. A confiança estabelecida na relação permite que o bebê se sinta acompanhado, mesmo pela mãe ausente.

Entretanto, os versos são, ao mesmo tempo, perguntas indagando sobre alguém, insinuando, assim, um caminho começado com a condição de estar só e que em seguida prossegue, indo de um objeto subjetivo a outro que pode ser percebido em sua objetividade, os passos tristes do caminhante incluem a dor da separação do eu e do não eu, a transição dolorosa que Winnicott estudou, oferecendo como salvação o espaço potencial, o local onde a separação não é uma separação, mas uma forma de união.

"Estou reivindicando um estado intermediário entre a incapacidade do bebê" – e, poderíamos dizer, do ser humano – "e sua capacidade crescente de reconhecer e aceitar a realidade. Estou, portanto, estudando a substância da ilusão, a que é permitida ao bebê, e que, na vida adulta é inerente à arte e à religião".

Mais adiante, porém, ao reconhecer que o espaço potencial é o lugar no qual o brincar acontece e onde ocorre a comunicação significativa, ele irá acrescentar à arte e à religião o próprio trabalho clínico no *setting*. "A psicoterapia é feita na superposição de duas áreas do brincar, a do paciente e a do terapeuta. Se o terapeuta não puder brincar, não está, então, preparado para o trabalho. Se o paciente não puder brincar, algo deve ser feito para capacitá-lo. Então, somente após essa etapa, a psicoterapia pode começar".

O artista não tem dúvidas do lugar onde trabalha. Rosa Montero, ao falar sobre a imaginação – "a louca da casa" como a chamava Santa Tereza de Jesus – diz que "os romances, como os sonhos, nascem de um território profundo e movediço que está além das palavras. E nesse mundo saturnal e subterrâneo," acrescenta ela, "reina a fantasia".

Bem a propósito, Winnicott comparou o psicanalista e sua intuição ao artista quando escreveu sobre a regressão no *setting*, onde existe, implicitamente, uma organização do ego e uma ameaça de caos. Ecoando essas palavras, Rosa Montero define a imaginação como "puro excesso e deslumbrante caos". "Ser romancista", conclui ela, "é conviver felizmente com a louca lá de cima e a que mora no sótão". O convívio só é feliz porque, para ela, escrever corresponde a um estado de enamoramento, de delicioso alheamento, em que sua alma está entregue, com a sensação de se fundir com o amado no êxtase da união total, em que os dois se transformarão em apenas um.

Retornamos, assim, ao nosso ponto de partida para concluir que o trabalho criativo do psicanalista e do artista pertence à mesma "praia do mar de mundos sem fim", (Tagore) onde crianças brincam.

IV - Por meu ofício – isto – o espalmar de minhas mãos pequeninas para colher o Paraíso.

Emily Dickinson

A entrega, a emoção, a premência, são partes da descrição que o artista faz de seu trabalho. Fernando Pessoa, declarando que viver não é necessário, o necessário é criar, mesmo que o corpo e a alma tenham de ser a lenha desse fogo, explica as horas seguidas que Picasso passava diante suas telas, ou o calor e a febre de que Drummond se dizia possuído ao escrever. Mesmo nas situações anônimas, do artista amador, sem talento ou sucesso, é necessário que aconteça tal absorção e esquecimento do mundo, como característica da atividade criativa e herança dos estados primitivos e bem sucedidos de não integração. A esse respeito, dizia Picasso: "É preciso que a obscuridade à volta da tela seja completa, para que o pintor trabalhe hipnotizado e pinte em estado de quase transe". É este, pois, o "espaço feliz" de Bachelard ou o "espaço potencial" de Winnicott, a área onde o homem pode alcançar sensações intensas que pertencem aos anos precoces e, com isso, a consciência de estar vivo.

E quanto ao psicanalista, que muitas vezes passa o dia todo dentro do consultório (podendo estender-se às noites), atarefado em cursos, seminários, escrevendo e estudando em suas poucas horas livres? Que chama mantém essa atividade tão intensa? Que motivos o induz a uma profissão de esforço, privação e isolamento na qual se expõe ao sofrimento de acolher, dentro de si, a dor mental de seu paciente? Que desafio o leva a enfrentar a ameaça da contratransferência à sua integridade psíquica?

Talvez a resposta esteja na crença de que o ser humano busca, ativamente, estímulos diferentes, e até situações de conflito, mesmo que representem angústias e incertezas e tenha que se esforçar por resolvê-las, pois é o meio de integrar experiências novas e dar continuidade ao seu *self*, seu existir. Assim é que a comunicação direta e silenciosa, estabelecida em uma situação de mutualidade, coloca tanto o analista quanto o artista em contato direto com o próprio inconsciente, com seu conteúdo de sentimentos e emoções, em um funcionamento de processo primário. O analista, com seu paciente, confirma o conceito de que o ser humano só se conhece na presença de outro, e na fonte inesgotável das fantasias e vivências contratransferenciais, encontra recursos para explorar e expandir seu mundo interno. O trabalho analítico representa, assim, para o analista, um processo interminável de introspecção, de observação e descoberta de si mesmo, uma análise sem fim... De maneira semelhante, Rosa Montero vê seu trabalho como tentativa de refletir a si mesma, pois diz ela: "A gente escreve para se expressar, mas escreve, também, para se olhar num espelho e poder se reconhecer e se entender".

Fernando Pessoa, com seus versos, pode muito bem traduzir o que fora dito, sobre encontrar o próprio *self* no espaço potencial, em um poema que ele mesmo denominou de *Análise*.

> *Tão abstrata é a ideia do teu ser*
> *Que me vem de te olhar, que, ao entreter*
> *Os meus olhos nos teus, perco-os de vista,*
> *E nada fica em meu olhar, e dista*
> *Teu corpo do meu ver tão longemente,*
> *E a ideia do teu ser fica tão rente*
> *Ao meu pensar olhar-te, e ao saber-me*
> *Sabendo que tu és, que, só por ter-me*
> *Consciente de ti, nem a mim sinto.*
> *E assim, neste ignorar-me a ver-te, minto*
> *A ilusão da sensação, e sonho*
> *Não te vendo, nem vendo, nem sabendo,*
> *Que te vejo, ou sequer que sou, risonho*
> *Do interior crepúsculo tristonho*
> *Em que sinto que sonho o que me sinto sendo.*

Por outro lado, o poeta, o pintor, o dançarino, o ator e o escultor, além de tantos outros, cada qual com sua arte, vê-se dotado e impelido a expressar tudo o que agita o coração humano, o que fermenta em sua natureza. Espelho do homem, o artista reflete o que sente. Auguste Rodin, em entrevistas a Paul Gsell sobre suas esculturas e desenhos, traduz, dessa maneira, o trabalho do artista: "Eu reproduzo o espírito. O artista não percebe a Natureza como ela aparece para os homens comuns, pois as emoções que ele sente lhe revelam as verdades interiores que jazem sob as aparências...". Com tais palavras Rodin estaria se referindo à Bela Rameira, sua escultura de uma famosa cortesã em uma decrepitude repelente, ela que na juventude fora radiosa de graça e beleza. Paul Gsell a qualifica como "magnífica em sua feiura". Rodin comenta, então, que "em arte só é feio o que é falso ou artificial" [...] "o olho do artista, enxertado em seu coração, aceita corajosamente toda a verdade exterior...", pois é capaz de transfigurar a feiura em beleza quando revela o sentido oculto, a verdade interior. Assim, acrescenta ele, "o artista, saciado de verdade, é imensamente feliz". "Você notou", conclui, "que, na sociedade moderna, os artistas, os verdadeiros artistas, são quase os únicos humanos que exercem sua ocupação com prazer?"

Podemos, depois disso, pensar, em toda sua extensão, sobre a tarefa do psicanalista. De depositário das vivências que o paciente sofre, transforma-se no artífice de seus sentimentos quando, ao interpretar, consegue transmitir toda a atmosfera emocional que cerca suas ideias. Pois, assim como o músico, através de bemóis e sustenidos transmite, sem equívocos, a essência íntima da tristeza e da alegria, o analista por ser não somente observador, mas também participante na relação, através das inflexões da sua voz, pela forma como interpreta, as palavras que emprega, sua atitude, enfim, pode levar ao paciente a veracidade do que diz e a convicção de sua empatia. Como se, nas entrelinhas, de uma forma implícita, sem sugestão ou asseguramento, o analista estivesse dizendo: "Eu entendo o que você sente, também já passei por isso, é difícil, mas é o caminho".

O próprio Winnicott, tão em dúvida sobre atribuir ao psicanalista a condição de artista, não deixou de se comparar ao violoncelista que primeiro trabalha a técnica e só depois começa realmente a tocar a música. Entretanto, em suas dúvidas, ele pergunta: "Que paciente deseja ser o poema ou o quadro de alguém"? Considerando, porém, a confissão de Picasso (entre tantas outras semelhantes) de que "A pintura é mais forte do que eu. Ela me obriga a fazer o que ela quer", ou levando em conta a teoria da técnica de Winnicott onde "todas as características do processo derivam do paciente e não de nós como analistas", vemos que nada há a temer, no sentido de que se possa moldar o paciente. E, assim, por mais que o estudo científico da adaptação do ambiente se desenvolva, continuaremos sendo artistas em nosso trabalho.

Depois de todo esse caminho percorrido e de todas as vicissitudes enfrentadas, junto com a resolução de suas dificuldades, quando o paciente vai às sessões atraído, sobretudo, por se descobrir e se expressar, se ele vê seus sintomas, embora penosos, como um código secreto que o instiga e pretende traduzir, se é capaz de sonhar e, ao acordar, se assombrar com seus sonhos, se pode se encantar com o riso e o brinquedo das crianças, se aprecia a poesia e a natureza, o analista poderá, então, supor que sua obra esteja concluída.

Os aspectos artísticos do trabalho clínico apresentam a psicanálise não em sua versão de psicoterapia que persegue a cura – seremos pobres se formos apenas sãos – mas com o propósito mais amplo e, sem dúvida, mais ambicioso, de intensificar a vida interna de nossos pacientes e avivar a centelha de sua criatividade, pois só assim – aprendemos com Winnicott – a vida vale a pena ser vivida.

Bibliografia

1. BACHELARD, G. (1978) *A poética do espaço*. Abril Cultural, São Paulo.

2. _____. (1985) *O direito de sonhar*. Difel, São Paulo.

3. BRINICH, P. (1982) *The Emergence of Mother-Child Communication*. I. J. pp. 37, 3.

4. DICKINSON, E. (1985) *Uma centena de poemas*. T. A. Queiroz Editor, São Paulo.

5. FERREIRA, T. C. (1999) *Eu sou uma pergunta – uma biografia de Clarice Lispector*, Rocco, Rio de Janeiro.

6. HONIGSZTEJN, H. (1985) *A receptividade*. Boletim Científico da S.B.P.R.J.

7. JACOBSON, E. (1954) *The Self and the Object World*. Int. Univ. Press. New York.

8. KRIS, E. (1952) *Psychoanalytic Exploration in Art*. Int. Univ. Press. New York.

9. MAHLER, M. (1977) *O nascimento psicológico da criança*. Zahar, Rio de Janeiro.

10. MONTERO, R. (1951) *A louca da casa*, Ediouro, Rio de Janeiro, 2004.

11. NOY, P. (1972) *About Art and Artistic Talent*. I. J. p. 53.

12. _____. (1969) *A Revision of the Psychoanalytic Theory of the Primary Process*. I. J. p. 50.

13. PESSOA, F. (1983) *Obra poética*. Editora Nova Aguillar S.A. São Paulo.

14. RODIN (1911) *A arte – conversas com Paul Gsell*. Nova Fronteira, Rio de Janeiro, 1990.

15. RYCROFT, C. (1956) *The Nature and Function of the Analyst's Communication to the Patient*. I. J. p. 37

16. SPITZ, R. (1972) *El Primer Año de Vida del Niño*. Aguillar, Madri.

17. (1954) Aspectos clínicos e metapsicológicos da regressão no contexto psicanalítico, em *Da pediatria à psicanálise*, Imago, 2000, Rio de Janeiro.

18. (1958) A capacidade para estar só, em *O ambiente e os processos de maturação*, Artes Médicas, 1982, Porto Alegre.

19. (1960) Teoria do relacionamento paterno-infantil. ib.

20. (1962) A integração do ego no desenvolvimento da criança, ib.

21. (1963) Comunicação e falta de comunicação levando ao estudo de certos opostos, ib.

22. (1968) A comunicação entre o bebê e a mãe, e entre a mãe e o bebê: convergências e divergências, em *Os bebês e suas mães*, Martins Fontes, 1996, São Paulo.

23. (1969) A experiência mãe-bebê de mutualidade, in *Explorações psicanalíticas*, Artes Médicas, 1994, Porto Alegre.

24. (1971) *O brincar e a realidade*, Imago, 1975, Rio de Janeiro.

25. ZUSMAN, W. (1985) *O análogo*. Boletim Científico de S.P.R.J.

26. *O pensamento vivo de Picasso* (1985). Martin Claret Editores.

27. *Picasso* (1981) – *O correio da Unesco* – Ano 9, nº 2, Fundação Getúlio Vargas.

2. Regressão no processo analítico – A visão de Winnicott

Neste capítulo, veremos a descrição do quadro regressivo prolongado de uma paciente em análise há cinco anos. Através do conceito de Winnicott sobre o descongelamento da situação de falha ambiental para a compreensão do quadro, serão expostas ideias que apontam, no ponto de vista do supracitado autor, uma nova teoria da técnica.

O início do colapso

A situação clínica relatada a seguir é do começo dos anos 1980, e foi vivida por uma mulher de 35 anos, que fazia análise comigo há cinco. Inteligente e sensível, ela conseguiu fazer um grande progresso no tratamento, tendo evoluído para uma situação profissional de sucesso. Nesse tempo, teve um filho, vivendo uma experiência de maternidade que lhe foi muito grata. Na verdade, o desejo de ter um filho e a insegurança que sentia a esse respeito foi o motivo inicial para que ela buscasse tratamento.

Em virtude de seu progresso, a paciente pensava em concluir seu tratamento dentro de seis meses. Realmente, parecia estar indo tudo bem em sua vida, embora eu notasse nela certa dependência com relação ao marido e a mãe, que parecia, entretanto, harmoniosa e inserida no contexto familiar. Em um final de semana, porém, ela se sentiu mal, subitamente – um vago mal-estar, uma sensação de fraqueza geral, como se pudesse a qualquer momento desfalecer. Supondo ser tal quadro consequência de uma infecção que tivera poucos dias atrás, ela acabou retornando ao trabalho na segunda-feira sem estar de todo bem, e, em meio às suas atividades, teve um episódio de taquicardia paroxística, duradouro o bastante para que fosse chamado um pronto-socorro cardiológico o qual, além dos batimentos cardíacos nitidamente aumentados, não encontrou nada mais específico.

Como as sensações anteriores permaneceram, ela foi examinada por um clínico geral e realizou vários exames complementares sem que nada anormal fosse igualmente encontrado. Nesse momento, ela se encontrava com a doença há 10 dias, resolvendo, então retomar às sessões – das quais se afastara – sendo possível constatar que, de fato, ela se sentia muito angustiada; essa angústia se acentuou nos dias subsequentes, chegando, no fim de semana seguinte, a uma condição extrema, um estado para o qual ela não encontrava palavras que pudessem descrevê-lo. Pôde, entretanto, em uma aproximação de descrição, me dizer que não conseguia encontrar paz em lugar algum, que perambulava pela casa sem conseguir comer ou dormir, tudo lhe parecia assustador, fosse o filme que tentara ver com o filho pela televisão (*A fantástica fábrica de chocolate*), ou a simples tentativa de sair de casa para levá-lo a uma festinha de aniversário, o que não conseguiu fazer, pedindo ajuda à mãe. Diante, porém, da possibilidade de ficar sozinha em casa, sua angústia aumentava, chegando a viver um estado de pânico. Seria pouco, esclarece ela na ocasião, dizer que estava com medo de enlouquecer, mas parecia que, a qualquer momento, ela poderia perder contato consigo mesma e isso lhe parecia aterrador. Em meio a toda essa aflição, ela, que era médica – especializada em doenças infectocontagiosas – recorreu a um colega psiquiatra que lhe recomendou tranquilizante. Entretanto, os efeitos colaterais a assustavam de tal maneira que o remédio, ao invés de ajudá-la, parecia lhe fazer mais mal, então ela se recusava a tomar o que quer que fosse para alívio de seus sintomas.

O quadro persistiu por alguns dias, com algumas modificações, até que acabou vivenciando e descrevendo uma nova sensação que, curiosamente, atenuou um pouco sua angústia extrema: ela dizia se sentir flutuando no ar, como se estivesse dentro de uma bolha, os ruídos do mundo atenuados e ela um tanto surda. Ela usava tais imagens para tentar transmitir como se sentia, o que se passava com ela, o que parecia ser uma reação defensiva criando uma vivência de despersonalização.

Porém, apesar dessas defesas, a angústia retornou em episódios agudos, acentuando o medo de ficar só, pois temia se sentir mal e não ter quem a acudisse. Vivia ainda, por vezes, um temor intenso de estar intoxicada por uma comida que lhe parecera estragada e lhe provocava vômitos e, por isso, mostrava-se desconfiada diante de todo alimento novo, ou que lhe fosse oferecido fora de casa, em reação semelhante a que acontecera com relação à medicação prescrita. Muitas outras perturbações somáticas ocorreram durante esse período – diarreias, metrorragias, conjuntivites, amigdalites, dentre outras; tais transtornos, juntamente com a dificuldade de se alimentar, levou a paciente a perder cerca de dezoito quilos em um ano.

Pela manhã, era extremamente difícil ir ao trabalho e cumprir atividades que, embora conhecidas e rotineiras, já não se sentia capaz de realizar. Tinha, a seu cuidado, pacientes graves, muitas vezes em estado terminal, e que lhe exigiam decisões difíceis. Seu estado de tensão muscular era extremo, deixando-a muito cansada no final do dia. E ela esperava aflita para que pudesse voltar para casa, um refúgio para ela, onde poderia estar sem solicitações e experimentar algum alívio. Para dormir, entretanto, precisava estar encostada ao corpo do marido, pois só dessa maneira conseguia relaxar.

A angústia, os medos, os sentimentos depressivos, as sensações de despersonalização, os transtornos psicossomáticos duraram mais de um ano, acompanhados de trabalho psicanalítico com alguma compreensão, mas, acima de tudo, sobressaia nela a necessidade extrema das sessões, para simplesmente estar lá, quando encontrava, quase sempre, algum alívio e esperança.

Sob a visão de Winnicott

Aos poucos, o que se passava com a paciente foi sendo compreendido. Alguns dias antes do início de colapso, ela teve um sonho onde se via caminhando, sozinha, por ruas desertas. Parecia madrugada, pois o clima era sombrio e ela se sentia ameaçada por algo indefinido. De súbito, um vento forte, semelhante a um tufão, sobrenatural, como que impulsionado por demônios, a arranca do chão para o espaço, onde se via lançada em todas as direções, sem controle algum. Quando acordou desse sonho, ela se encontrava extremamente angustiada, porém nada sobre esse sonho fora relatado em suas sessões.

No início de seus transtornos, houve, como causa desencadeante, a proximidade de um período de afastamento entre nós. De uma maneira excepcional – e em um período do ano não usual – eu me afastei do trabalho por cerca de dois meses em virtude de um curso que faria na Inglaterra. Os sintomas da paciente começaram três meses antes de minha partida. Outro elemento – o medo de se ver intoxicada por comida estragada – levou a um episódio traumático de sua infância, perto de 1 ano e 6 meses, ela foi desmamada abruptamente em consequência de uma intoxicação por frutos do mar que a família sofreu, um quadro grave que exigiu a internação da mãe por dois ou três dias, ficando a paciente aos cuidados da avó paterna. Segundo o que sempre lhe contaram, ela teria chorado aflita e inconsolável por todo o tempo, sem dormir relaxada e sem comer, o que nos lembra, de perto, o que ela vivenciou, em extrema angústia, quando o quadro atual começara.

Meus conhecimentos sobre o processo de separação-individuação me ajudaram na ocasião, tendo entendido que nossa próxima separação atualizava a vivência traumática de sua infância, quando o seu desmame ocorrera.

Entretanto, a persistência, o prolongamento de sua angústia, fizeram-me pensar que havia mais a entender. Os trabalhos de Winnicott, ainda precariamente traduzidos, levaram-me a buscá-lo e se revelaram de um valor que me conquistou, em definitivo, como um referencial para fundamentar, daí por diante, o meu trabalho clínico.

Eu me perguntava, e até ler Winnicott não encontrara resposta, por que, após tantos anos de análise, sem dúvida bem sucedida, surgira uma perturbação que a arrastou como o tufão de seu pesadelo. E, como alguém, de estrutura aparentemente neurótica, mostrou uma angústia e depressão que, por sua intensidade e persistência, poderíamos classificar de psicótica?

Não só Winnicott, mas também a paciente nos ajudou quando, finalmente, revelou os medos hipocondríacos que, até então, mantinha secretos. Sua condição de médica lhe permitia ter acesso fácil às diferentes clínicas do hospital onde trabalhava e podia realizar os exames que, mediante suas suspeitas de doença, pareciam necessários e cujos resultados normais aliviavam, temporariamente, a ameaça de morte que a rondava. Um dia, entretanto, logo após combinar comigo o término de sua análise (precipitada por minha saída excepcional de férias), pensou que, se fosse embora sem me revelar o que trazia escondido, jamais se livraria desses temores. Tal revelação, feita posteriormente durante sua doença, levou-me a pensar que haveria, da parte dela, um consentimento para que tudo acontecesse, e pude entender o que Winnicott diz, de um conflito delicadamente equilibrado vivido por alguns pacientes, entre o medo da loucura e a necessidade de ser louco. Portanto, se o quadro se prolongou e o alívio não foi mais rapidamente obtido, também se devia à coragem de a paciente assumir os riscos envolvidos e recordar, revivendo, todos os meandros da loucura que existiu em seu passado. Essa loucura pertence a um tempo em que a criança, nos diz Winnicott, é um ser que está constantemente a pique de viver um estado de angústia inimaginável se lhe falta o suporte de um ambiente protetor.

Os cinco anos de análise anteriores à crise representaram um tempo necessário para que houvesse, da parte dela, uma confiabilidade que a levasse a abandonar toda a organização de defesas construídas a partir de sua vivência traumática. Baseando-se nas ideias dos pontos de fixação estabelecidos pela psicanálise clássica, Winnicott conceitua a existência de um congelamento do que seria a falha ambiental, acompanhada de uma concepção inconsciente, mas que pode se transformar em uma esperança consciente de que, em algum momento futuro, haverá a oportunidade para uma nova experiência, na qual a situação de falha poderá ser descongelada e revivida, com o indivíduo em estado de regressão e dentro, agora, de um ambiente capaz de prover a adaptação adequada. Portanto, a teoria que ele propõe é a da regressão como fazendo parte de um processo de cura denominada por ele como regressão à dependência. Winnicott é, assim, um autor esperançoso, pois sua teoria de doença mental é decorrente de uma interrupção do desenvolvimento, trazendo consigo a ideia de uma dinâmica no sentido da cura, pois se o bloqueio ao desenvolvimento é afastado, o crescimento ocorrerá pelo impulso à integração que existe no ser humano.

Outra ideia na teoria de regressão de Winnicott me intrigava, a qual representa uma séria responsabilidade para o analista. Para ele, após o progresso, após o paciente alcançar a confiança em nós, seriam nossos equívocos e fracassos os novos traumas para o paciente. Portanto, uma falha do analista seria responsável por desencadear o colapso do paciente.

Qual teria sido, então, a minha falha com a paciente para se transformar no fator desencadeante de sua grave crise?

Foi fácil identificar o meu período prolongado de afastamento como um novo trauma e abandono, mas isso não parecia bastar, até porque a melhora em toda sua aflição não vinha e, um dia, em decorrência do que parecia ser a sua impossibilidade de aproveitar tudo o que laboriosamente descobríamos, lembrei-me de minha atitude, quando há muitos meses atrás lhe anunciei a minha saída. Na ocasião dissera qualquer coisa parecida com: "Estou avisando com bastante antecedência para que você esteja preparada". Talvez não tenha sido propriamente o que eu disse, mas, quem sabe, o tom de minha voz? Percebi, além disso, que minhas palavras eram decorrentes das dificuldades que a paciente tivera com outras saídas minhas, e provavelmente eu estava preocupada e culpada pelo que iria fazer, por minha ausência prolongada. Acredito, também, que, nesse momento eu estava identificada com a mãe da paciente que tivera grande dificuldade em desmamá-la. A maneira que falei, passou uma mensagem sobre ela ser frágil e difícil de satisfazer, de que me era, pois, pesada e me dava trabalho, algo de que ela própria sempre se acusou. Ficou clara, então, a fantasia de ter sido responsável pela intoxicação que a mãe sofrera, e por tantas outras doenças que ela tivera ao longo da vida, pois era mulher de constituição física delicada, de saúde precária. A vida inteira, a paciente em análise sentiu medo de perdê-la, alternando entre os cuidados que lhe proporcionava e atitudes de apego e dependência exigentes de sua dedicação.

Nas situações de regressão, com frequência os sintomas e as manifestações somáticas aparecem, pois para se tornar um indivíduo, constituindo-se em uma unidade, é necessária a existência de uma coesão psicossomática. Os acontecimentos traumáticos da história de uma criança pequena ou as falhas do ambiente em atender suas necessidades, nessa fase de absoluta dependência, determinam uma fratura em seu *self* unitário. Com essa fratura, se rompe, também, a coesão psicossomática, a conquista que Winnicott chamou de personalização, onde o indivíduo sente que habita o próprio corpo, já que, para ele, a psique tem o corpo como morada no desenvolvimento sadio.

As angústias inimagináveis as quais um bebê estaria exposto relacionam-se à perda desta coesão, trazendo sensações como as de cair – para sempre – como no sonho que a paciente apresentava, ou despedaçar-se, ou não ter relação com o próprio corpo. Para retornar a relação, surgem as sensações e as disfunções orgânicas. Basta lembrar a pele com irritação crônica, os músculos com sua tensão aumentada que dão ênfase à membrana limitante do corpo, contendo o *self*. Dentro desse pensamento, as perturbações viscerais, a dor, o desconforto físico são uma forma do indivíduo sentir que se mantém alojado em seu corpo. Um doente psicossomático crônico, de muitos anos de doença, definiu isto, dizendo: "para me sentir melhor mentalmente, tenho de estar mal fisicamente". E, podemos pensar, curiosamente, que a perda de líquidos ou conteúdos corporais, como acontecia com as diarreias e as metrorragias da paciente, por exemplo, representam uma conciliação entre a perda das fronteiras corporais e a afirmação do corpo como defesa.

Não seria apropriado usar o termo regressão, dentro do conceito de Winnicott, toda vez que um comportamento infantil se faz presente no relato de um caso, pois a palavra regressão deu origem a um significado popular. Na regressão, a dependência de que estamos tratando, como característica básica está implícita uma organização do ego e uma ameaça de caos. Assim, o longo tempo, por vezes prévio a um processo regressivo, dentro do curso de uma análise, como aconteceu com a paciente, torna-se necessário para que o ego se organize e o paciente possa, então, enfrentar o caos que se anuncia.

É preciso acrescentar que se trata sempre de uma vivência extremamente dolorosa para o paciente e, se essa experiência de dependência proporciona qualquer satisfação, ela não é de natureza sensual, mas existe porque a regressão alcança e fornece um ponto de partida, o lugar onde o **eu** é encontrado. O paciente entra em contato com os processos básicos do eu que fazem parte do desenvolvimento verdadeiro, e o que acontece daqui por diante é sentido como real. O colapso é, assim, não tão uma enfermidade, mas um primeiro passo no sentido da saúde.

Afinal, isso aconteceu com a paciente que passou a sentir suas conquistas e progresso, alcançados, até então, como verdadeiros, ganhando uma confiança e segurança que nunca havia experimentado. Percebe sua coragem em viver, "pronta", como me disse para o que der e vier, sentindo tristeza diante da realidade da morte, tão frequente em sua vida e em seu trabalho, mas olhando com serenidade a sua própria finitude.

Para o analista, o processo também é doloroso, não só pela preocupação com o sofrimento do paciente, ou porque existe um ritmo próprio que não pode ser apressado, mas, sobretudo, nos diz Winnicott, o esforço do analista é considerável quando a falta de compreensão e a contratransferência negativa inconsciente complicam o quadro.

Passando pelo que passei, entendo bem essas palavras de Winnicott:

> *Tive, portanto, uma experiência única – mesmo para um analista. Não tenho como deixar de me sentir diferente de quem eu era antes dessa análise começar. O tratamento e o manejo desse caso colocaram em xeque tudo o que tenho enquanto ser humano, psicanalista e pediatra. Fui obrigado a crescer enquanto pessoa no decorrer do tratamento, de um modo doloroso que eu teria tido prazer em evitar. Particularmente me foi necessário aprender a examinar minha própria técnica toda vez que surgiam dificuldades e, em todas as fases de resistência ocorridas, ficou claro, em seguida, que a causa se originava de algum fenômeno de contratransferência, tornando necessária uma reflexão de autoanálise adicional.* (1954 – p. 376)

Uma nova teoria para uma nova técnica

> *Eu diria que, antes das relações de objeto, as coisas são assim: a unidade não é o indivíduo, a unidade é o contexto ambiente-indivíduo... De acordo com*

> *essa teoria não há no início um mundo externo, ainda que nós, enquanto observadores, possamos ver um bebê dentro de um ambiente.* (Winnicott 1952. p. 166)

Em outras palavras, Winnicott já havia dito que embora um observador externo, ao olhar um bebê com sua mãe, possa ver duas pessoas, do ponto de vista do bebê há, ali, apenas uma só.

Essa inferência, obtida ao longo de sua prática clínica, no trabalho com mães e bebês, conduziu ao importante conceito de objeto subjetivo, que surge quando a mãe devotada, ao atender às necessidades do bebê, se oferece como uma extensão de seu *self*. Assim, ao emprestar seus braços, suas pernas, sua percepção e juízo, ou seja, as funções de ego que faltam ao bebê, ela lhe proporciona uma experiência de onipotência que anula sua real condição de fragilidade e insuficiência. Entretanto, se isso falta, o bebê se torna prematuramente consciente de sua extrema dependência, exposto a sentimentos de desamparo e a uma angústia de aniquilamento contra a qual precisa se defender. Em rápidas pinceladas, seria esse o caminho para o estabelecimento de patologias primitivas, como as psicoses, os quadros esquizoides, o falso *self* e as personalidades *borderlines*.

Ao atender essa categoria do paciente, cuja personalidade não se estabeleceu, ainda, como uma entidade, por não ter alcançado a diferenciação do eu-não eu, Winnicott esclarece que:

> *Enquanto na neurose de transferência, o passado vem para o consultório, nesse tipo de trabalho é mais correto dizermos que o presente retorna ao passado e é o passado.* (1955 – p. 396)

Dessa maneira, Winnicott introduz uma nova variedade clínica de transferência, tendo a identificação primária como mecanismo fundamental e onde será esperado do analista que, em sua adaptação suficientemente boa, ele se transforme no objeto subjetivo de seu paciente.

Nesse contexto transferencial, Winnicott faz declarações surpreendentes. Diz ele: "... uma psicoterapia de tipo profundo pode ser efetuada sem trabalho interpretativo". Acrescenta a respeito:

No trabalho que estou descrevendo, o setting se torna mais importante do que a interpretação. (1955 – p. 395)

São afirmações decorrentes de sua compreensão do funcionamento psíquico precoce, em termos da comunicação que se passa entre o bebê e a mãe. Em suas palavras, essa comunicação primitiva ocorreria em uma experiência corporal através "da anatomia e fisiologia de corpos vivos", isto é, baseada nas "cruas evidências da vida", (1969 – p. 200) tais como os batimentos cardíacos, movimentos respiratórios, calor da respiração, postura corporal etc. A disponibilidade emocional do analista, sua capacidade para permanecer como "uma vigilante presença somática" (Khan) criam a condição para que essa comunicação ocorra na situação analítica, justificando a conclusão de Winnicott: "Na medida em que o objeto é subjetivo, é desnecessário que a comunicação seja explícita" (1963 – p. 166).

Winnicott está, portanto, mostrando o valor da comunicação silenciosa em um campo onde a palavra fora, até então, o principal instrumento de trabalho. Podemos pensar na situação clínica descrita que, ao contrário, a palavra tenha, por vezes, um efeito nocivo quando consideramos, por exemplo, a intrusão que uma interpretação transferencial clássica representa, por apresentar o analista como outro não eu, uma pessoa com existência própria, para um paciente que o necessita, ainda, como fazendo parte de si mesmo.

A regressão a um estado de dependência extrema é um risco que o paciente só ousa enfrentar em uma condição de confiabilidade. E é o analista presente, mas não intrusivo, que espera e respeita as defesas do paciente, aquele que acena com a esperança de um novo começo.

Ao avaliar, agora a distância, o percurso que fiz com a paciente do caso supracitado, considero o quão importante foi a minha possibilidade de esperar e, hoje sei, de esperar por ela. Eu não sabia disso naquela ocasião, entretanto recordo a reserva que sentia – quase um pudor – em fazer qualquer alusão aos seus temores hipocondríacos de que eu evidentemente suspeitava, mas sobre os quais ela não me falava. Estavam aí recolhidos, como em um núcleo psicótico, a loucura, o desamparo, o pânico e a ameaça de aniquilamento que, no momento certo, afloraram. Nada mais que outro ensinamento a aprender com Winnicott, quando define:

> *A análise não é apenas um exercício técnico. É algo que nos tornamos capazes de fazer quando certo estádio na aquisição de uma técnica básica é atingido. O que nos tornamos capazes de fazer permite que cooperemos com o paciente no andamento do processo, aquilo que, para cada paciente tem seu próprio ritmo e segue seu próprio curso; todas as características deste processo derivam do paciente, e não de nós como analistas.* (1954 – p. 374)

Bibliografia

1. Khan, M. Introdução em *Da pediatria à psicanálise*. Rio de Janeiro: Imago Editora, 2000.

2. Winnicott, D. (1952). *Ansiedade associada à insegurança*. Em *Da pediatria à psicanálise* pp. 163-168.

3. *Aspectos clínicos e metapsicológicos da regressão no contexto psicanalítico*. Em *Da pediatria à psicanálise* pp. 374-392.

4. *Formas clínicas de transferência*. Em *Da pediatria à psicanálise* pp. 393-399.

5. (1963a) *Comunicação e falta de comunicação levando ao estudo de certos opostos*. Em *O ambiente e os processos de maturação*. Porto Alegre, Artes Médicas, 1990, pp. 163-174

6. (1963b) *O medo do colapso*. Em *Explorações psicanalíticas*. Porto Alegre, Artes Médicas, 1994, pp. 70-77.

7. *A importância do setting no encontro com a regressão na psicanálise*. Em *Explorações psicanalíticas* pp. 77-81.

8. *A interpretação em psicanálise*. Em *Explorações psicanalíticas* pp. 163-167.

9. *A experiência mãe-bebê de mutualidade*. Em *Explorações psicanalíticas*, pp. 195-203.

3. O Falso Self Grandioso

Quando Winnicott apresentou seu texto sobre o falso *self*, em 1960, o iniciou com uma série de perguntas que procura responder ao longo do trabalho, como: "Como aparece o falso *self*?", "Qual é sua função?" dentre outras. Inspirada em Winnicott, dou prosseguimento a essas questões indagando: "Quais são as manifestações clínicas do falso *self*, ou seja, com que aparência o falso *self* pode se apresentar clinicamente?". No trabalho citado, Winnicottt faz uma única referência a um quadro clínico definido quando menciona as situações em que a mente se torna o lugar do falso *self*. Diz ele que isso acontece, especialmente, "em um indivíduo que tem um grande potencial intelectual". Assim, a existência de um atributo de excelência – no caso uma inteligência privilegiada – pode ser o recurso encontrado pelo indivíduo para resolver seu problema pessoal. Isso nos leva a pensar que outros atributos como beleza extrema ou formas variadas de talento e expressão artística, igualmente, configurar um falso *self*.

Winnicott também se ocupou da etiologia do falso *self* relacionando-o ao estágio das primeiras relações objetais, no relacionamento mãe-infante, durante a fase de *holding*. Estamos, então, no território do narcisismo primário e, bem a propósito, podemos relembrar o mito de Narciso:

> Conta-nos o mito que Narciso foi um filho não desejado. Sua mãe, a ninfa Liríope, havia sido possuída contra sua vontade por Céfiso, deus e rio, que a surpreendera durante um passeio em um dia de verão, envolvendo-a em suas águas, num abraço apaixonado e invencível. Durante os meses de gravidez, Liríope se lamenta de seu destino e se sentia infeliz e cansada. Somente a visão de Narciso, extremamente belo e gracioso ao nascer, modificou sua atitude e ela imaginava envaidecida que, ao crescer, ele seria amado por deusas, ninfas e mulheres mortais.

Ansiosa em saber se Narciso viveria muitos anos, a ninfa procurou o cego Tirésias, adivinho cuja fama começava, então, a ultrapassar as fronteiras da Beócia, e é informada de que ele teria longa vida, desde que ele jamais a conhecesse.

Adulto, Narciso foge de Eco e de outras ninfas dos bosques e das águas que, atraídas por sua beleza, tentavam inutilmente conquistar seu amor. Uma delas, inconformada com sua indiferença, pede auxílio aos deuses, lançando em Narciso uma maldição: "Que ele também ame um dia, e jamais tenha o objeto do seu amor".

Nêmesis, a deusa da vingança ouve sua súplica e a atende, guiando os passos de Narciso à fonte que lhe seria fatal. Exausto de fugir da ninfa que o perseguia, ele se debruça sobre a água para saciar a sede e vê refletido um rosto formoso que o encanta, que lhe sorri, que corresponde aos seus acenos, mas que foge ao ser tocado, desfazendo-se em meio a círculos a sua imagem.

Junto à fonte, sem poder afastar-se da sombra de si mesmo, Narciso deixa de comer e se esquece de saciar a própria sede e, sem descanso, pouco a pouco definha, imóvel, até cair sem vida sobre a relva.

O mito também nos sugere a gênese de um falso *self* quando mostra Liríope se debruçando sobre Narciso para que ele seja, tão somente, um instrumento que alimenta a sua vaidade. É essa uma das formas de imposição do ambiente que pode resultar na submissão do bebê como única condição de sobrevivência. No entanto, aqui a ideia de uma morte psíquica rondando a criança se evidencia quando Liríope procura Tirésias interessada em saber se Narciso teria vida longa. É a resposta que recebe, "desde que jamais se conhecesse". Para Winnicott, esse seria o grau extremo de falso *self*, onde aquele que se implanta como verdadeiro, levando o próprio indivíduo e os observadores a pensarem que essa é a pessoa real. Entretanto, Winnicott acrescenta que nos relacionamentos de convivência, de trabalho e amizade, o falso *self* começa a falhar, mostrando suas carências essenciais. Entendemos, então, por que Narciso foge das ninfas que tentam conquistar o seu amor. Atraídas por sua beleza, elas repetem a experiência infantil de espoliação do seu verdadeiro *self* quando não atendem a sua necessidade de ser reconhecido e refletido. Afinal, a tragédia de Narciso, como o mito deixa evidente, é buscar a imagem de si mesmo que nunca lhe foi oferecida.

O drama da criança bem dotada

Alice Miller, psicóloga polonesa nascida em 1923, radicada na Suíça e estudiosa das situações de abuso infantil, escreveu um livro interessante, cujo título encabeça este parágrafo e que poderia ser resumido em uma frase sua: "Uma criança pode ser criada de tal forma que se torne aquilo que a mãe deseja que ela seja". Miller se ampara nas ideias de Winnicott sobre o papel de espelho que a mãe tem para o bebê, respondendo a outra pergunta feita pelo autor: "O que vê o bebê quando olha para o rosto da mãe?". E ela concorda com a opinião de Winnicott de que muitos bebês não recebem de volta o que, espontaneamente, estão dando e podem, por exemplo, muito precocemente, perceber a expectativa da mãe de que sua beleza, inteligência ou suas "gracinhas" despertem admiração. Porém, admiração não é amor, é apenas uma gratificação substituta espúria das necessidades primárias de respeito, devoção, compreensão e empatia de que todo bebê necessita. Isabel Menzies, em seu trabalho sobre a patologia das introjeções, nos diz que uma criança que recebe veneno como alimento acaba por morrer de fome ou fica envenenada. Assim, a valorização extrema dos atributos admirados pela mãe é aceita pelo bebê passando a constituir um refúgio contra sentimentos de desamor, podendo representar o núcleo sobre o qual a criança estabelece uma convicção de grandiosidade e excelência.

O falso "*self* grandioso" (termo que tomo de empréstimo a Kohut) é, pois, uma estrutura patológica que resulta da fusão do *self* verdadeiro (o potencial herdado pelo bebê), com o *self* ideal (aquele que a mãe reflete ao bebê) e o objeto ideal, pois nessa etapa primitiva a mãe e o bebê não estão ainda diferenciados. Essa indiferenciação, porém, poderá persistir ao longo do amadurecimento da criança, na medida em que a mãe a mantenha como uma extensão de si mesma, alimentando sua própria vaidade e narcisismo e perpetuando, em consequência, a idealização do *self* e também do objeto. O bebê encantador que atrai os olhares de todos será aquele que, mais adiante, irá se apresentar, em sua vida escolar e acadêmica, como um aluno brilhante, obtendo sempre os melhores resultados em testes e competições, agora com expectativas exigentes também do pai e da família. Cada um de nós conhece histórias de resultados escolares excelentes que, entretanto, trazem de volta tais comentários: "Por que você errou tal questão?", ou "Qual foi a melhor nota na turma?". A grandiosidade não se satisfaz com bons resultados, ela exige estar no topo da montanha acima de todos aqueles que veem como rivais.

O desenvolvimento do verdadeiro self

"Não há sentido na formulação da ideia do *self* verdadeiro", escreve Winnicott (p. 136), exceto com o propósito de tentar compreender o falso *self*, porque ele não faz mais do que reunir os pormenores da experiência de viver". Desse modo interessa-nos aqui a forma como o *self* verdadeiro pode utilizar suas experiências para construir uma autoimagem realista e valorizada. Em um desenvolvimento sadio, o *self* se torna integrado como resultado de todo um processo de organização que, clinicamente, se caracteriza por um sentimento de continuidade de si mesmo, seja através do tempo em sua história pessoal ou através da percepção de seu próprio funcionamento em diferentes áreas de sua vida. A mãe, como nos diz Mahler, é a parteira da individuação do bebê. E ela inicialmente o faz, em seu papel de espelho, ativando "entre as infinitas potencialidades da criança, aquelas que, em particular, criam para cada mãe a criança que reflete suas próprias e únicas necessidades individuais". É um processo inconsciente da mãe, mas que devido a sua devoção e empatia, faz uma seleção dentro dos dotes inatos da criança. Na relação que assim se estabelece, devemos ouvir Winnicott: "A mãe suficientemente boa alimenta a onipotência do lactente e até certo ponto vê sentido nisso. E o faz repetidamente" (p. 133). Alimentar a onipotência do bebê significa funcionar como um ego auxiliar, oferecendo as funções que lhe faltam e, desse modo, evitar que a criança prematuramente se dê conta de sua dependência do ambiente, de sua insuficiência e, em consequência, de um sentimento de desamparo ou de humilhação.

Entretanto, como um contraponto à onipotência do bebê, Winnicott também nos ensina que: "cada bebê é uma organização em marcha.

Em cada um deles há uma centelha vital, e seu ímpeto para a vida, para o crescimento e o desenvolvimento, é uma parcela do próprio bebê, algo que é inato na criança e que é impelido para frente, de um modo que não temos de compreender", mas eu acrescentaria, o ambiente precisa respeitar. Mahler compartilha a visão de Winnicott ressaltando o quanto sua equipe de pesquisa se impressionou com a tenacidade da pressão que o impulso à individuação exerce a partir da fase em que a criança começa a se diferenciar da mãe. A diferenciação é favorecida com o afastamento entre o corpo da mãe e do bebê, sobretudo quando ele, com o desenvolvimento neuromotor, ganha a capacidade de engatinhar e caminhar. Assim, referindo-se às quedas de um bebê que insistia em ficar de pé, não obstante o choro que o susto e a dor provocavam, Mahler conclui: "vemos aqui, com clareza, o poderoso ímpeto do componente inato, em busca de autonomia". Em outro trecho ela nomeia a curiosidade e o prazer que o *toddler* experimenta nessa fase como sendo "um caso de amor com o mundo". É uma fase de conquistas – alcançar os objetos, subir degraus, abrir gavetas, comer com as próprias mãos – peraltices e habilidades que, junto com o desenvolvimento cognitivo, formam a base da construção de uma autoestima realista e de valor pessoal que substitui a experiência de onipotência no estágio de dependência absoluta. A mãe, por sua vez, com a alegria de ver o filho desabrochar em sua singularidade, continua servindo de âncora para suas explorações e descobertas. "A expectativa e a confiança que a mãe demonstra quando sente que seu filho é capaz de ter êxito lá fora é um importante agente para desencadear o sentido de segurança da criança. É também o encorajamento inicial para que ela transforme uma parte de sua onipotência mágica em prazer ligado à sua própria autonomia e a sua autoestima em desenvolvimento".

Características do self *grandioso*

Podemos citar a imposição do ambiente como a gênese comum aos indivíduos falso *self*.

Ao invés da mãe refletir o gesto espontâneo do bebê, ela o substitui pelo seu próprio gesto que deve ser validado pela submissão da criança. Diz, ainda, Winnicott que o protesto contra ser forçado a uma falsa existência pode ser percebido, desde os estágios iniciais, através de um quadro clínico de irritabilidade generalizada, de distúrbios de alimentação e de outras funções que podem, contudo, desaparecer clinicamente, mas apenas para reaparecer de forma severa em estágio posterior. Podemos, a propósito, lembrar das pessoas inquietas e que não conseguem relaxar.

Tão devastadora pode ser a ação do ambiente que Winnicott chegou mesmo a afirmar: "... o estupro, ser devorado por canibais, são bagatelas comparadas com a violação do núcleo do *self*, e a transformação dos elementos centrais do *self* pela comunicação que atravessa as defesas".

Com relação à variação específica de falso *self* de que estou tratando, a exigência de sucesso depositada na criança pode levar a uma atitude de competitividade e arrogância que acaba por isolá-la das demais, e esse isolamento conduzir a um sentimento de profunda solidão. Ao atingir a adolescência e a idade adulta, esses pacientes mostram um grau acentuado de autorreferência e ausência de empatia e interesse pelos outros, exceto no que se refere à busca ávida de admiração e aprovação. Aqui, ser aplaudido e apreciado representa ser reconhecido como existente. Sua visão das pessoas é, porém, com frequência, depreciativa, dividindo o mundo entre os medíocres e os poderosos. Apesar de, muitas vezes, serem inteligentes e talentosos, a análise mais apurada de suas produções ao longo do tempo revela evidências de superficialidade e frivolidade em seu trabalho, uma falta de consistência que denuncia o vazio por trás do brilho. Por isso, Winnicott adverte: "Quando tais indivíduos se destroem, de um jeito ou de outro, ao invés de se tornarem o que prometiam ser, despertam uma sensação de choque naqueles que tinham depositado, neles, grandes esperanças".

É exatamente esse sentimento de vazio e futilidade, uma frieza interna, dificuldade de estabelecer um contato emocional, que acaba por levar um falso *self* a tratamento. São motivações válidas que, entretanto, dificilmente existem enquanto o mundo oferece satisfações de cunho narcísico. Muitas vezes é na segunda metade da vida quando o *self* grandioso se defronta com o envelhecimento e tem que conviver com a realidade do declínio da beleza e da capacidade física e mental, ou enfrentar problemas de doença, separações, perdas e solidão, que a oportunidade de uma análise é cogitada.

A Ofélia de Clarice

Para personificar o que a teoria fala sobre o falso *self* em sua grandiosidade, pensei em alguns pacientes que tratei, sobre alguns dos quais já escrevi; porém, nenhum relato me pareceu tão vivo quanto o conto Legião Estrangeira e a menina personagem criada por Clarice Lispector. O encontro de Clarice com a menina é, para nós, psicanalistas, não só uma lição de diagnóstico pelas características observadas e descritas, mas também da atitude adequada para, no *setting*, lidar com as comunicações silenciosas do paciente, de modo a não invadir o núcleo do seu *self*. Restam ainda em sua narração curiosas inferências sobre os fenômenos de transferência-contratransferência ocorridos na relação das duas e que a autora, com sua sensibilidade, nos oferece. É também a oportunidade de ver um falso *self* grandioso sendo criado em consequência de uma educação rígida, comentada por Winnicott em seu texto "Moral e educação". Diz ele a respeito: "A obediência traz recompensas imediatas e os adultos confundem, com excessiva facilidade, obediência com crescimento. Podem-se evitar os processos de amadurecimento usando uma série de identificações como atalho, de modo que o que se revela clinicamente é falso, um *self* ator, a cópia de alguém, talvez; o que poderia ser chamado de *self* verdadeiro ou essencial permanece oculto e privado da experiência de viver".

Clarice narra sua história em primeira pessoa como se fosse um texto autobiográfico, apresentando-se como uma mãe de família que trabalha em casa, em serviço de datilografia. O conto tem início na véspera de um Natal em que recebera, de presente, um pinto:

Veio trazido por mão que queria ter o gosto de me dar coisa nascida. Ao tirarmos o pinto da caixa sua graça pegou-nos em flagrante... Coisa piando por si própria desperta a suavíssima curiosidade que junto de uma manjedoura é adoração... O pinto, esse piava... Sorríamos desamparados...; passada a emoção inicial, toda a família, o marido e os filhos, estava reunida em volta do pinto e de sua aflição. Continua Clarice... *pouco a pouco tínhamos no rosto a responsabilidade de uma aspiração, o coração pesado de um amor que já não era mais livre. Também nos desajeitava o medo que o pinto tinha de nós... a cada piar, ele nos espargia para fora. A cada piar, reduzia-nos a não fazer nada... Passara o instante do pinto, e ele, cada vez mais urgente, expulsava-nos sem nos largar. Nós, os adultos, já teríamos encerrado o sentimento, mas nos meninos havia uma indignação silenciosa, e a acusação deles é que nada fazíamos pelo pinto ou pela humanidade.*

E o pinto continuava piando. *Sobre a mesa envernizada ele não ousava um passo, um movimento, ele piava para dentro. Eu não sabia sequer onde cabia tanto terror numa coisa que era só penas. Era impossível dar-lhe a palavra asseguradora que o fizesse não ter medo, consolar coisa que por ter nascido se espanta. Mas, eu sabia que só mãe resolve o nascimento, e o nosso era amor de quem se compraz em amar.*

Mas o pinto tremia e o menino menor não suportou mais: "Você quer ser a mãe dele?". Eu disse que sim, em sobressalto... Então estendi a mão e peguei o pinto. Nesse instante a autora revela que reviu Ofélia e de que fora a testemunha de uma menina.

Através de sua introdução, Clarice nos situa na relação primitiva e inicial da mãe com "a coisa nascida" e dos sentimentos de medo, e até terror, que pode fazer parte do início da vida, remetendo-nos à definição de Winnicott de que "o bebê é um ser imaturo que está constantemente a pique de viver uma angústia inimaginável". E, ecoando Winnicott, Clarice acrescenta: *só mãe resolve o nascimento*. Entretanto, ela também descreve os sentimentos de quem tem a responsabilidade de cuidar, novamente traduzindo o que ele diz em *Os bebês e suas mães*: *... poderíamos quase dizer que as pessoas que cuidam de um bebê são tão desamparadas em relação ao desamparo do bebê quanto o bebê o é. Talvez haja, até mesmo, um confronto de desamparos.*

Ela começa a descrever Ofélia a partir de sua família, em um reconhecimento implícito da importância do ambiente que a cerca. *A mãe de Ofélia era trigueira como uma hindu, de olheiras arroxeadas que muito a embelezavam, tal como o pai, trigueiro também*. Clarice sintetiza – *O pai agressivo, a mãe se guardando. Família soberba*. Chegou a essa conclusão pelos rápidos encontros que tiveram. Um dia, enquanto aguardavam que as crianças brincassem no parque, a vizinha confidenciara que "sempre quis tirar um curso de enfeitar bolos". Sem saber o que retrucar Clarice terminara dizendo que o curso de bolos também lhe agradaria. Esse único momento mútuo afastou a mãe de Ofélia que temia, pelo fato de morarem no mesmo andar, uma intimidade maior. *Sem saber que eu também me resguardava, evitava-me,* explica Clarice. Também o marido tinha uma atitude distante de dura polidez. O seguinte trecho é bem significativo: *Quando éramos forçados no elevador a contato mais prolongado, ele aceitava a troca de palavras num tom de arrogância que trazia de lutas maiores. Até chegarmos ao décimo andar, a humildade a que sua frieza me forçara já o amansara um pouco; talvez chegasse em casa mais bem servido.*

Os sentimentos de intimidação e constrangimento que tais atitudes provocavam ficaram mais claros quando a autora confessa que, segurando um dos meninos pela mão, no elevador que descia devagar, e oprimida pelo silêncio que fortificava a mãe de Ofélia, dissera em um tom de agrado: *Estamos indo para a casa da avó dele*, e para seu espanto, teve a resposta grosseira: *Não perguntei nada, nunca me meto na vida dos vizinhos.*

Sobretudo, continua Clarice, *tratavam-me como se nem eu acreditasse, nem eles pudessem provar quem eles eram. E quem eram eles? Indagava-me às vezes.* Se os encontrava na rua, sobressaltada, recuava para eles passarem, dava-lhes a vez e *os três, trigueiros e bem-vestidos passavam como se fossem à missa, aquela família que vivia sob o signo de um orgulho ou de um martírio, arroxeados como flores da Paixão.* Deixando, entretanto, evidente a compreensão dessas defesas, do que existia oculto pela altivez, a autora pergunta, respondendo: "*Por que a bofetada que estava impressa no rosto deles, por que a dinastia exilada?*"

A partir de agora, no conto, Clarice nos apresenta Ofélia, uma menina belíssima, com longos cachos duros, olheiras iguais as da mãe, as mesmas gengivas um pouco roxas, a mesma boca fina... Mas essa, a boca, falava e era como a porta-voz da mãe. Deu para aparecer na casa da autora: *Tocava a campainha,* diz Clarice, *eu abria a portinhola, não via nada, mas ouvia uma voz decidida: "Sou eu, Ofélia Maria dos Santos Aguiar". Desanimada, eu abria a porta. Ofélia entrava. A visita era para mim, meus dois meninos daquele tempo eram pequenos demais para sua sabedoria pausada. Eu era grande e ocupada, mas era para mim a visita: com uma atenção toda interior, como se para tudo houvesse um tempo, levantava com cuidado a saia de babados, sentava-se, ajeitava os babados – e só então me olhava. Eu, que copiava o arquivo do escritório, eu trabalhava e ouvia... Ofélia, ela dava-me conselhos. Tinha opinião formada a respeito de tudo. Tudo o que eu fazia era um pouco errado, na sua opinião. Dizia "na minha opinião" em tom ressentido, como se eu lhe devesse ter pedido conselhos e, já que eu não pedia, ela dava. Com seus oito anos altivos e bem vividos, dizia que na sua opinião eu não criava bem os meninos; pois meninos quando se dá a mão querem subir na cabeça. "Banana não se mistura com leite. Mata. Mas é claro a senhora faz o que quiser; cada um sabe de si". Não era mais hora de estar de robe; sua mãe mudava de roupa logo que saía da cama, mas cada um termina levando a vida que quer. Se eu explicava que era porque ainda não tomara banho, Ofélia ficava quieta, olhando-me atenta. Com alguma suavidade, então, com alguma paciência, acrescentava que não era hora de ainda não ter tomado banho. Nunca era minha a última palavra. Que última palavra poderia eu dar quando ela me dizia: "empada de legumes não tem tampa. Uma tarde, numa padaria vi-me inesperadamente diante da verdade inútil: lá estava sem tampa uma fila de empadas de legumes. Mas eu lhe avisei", ouvi-a como se ela estivesse presente. Com seus cachos e babados, com sua delicadeza firme, era uma visitação na sala ainda desarrumada. O que valia é que dizia muita tolice também, o que, no meu desalento, me fazia sorrir desesperada.*

Entretanto, Clarice achava o silêncio a pior parte da visita. *Eu erguia os olhos da máquina, e não saberia há quanto tempo Ofélia me olhava em silêncio. O que em mim pode atrair essa menina? – exasperava-me eu. Uma vez, depois de seu longo silêncio, dissera-me tranquila: "A senhora é esquisita". E eu, atingida em cheio no rosto sem cobertura – logo no rosto que sendo o nosso avesso é coisa tão sensível – eu, atingida em cheio, pensara com raiva: pois vai ver que é esse esquisito mesmo* que você procura. Ela que estava toda coberta, e tinha mãe coberta, e pai coberto.

Uma vez, Ofélia errou. "Geografia" – disse sentada defronte a mim, com os dedos cruzados no colo – "é um modo de estudar". Não chegava a ser erro, era mais um leve estrabismo de pensamento – mas para mim teve a graça de uma queda, e antes que o instante passasse, eu por dentro lhe disse: é assim mesmo que se faz, isso! Vá devagar assim, e um dia vai ser mais fácil ou mais difícil para você, mas é assim, vá errando, bem, bem devagar.

Uma manhã, no meio de sua conversa, avisou-me autoritária: "Vou em casa ver uma coisa mas volto logo". Arrisquei: "Se você está muito ocupada, não precisa voltar". Ofélia olhou-me muda, inquisitiva. "Existe uma menina muito antipática", pensei bem claro para que ela visse a frase toda exposta no meu rosto. Ela sustentou o olhar. O olhar onde – com surpresa e desolação – vi fidelidade, paciente confiança em mim e o silêncio de quem nunca falou... desviei os olhos. Ela suspirou tranquila e disse com maior decisão: "Volto logo".

Uma vez, quando Ofélia estava sentada, tocaram a campainha. Fui abrir e deparei com a mãe de Ofélia. Vinha protetora, exigente: "Por acaso Ofélia Maria está aí"? Está, escusei-me como se a tivesse raptado. Não faça mais isso, disse ela para Ofélia, num tom que me era dirigido; depois se voltou para mim e, subitamente ofendida: "Desculpe o incômodo".

"Nem pense nisso, essa menina é tão inteligente".

A mãe olhou-me em leve surpresa – mas a suspeita passou-lhe pelos olhos. E neles eu li: que é que você quer dela?

"Já proibi Ofélia Maria de incomodar a senhora", disse agora em desconfiança aberta. E, segurando firme a mão da menina para levá-la, parecia defendê-la contra mim. Com uma sensação de decadência, espiei pela portinhola entreaberta sem ruído: lá iam as duas pelo corredor que levava ao apartamento delas, a mãe abrigando a filha com murmúrios de repreensão amorosa, a filha impassível a fremir cachos e babados.

Depois do episódio, a autora supõe que estaria livre de a menina voltar, mas logo esclareceu que ela voltaria. *Eu era atraente demais para aquela criança. Tinha defeitos bastantes para seus conselhos, era terreno para o desenvolvimento da sua severidade, já me tornara o domínio daquela minha escrava: ela voltava, sim, levantava os babados, sentava-se.*

O conto prossegue lembrando a autora que, por essa ocasião, sendo perto da Páscoa, a feira estava cheia de pintos. Ela trouxera um para os seus meninos que brincaram com ele e depois o deixaram na cozinha. Era a hora da visita de Ofélia. *Eu batia a máquina*, comenta Clarice, *de vez em quando aquiescia distraída. A voz igual da menina, voz de quem fala de cor, me entontecia um pouco; ela dizia, ela dizia. Foi quando me pareceu que tudo parara... Ofélia Maria estava de cabeça a prumo, com os cachos inteiramente imobilizados.*

"O que é isso?" – disse.
'Isso o quê?'
"Isso!" – disse inflexível.
'É o pinto'.
"Pinto?" – disse desconfiadíssima.
'Comprei um pinto' – respondi resignada.
"Pinto!" – repetiu como se eu a tivesse insultado.

E nisso ficaríamos. Não fosse certa coisa que vi e que antes nunca vira. O que era? Mas, o que fosse não estava mais ali. Um pinto faiscara um segundo em seus olhos e neles submergira para nunca ter existido. E a sombra se fizera. Uma sombra profunda cobrindo a terra.

Na narração e no diálogo criado por Clarice, no faiscar do pinto nos olhos de Ofélia, encontrei a mais sutil e precisa tradução das palavras de Winnicott: "O gesto espontâneo é o *self* verdadeiro em ação". E a clarividência de Clarice continua a nos ensinar ao ver e descrever a reação da menina.

Do instante em que involuntariamente sua boca estremecendo quase pensara "eu também quero", desse instante a escuridão se adensara no fundo dos olhos num desejo retrátil que se tocassem, mas se fecharia como folha de dormideira. E que recuava diante do impossível, o impossível que se aproximara e, em tentação, fora quase dela: o escuro dos olhos vacilou como ouro. Uma astúcia passou-lhe então pelo rosto – se eu não estivesse ali, por astúcia, ela roubaria qualquer coisa. Nos olhos que pestanejaram à dissimulada sagacidade, nos olhos a grande tendência à rapina. Olhou-me rápida, e era a inveja, você tem tudo, e a

51

censura, porque não somos a mesma e eu terei um pinto, e a cobiça – ela me queria para ela. Aqui Clarice me levou a entender melhor o conceito de Guntrip de que a voracidade (e portanto também a inveja) é a fome acrescida do medo de perder o que é necessitado.

O trecho que se segue – a parte final do conto – é uma descrição primorosa do processo pelo qual Ofélia passa quando, ao desmoronar a muralha do falso *self*, o *self* verdadeiro emerge em toda a sua pujança.

Depois que o tremor da cobiça passou, o escuro dos olhos sofreu todo: não era somente a um rosto sem cobertura que eu a expunha; agora eu a expusera ao melhor do mundo: a um pinto... E, de novo, o desejo voltou. Dessa vez, os olhos se angustiaram como se nada pudessem fazer com o resto do corpo que se desprendia independente. E mais se alargavam, espantados com o esforço físico da decomposição que dentro dela se fazia. A boca delicada ficou um pouco infantil, de um roxo pisado. Olhou para o teto – as olheiras davam-lhe um ar de martírio supremo. Sem me mexer eu a olhava. Eu sabia da grande incidência de mortalidade infantil. Nela a grande pergunta me envolvia: vale a pena? Não sei, disse-lhe a minha quietude cada vez maior, mas é assim. Ali, diante do meu silêncio, ela estava se dando ao processo, e se me perguntava a grande pergunta, tinha que ficar sem resposta. Tinha que se dar – por nada. Teria que ser. E por nada. Ela se agarrava em si, não querendo. Mas eu esperava. Eu sabia que nós somos aquilo que tem de acontecer. Eu só podia servir-lhe a ela de silêncio. E, deslumbrada de desentendimento, ouvia bater dentro de mim um coração que não era o meu. Diante de meus olhos fascinados, ali diante de mim, como um ectoplasma, ela estava se transformando em criança.

Não sem dor. Em silêncio eu via a dor de sua alegria difícil. A lenta cólica de um caracol... "Me ajuda", disse seu corpo na bipartição penosa. "Estou ajudando", respondeu minha imobilidade. A agonia lenta. Ela estava engrossando toda, a deformar-se com lentidão... Quase sorria então, como se estendida numa mesa de operação dissesse que não estava doendo tanto. Ela não me perdia de vista: havia marcas de pés que ela não via, por ali alguém já tinha andado, e ela adivinhava que eu tinha andado muito. Mais e mais se deformava, quase idêntica a si mesma. Arrisco? Deixo eu sentir? Perguntava-se nela. Sim, respondeu-se por mim... "Sim", repetiu o meu silêncio para o dela, sim. Como na hora de meu filho nascer eu lhe dissera: sim Eu tinha a ousadia de dizer sim a Ofélia, eu que sabia que também se morre em criança sem ninguém perceber. "Sim", repeti... Porque o perigo maior não existe: quando se vai, se vai junto, você mesma sempre estará; isso você levará consigo para o que for ser.

A agonia do seu nascimento. Até então eu nunca vira a coragem. A coragem de ser o outro que se é, a de nascer do próprio parto, e de largar no chão o corpo antigo. E sem lhe terem respondido se valia a pena. Eu, tentava dizer seu corpo molhado pelas águas. Suas núpcias consigo mesma.

Ofélia perguntou devagar, com recato pelo que lhe acontecia: "É um pinto?".

Não olhei para ela – 'É um pinto, sim'.

Ofélia respirava, respirava. "Um pintinho?" – certificou-se em dúvida.

"Um pintinho, sim" – disse eu guiando-a com cuidado para a vida.

Já há alguns minutos eu me achava diante de uma criança. Fizera-se a metamorfose.

'Ele está na cozinha'.

"Na cozinha?" – Repetiu fazendo-se de desentendida. "Ah, na cozinha" – disse Ofélia muito fingida e olhando para o teto. Mas ela sofria, fingia... A boca, as olheiras.

"Você pode ir pra cozinha brincar com o pintinho". "Eu?" – Perguntou sonsa.

"Mas só se você quiser".

Sei que deveria ter mandado para não a expor à humilhação de querer tanto... mas naquele momento não era por vingança que eu lhe dava o tormento da liberdade. É que aquele passo, também aquele passo ela deveria dar sozinha. Sozinha e agora.

"Pois vou ver o pinto na cozinha." Retirou-se pausada, procurando manter a dignidade... voltou imediatamente – estava espantada, sem pudor, mostrando na mão o pinto... "É um pintinho!" – disse. Olhou-o na mão que se estendia... e, de súbito encheu-se de um nervoso e de uma preocupação que me envolveram automaticamente em nervoso e preocupação.

Ri. Ofélia olhou-me ultrajada. E de repente – de repente riu. Ambas então rimos, um pouco agudas.

Depois do acesso de riso, Clarice conta que Ofélia pôs o pinto no chão para andar. Se ele corria ela ia atrás, parecia deixá-lo só para sentir saudade: mas se ele se encolhia, ela o protegia pressurosa com pena de ele estar sob seu domínio, "coitado dele, ele é meu"; e, quando o segurava, era com mão torta pela delicadeza: *"era o amor, sim, o tortuoso amor"*, conclui a autora que tentava de novo bater a máquina enquanto era embalada por Ofélia que falava com o pintinho, amando de amor: "Ele é muito pequeno, precisa é de muito trato; ele é molezinho, coitado, tão novo, não pode deixar seus filhos fazerem carinho nele; só eu sei de que carinho ele gosta; ele escorrega à toa, portanto chão de cozinha não é lugar para pintinho".

Algum tempo depois Ofélia comenta que vai levar o pinto para a cozinha e Clarice, ocupada, não viu quando foi e quando voltou, até que se deu conta de que a menina estava sentada, de dedos cruzados no colo. Algo em sua postura leva a autora a indagar se ela estava se sentindo bem. Ofélia logo em seguida diz que vai ter que ir para casa: *"Se a senhora deixar"*. *"Ora, se você quiser..."*. Foi andando devagar, cerrou a porta sem ruído. Clarice, olhando a porta fechada, pensa: *Esquisita é você*. Sem conseguir, entretanto, dar prosseguimento ao seu trabalho revê Ofélia tão quieta e, diante de uma ideia súbita, dirigiu-se à cozinha. No chão estava o pinto morto.

Nas palavras finais da autora: *"Ofélia! Ofélia!" – chamei outra vez; tentei eu, inutilmente atingir a distância o coração da menina calada. Oh, não se assuste muito! Às vezes a gente mata por amor, mas juro que um dia a gente esquece, juro! A gente não ama bem, ouça, repeti como se pudesse alcançá-la antes que, desistindo de servir ao verdadeiro, ela fosse altivamente servir ao nada. Eu que não me lembrara de lhe avisar que sem o medo havia o mundo... Eu estava muito cansada, sentei-me no banco da cozinha.*

Onde agora estou, batendo devagar o bolo de amanhã. Sentada, como se durante todos esses anos eu tivesse com paciência esperado na cozinha. Embaixo da mesa estremece o pinto de hoje. O amarelo é o mesmo, o bico é o mesmo. Como na Páscoa nos é prometido, em dezembro ele volta. Ofélia é que não voltou: cresceu. Foi ser a princesa hindu por quem no deserto sua tribo esperava.

Bibliografia

1. Lispector, C. *A legião estrangeira.*

2. Mahler, M., Pine, F., Bergman, A. *O nascimento psicológico da criança* Zahar, Rio de Janeiro, 1975.

3. Miller, A. *O drama da criança bem dotada*, Summus Editorial, São Paulo, 1986.

4. V.A. *Mitologia.* Abril Cultural.

5. Bulfinch, T. *O livro de ouro da mitologia.* Histórias de deuses e heróis. Ediouro.

6. Winnicott, D. *Distorção do ego em termos de falso e verdadeiro self,* 1960. em *O ambiente e os processos de maturação.* Artes Médicas, Porto Alegre.

7. _____. *Moral e educação,* 1963, ib.

4. Comunicação no setting – do silêncio à interpretação

"A existência de relações significativas entre os indivíduos tem, como requisito, a comunicação. Essa é uma afirmação do óbvio, e talvez seja duplamente óbvio para os psicanalistas, pois, na medida em que a Psicanálise é eficaz enquanto terapia, ela é uma comunicação. Um estudo dos meios de comunicação é, para o analista, um estudo de sua própria técnica".

Madeleine Davis e David Wallbridge justificaram, dessa maneira, o interesse de Winnicott, na última década de sua vida, em afirmar sua própria técnica do funcionamento psíquico precoce em termos da comunicação entre o bebê e a mãe-ambiente.

Os elementos de uma comunicação primitiva

Em seu trabalho sobre a mutualidade entre a mãe e o bebê (1969) Winnicott alerta sobre a resistência que a abordagem psicanalítica dessa experiência pode provocar, pois seria como invadir uma área sagrada, ou profanar uma obra de arte. Talvez por esse cuidado também ele tenha levado um longo tempo para aprofundar as ideias que apresentava, já no início dos anos 1950, ao conceituar os objetos e fenômenos transicionais. Interessava à Winnicott as sutilezas do relacionamento da mãe e do bebê, não somente para compreender os processos de amadurecimento da criança e favorecer as atitudes de prevenção do ambiente, mas também para esclarecer os transtornos psicóticos ou esquizoides, até então sem possibilidade de tratamento na Psicanálise tradicional. Diz ele a respeito: "Na realidade, se em nosso trabalho psicanalítico, ou em qualquer outro tipo de psicoterapia, encontramo-nos temporariamente envolvidos com processos esquizoides em nossos pacientes, sabemos que estaremos lidando, em nossos consultórios, com os mesmos fenômenos que caracterizam as experiências de mães e bebês".

Para Winnicott, a experiência de mutualidade, passível de ser observada a partir de doze semanas do bebê, é a evidência do começo de uma comunicação entre duas pessoas. O fato constatado pelo bebê que, posto para mamar, olha o rosto da mãe e, levantando a mão, brinca de amamentar a mãe com o dedinho em sua boca – seria para o autor um fenômeno de identificações cruzadas – a mãe é o bebê, o bebê é a mãe – em um estágio já avançado dessa comunicação acontecida em termos "da anatomia e da fisiologia de corpos vivos". Anteriormente, nas primeiras semanas, e de uma forma obscura e silenciosa, o bebê, no colo da mãe, estabelece contato com ela através das "evidências cruas da vida", ou seja, os batimentos cardíacos, os movimentos da respiração, o calor do seio e o mamilo na boca, ou o hálito morno ao qual se acostumou.

Também René Spitz se dedicou ao estudo das comunicações primitivas, as quais têm como característica a expressão dos afetos e que ele, igualmente, considerou uma "linguagem do órgão". Spitz se alinha a Winnicott quando diz, em 1957: "A compreensão da natureza da comunicação entre mãe e filho, no estágio pré-verbal, é extraordinariamente importante do ponto de vista teórico, terapêutico e profilático", e acrescenta: "em literatura psicanalítica, esse tópico não despertou a atenção que merece". Para Spitz o bebê humano, como outros mamíferos, é muito precocemente capaz de ações expressivas, ações que representam, digamos assim, atitudes afetivas traduzindo determinada experiência que esteja vivendo. Essa capacidade seria parte de uma bagagem filogenética (o potencial herdado, de Winnicott) um patrimônio que o bebê já traz ao nascer e que, através de traços característicos, estabelece as diferenças entre um e outro bebê, revelando um ego rudimentar, ou seja, uma específica maneira de ser. Assim é, por exemplo, que enquanto já nos primeiros dias um determinado bebê, esse espera tranquilo que o leite goteje em sua boca aberta, saboreando com a língua esse momento de prazer, outro apreende com força e sofreguidão o mamilo. São múltiplas e variadas formas de expressão não dirigidas, indícios que captados pela mãe atenta transformam-se, através dela, em signos, em traços com um significado e aos quais ela responde. É a resposta da mãe que dá início a este interminável processo de comunicação.

Como vimos, uma linguagem corporal expressada por um ego que é, antes de tudo, um ego corporal. Essa linguagem persiste durante todo o primeiro ano de vida do bebê, é um campo de investigação sempre misterioso e fascinante, quando se pensa em termos do que se transmite e se recebe, ou de como é transmitido e recebido. A característica fundamental desse tipo de comunicação reside na capacidade de serem percebidos, inconscientemente, sinais aos quais se reage imediatamente, também sem a intervenção da mentalidade consciente.

Spitz nos fala da capacidade do bebê para uma recepção cenestésica, uma sensibilidade profunda de músculos e vísceras regida pelo sistema nervoso autônomo, sem a qual o bebê não sobrevive, e que provoca uma reação de resposta total. Já foi demonstrado, experimentalmente, que o primeiro reflexo condicionado do bebê surge como uma reação à mudança de equilíbrio, isto é, a um estímulo da sensibilidade profunda. O bebê é, assim, sensível ao equilíbrio, à tensão muscular, à postura, temperatura, vibração, contato da pele e corporal, ritmo, tempo, duração, tom, timbre, ressonância, rumor e provavelmente inúmeras outras, das quais o adulto comum dificilmente está consciente, e que o bebê não pode verbalizar. Um lactente pode, pois, captar os sinais de ansiedade da mãe através da pressão que os seus braços exercem, ou a sua impaciência e irritação através a brusquidão dos seus gestos ou o som estridente de sua voz e reagir com cólicas ou uma descarga de diarreia. Por outros sinais, mais difíceis de identificar, outro bebê pode também perceber, por exemplo, a ansiedade da mãe prestes a deixá-lo ao término de sua licença e reagir com uma inesperada prisão de ventre de três ou quatro dias.

Essa sensibilidade especial desaparece à medida que a criança se desenvolve e adquire a capacidade de se comunicar através da linguagem falada, os signos verbais substituem os demais; o adulto, o homem comum, sobretudo da civilização ocidental, desvia sua atenção da percepção desses fenômenos que se passam dentro de seu corpo, como um eco da realidade externa, e abre mão dessas faculdades especiais.

Tais faculdades podem, porém, persistir em determinadas circunstâncias, entre os especialmente dotados – os músicos, compositores, bailarinos, pintores, escultores e poetas, bem como os aviadores e acrobatas, e, de modo geral, as pessoas que são consideradas "muito sensíveis".

Winnicott acrescenta um estado particular em que esse tipo de sensibilidade é resgatada ao reconhecer e conceituar a preocupação materna primária.

Essa condição organizada – "que seria uma doença não fosse a gravidez" – permite que a mãe reconheça e atenda a necessidade de seu bebê a cada momento. Como Winnicott, Spitz também acredita que a sensibilidade quase mágica da mulher nessa sua circunstância de vida deve-se ao resgate da antiga recepção cenestésica, favorecida pela transformação do seu corpo durante a gravidez, ou no íntimo contato corporal existente não só na amamentação, mas durante os primeiros meses de vida.

Aqui não se pode deixar de pensar que os signos verbais passam a ser empregados no momento em que a criança por seu desenvolvimento neuromotor, por sua capacidade de se locomover, distancia-se do corpo da mãe, e agora a falta de contato corporal deixa de oferecer os indícios, sinais de que os dois se utilizavam até então. Essa mudança, que se faz de forma gradativa com a aquisição da linguagem falada, passa a privilegiar outro recurso de comunicação não verbal a distância, o qual persiste e é um dos mais utilizados por toda a vida, que é a linguagem do olhar. Sabemos, por trabalho de observação, o quanto a criança que já se locomove, que caminha, afastando-se para longe da mãe, precisa a ela retornar vez por outra para se reabastecer emocionalmente quando percebe que ela e a mãe são seres separados e distintos. Em consequência, pode-se concluir que a comunicação tem a função de cobrir uma distância, de estabelecer uma ponte; a propósito, o termo latino *comunicare* (comunicar), evoluiu em nossa língua para comungar, e seu derivado comunhão, meio pelo qual se alcança a união com alguém, a unidade que havia sido perdida.

O desenvolvimento da criança traz outras consequências que explicariam o abandono desse meio primitivo de comunicação; ao aperfeiçoar a motricidade e as funções cognitivas a criança amplia seu mundo passando a incluir mais e mais pessoas. Podemos, então, imaginar a enorme quantidade de sinais que a criança passa a captar, que jorra e percebe através dos órgãos de recepção, em uma intensidade e velocidade que deve tornar impossível para ela decodificar. Como consequência o ser humano necessita, inevitavelmente, desenvolver um sistema de anteparo, uma barreira que exclui grande parte do que emana de outros seres humanos, passando então a escolher e responder seletiva e mais lentamente. Tão rica é a linguagem corporal que o rosto e o corpo humano são capazes de expressar – em um estudo feito em diferentes culturas – centenas de mensagens.

A circunstância mencionada – do acúmulo de mensagens – torna-se algo compreensível porque a comunicação sem palavras pode ser resgatada em situações de intimidade e grande intensidade emocional, como acontece entre os enamorados, mas também na situação analítica; porém, o tema da comunicação no *setting* analítico será retomado mais adiante nesta obra.

O descarrilamento do diálogo

Sob esse título, Spitz nos conta a história de Jerry, um bebê de quase nove meses que foi hospitalizado em virtude de suas dificuldades de crescimento. Naquela época, Jerry pesava menos de 5 quilos, peso médio de um bebê com a metade da sua idade. Todos os exames realizados na ocasião foram negativos e as dietas introduzidas fracassaram, não conseguindo que ele ganhasse peso. Depois de duas semanas de tratamento em vão, o departamento de psiquiatria foi solicitado e foi constatato uma síndrome de regurgitação e ruminação, ao mesmo tempo que o bebê sugava dois dedos que ele colocava no fundo da boca atingindo a orofaringe. Toda a medicação foi, então, interrompida e o bebê colocado aos cuidados de uma enfermeira que o alimentava carinhosamente e impedia a sucção dos dedos. Em menos de um mês Jerry ganhou 1 quilo e meio.

Já em casa, mais adiante, e em companhia da mãe, um atendente psiquiátrico pode perceber uma particularidade sugestiva na relação dos dois; reparou que a mãe amamentava o bebê empurrando o bico da mamadeira para dentro de sua garganta, e o mesmo fazia, de uma forma mais evidente, com um biscoito duro que costumava lhe dar depois da mamada; o observador descreveu que quando via Jerry sugando os dedos ou empurrando o biscoito em sua garganta, sentia, ele próprio, enjoos e vontade de vomitar. Era exatamente isso o que o bebê fazia – ele provocava regurgitação e vômitos em si mesmo.

Também, por outros dados, ficou clara a relação ambivalente da mãe com o bebê, nascido de uma relação não aprovada pelos avós maternos. Indagada pelo psiquiatra se não estaria alimentando o filho rápido demais, e empurrando o bico em sua garganta, ela respondeu: "Eu sempre pensei que comer deveria ser alguma coisa feita o mais rápido possível".

Entretanto, ela ficava culpada pelo desenvolvimento precário do bebê e, ao ver que ele regurgitava, voltava a amamentá-lo, o que acabava fazendo várias vezes por dia. Spitz interpreta, então, que para esse bebê, encher o estômago ou se satisfazer, não era o motivo mais importante que tinha ao mamar, porque provocar os vômitos, regurgitar, tornou-se parte da relação com a mãe, eram como "mensagens" para ela, um meio pelo qual ele poderia apelar para a repetição da mamada, para o contato mais prolongado com sua mãe, um contato que representava sua atenção e seus afagos. Spitz conclui que a necessidade desse contato emocional era até mesmo mais importante do que sobreviver. O que para Spitz seria um descarrilamento no "diálogo", na sintonia das trocas não verbais e corporais, para Winnicott teria o significado de uma interrupção na continuidade de vida do bebê, provocada pela intrusão do ambiente. Assim, ao invés da comunicação silenciosa na experiência de mutualidade, na qual o gesto espontâneo do bebê seria retribuído ou espelhado, e a criança alcançaria a integração de seu *self*, temos aqui o surgimento de sintomas e perturbações somáticas. A história de Jerry evidencia, porém, a teoria de Winnicott de que o transtorno psicossomático seria um elemento positivo de defesa, afastando a angústia de desintegração por conter a esperança da dependência e dos cuidados que lhe oferecessem o *holding* necessitado.

Winnicott nos lembra que, durante o estágio da dependência absoluta, o psiquismo do bebê utiliza um funcionamento em processo, identificação e narcisismo primários, o que nos remete a uma revisão da teoria psicanalítica do processo primário.

A teoria psicanalítica do processo primário

Podemos, agora, considerar que a comunicação não verbal referida anteriormente se passa, em primeira instância, de inconsciente a inconsciente, expressando, direta e concretamente, sensações, afetos e experiências entre os parceiros de uma díade. Ocorrendo, assim, em um nível inconsciente, tal comunicação é regida através do funcionamento mental em processo primário, e preciso me deter nesse tema para alcançar toda a importância da linguagem não verbal.

O processo primário, como um modo de funcionar o inconsciente, foi considerado por Jones uma das mais importantes descobertas de Freud. Estranhamente, porém, ele não chegou a explorá-lo com mais detalhes, talvez porque as portas que se abriram para novos conhecimentos foram tão amplas que ele jamais pôde retornar a esse tema fascinante.

Como resultado, a teoria do processo primário permaneceu estacionada em sua primeira formulação econômica e, até bem recentemente, era definida principalmente em termos de catexia de energia. Em 1923, quando Freud introduziu a teoria estrutural, ele integrou o conceito de processo primário como um modo de organização do *id*, mas não chegou a estendê-lo dentro de uma psicologia do ego que então surgia. Assim, enquanto o processo que rege o pensamento consciente – o processo secundário – passou a ser visto sob um constante e gradual crescimento, o processo primário, atado a um preconceito, era considerado como ligado para sempre a um padrão infantil de organização. Seria o processo de pensamento existente no início da infância e serviria à criança até que ela desenvolvesse um processo de pensamento lógico, relacionado e orientado para a realidade externa, isto é, o processo secundário. O que aconteceria com o processo primário dessa fase em diante não é esclarecido, mas ficava implícito que ele estaria estacionado e qualquer expressão posterior de uma atividade mental organizada em processo primário seria vista como uma regressão a um nível primitivo e infantil.

Foram os estudos da Psicologia do Ego sobre as manifestações da arte e da criatividade, e através de Ernst Kris, estabelecendo o conceito de regressão a serviço do ego que tal atitude se modificou, pois o ego que Kris se referia seria não um ego frágil e infantil, mas um ego forte e rico que poderia ter acesso a níveis profundos e primitivos da mente com a finalidade de buscar nessas fontes recursos adicionais e novas maneiras de expressão. Vale a pena lembrar que a arte é considerada uma forma de comunicação – a comunicação de um para muitos – mas nenhuma espécie de comunicação pode ser considerada arte se não fizer uso dos meios primários de percepção e expressão e, assim, o artista de talento está entre os seres especiais e privilegiados capazes de usar aquela sensibilidade original perdida pelo homem comum. O próprio Freud partilha essa opinião quando em seu texto sobre a *Gradiva* refere-se aos escritores criativos como aliados valiosos no estudo do inconsciente, pois eles "costumam conhecer toda uma vasta gama de coisas entre o céu e a terra com as quais a nossa filosofia ainda não nos deixou sonhar. Estão bem adiante de nós, gente comum, no conhecimento da mente, já que se nutrem em fontes que ainda não tornamos acessíveis à ciência".

Freud se refere, ainda, que não é comum quando dirige seu olhar para o fenômeno da telepatia. Voltamos aqui ao tema da comunicação, pois o ponto específico de seu interesse dizia respeito à transmissão de pensamento. Ele define o processo telepático, em seu último trabalho sobre o tema – "Sonhos e ocultismo", de 1933, como "um ato mental que se realiza numa pessoa e que faz surgir o mesmo ato mental em outra pessoa". Ele apresenta a hipótese de que haveria um processo físico transformando o processo mental nos dois polos da transmissão, ou seja, no transmissor e no receptor. E ainda exclama: "Imaginem só, se alguém pudesse apreender esse equivalente físico do ato psíquico!" Podemos supor que o equivalente físico talvez representasse o uso do corpo na sensibilidade profunda a que nos referimos anteriormente, existindo no início da vida, servindo de contato e comunhão entre a mãe e o bebê. O próprio Freud se aproxima dessa suposição quando define o fenômeno como um método original, arcaico, de comunicação entre indivíduos, que teria existido antes da linguagem oral, nas comunidades humanas e que seria ativado em condições especiais como a das "pessoas apaixonadamente excitadas". Quão perto chegou sua genialidade dos resultados de pesquisas realizadas nas décadas seguintes, em especial o estudo sobre os neurônios-espelho, objeto de estudo das neurociências.

Entretanto, a maneira de compreender como, ao longo da vida, o ser humano se torna capaz desse misterioso contato, demandaria também desvendar o destino do processo primário de funcionamento mental. Assim, ao invés de aceitar que esse processo seria herdado e permaneceria para sempre como que congelado em sua forma original e infantil, a Psicologia do Ego passou a perguntar: Por que os conhecimentos que se tem sobre o desenvolvimento do processo secundário não poderiam ser aplicados ao processo primário? Por exemplo, os processos de pensamento causal ou a formação de conceitos permanecem para sempre como constituintes básicos do pensamento lógico, mas há um claro desenvolvimento dos mesmos, desde a infância até a fase adulta e não se pode comparar os conceitos de uma criança com os conceitos de um adulto. De forma análoga poderíamos, então, pensar que os processos básicos de condensação, deslocamento e simbolização permaneceriam os mesmos por toda a vida, mas seu nível de funcionamento e desempenho se aperfeiçoaria ao longo do tempo e de um desenvolvimento cognitivo global.

Continuando a análise sobre o processo primário poderíamos perguntar: Qual seria a função do processo primário? Teria ele tão somente a função de descarga? Estaria apenas a serviço do princípio do prazer? Já sabemos que o processo primário não é completamente fluido ou caótico, como pode parecer à primeira vista, mas ao contrário possui toda uma lógica própria. Tanto é assim, que o empreendimento de interpretar sonhos, delírios ou outras formas de cognição patológica está baseado na premissa de haver uma ordem escondida por trás de aparente desordem, ou melhor, de que existe um "método na loucura".

Como o conceito de processo primário tem sido sempre mais facilmente relacionado ao sonho, podemos continuar indagando sobre a função do processo primário junto às mudanças ocorridas na teoria dos sonhos.

Recentemente, pesquisas sobre o sono e o sonhar, estudando sequências de sonhos em uma mesma noite, levou à constatação de que haveria um processo evolutivo ocorrendo durante o sono, sugerindo que existe uma tentativa do sonhador em finalizar impulsos ou solucionar conflitos. Assim, ao invés simplesmente da ideia inicial de Freud de que o sonho teria a função de descarga e de guardião do sono, cada vez mais e mais trabalhos têm apresentado o sonho como uma atividade com essa função de alcançar a solução de um conflito, ou seja, o sonho seria uma das atividades sintéticas do ego. Portanto, tudo que estiver relacionado à sua organização e estrutura pode ser visto sob essa nova luz. Por extensão, o processo primário passou a ser conceituado como um sistema especial que se desenvolveria gradualmente a partir do nascimento e das tentativas do bebê de organizar seu mundo de percepções. Seria um sistema especial com uma função de síntese e que faria parte dos esforços do ego para conseguir sua integração. Curiosamente, esse ego que agora nos apresenta, não é só aquele cujo papel seria o de controlar impulsos para atender a realidade externa e ao superego. Ao contrário, o ego passa a ser uma estrutura que, de propósito, induz e busca determinadas situações de tensão, mesmo que impliquem em angústias e incertezas, para que tenha, então, de se esforçar por resolvê-las, por ser este o meio de assimilar novas experiências e promover, assim, sua continuidade e desenvolvimento.

Podemos concluir, então, que se o processo secundário está melhor equipado para lidar com a realidade externa, trocando, por exemplo, informações, é o processo primário que está a serviço do *self*, pois é ele que atende a necessidade de se comunicar com outro *self* com a finalidade de manter um contato emocional e trocar experiências, pois no conceito de experiência eu entendo um conglomerado de percepções, de ações e de memórias, dentro de um estado afetivo e formando como que uma unidade organizada.

Hoje sabemos que para se efetuar a comunicação humana emprega vários recursos, em diferentes níveis de abstração, diferenciação e elaboração lógica, dentro de uma faixa que é análoga a dos processos mentais, que vão desde um nível primário a um nível secundário.

No nível primário de comunicação estão os recursos não linguísticos que expressam diretamente sentimentos, emoções, vivências. O que é comunicado é a própria comunicação, ou usando a famosa frase de MacLuhan – "o meio é a mensagem". Assim, enquanto a palavra "sorrir" faz parte de um nível secundário, o ato em si de sorrir é um recurso primário, imediato, direto, de se comunicar.

Retornando à arte, constatamos que ela sempre se utiliza de recursos provenientes de um meio primário de comunicação. Um escritor, um poeta utiliza frases para comunicar seus pensamentos, mas escolhe as palavras brincando com elas como uma criança brinca com seus blocos de construção, e as dispõe em função de sua forma, peso, aparência, de seus matizes e de seu timbre.

O famoso poeta Dylan Thomas confessou: "Eu desejei escrever poesia no início porque me apaixonei pelas palavras... O que a palavra *stood*, por exemplo, significava ou simbolizava era de importância secundária: o que importava era o som que elas tinham quando pela primeira vez eu as ouvia nos lábios da gente grande, distante e incompreensível que parecia, por alguma razão, viver em meu mundo. Essas palavras eram, para mim, como notas de guizos e sinos, os sons de instrumentos musicais, os barulhos do vento, do mar e do oceano, o trote de cascos de cavalo nas pedras do calçamento, a carícia de ramos nas cortinas... Era como se alguém, surdo de nascença, num milagre passasse a ouvir de repente. Eu não me importava com o que as palavras diziam... Eu me importava com as cores que as palavras faziam vibrar em meus ouvidos".

Como escritor e poeta, Dylan Thomas desenvolveu um estilo extraordinariamente pessoal, pois se dedicou às palavras e era apaixonado por sua sonoridade. Entretanto, ele também traduz seu método criativo revelando: "Para mim o 'impulso' poético ou a 'inspiração' são apenas a súbita, e geralmente física, chegada da energia para a perícia e o senso estrutural de artesão". Assim, se a arte sempre se utiliza de uma comunicação com recursos primários de expressão ela não pode, por outro lado, prescindir da participação do pensamento em processo secundário. Enquanto o primeiro se utiliza de representações, em imagens afetivas, vívidas e sensuais, o processo secundário é conceitual, abstrato, usando signos, sinais e símbolos linguísticos para as operações mentais. Não somente na arte, mas na comunicação humana sadia, estão geralmente combinadas características que pertencem a ambos os sistemas, ou seja, o primário e o secundário. Entretanto, no descarrilamento do diálogo mostramos como, nas patologias, fica interrompido esse desenvolvimento integrado, com o predomínio e exacerbação de um ou outro processo. Se na história de Jerry temos uma comunicação viciosa utilizando o corpo para manter o contato necessitado, em um poema de Adélia Prado temos um exemplo primoroso da situação oposta, quando a mente se dissocia como defesa:

A formalística

> *O poeta cerebral tomou café sem açúcar*
> *e foi para o gabinete concentrar-se.*
> *Seu lápis é um bisturi*
> *que ele afia na pedra,*
> *na pedra calcinada das palavras,*
> *imagem que elegeu porque ama a dificuldade*
> *o efeito respeitoso que produz*
> *seu trato com o dicionário.*
> *Faz três horas já que estuma as musas.*
> *O dia arde. Seu prepúcio coça.*
> *Daqui a pouco começam a fosforescer coisas no mato.*
> *A serva de Deus sai de sua cela à noite*
> *e caminha na estrada,*
> *passeia porque Deus quer passear*
> *e ela caminha.*
> *O jovem poeta,*
> *fedendo a suicídio e glória,*
> *rouba de todos nós e nem assina.*
> *Deus é impecável.*

As rãs pulam sobressaltadas
e o pelejador não entende,
quer escrever as coisas com as palavras.

Do silêncio à interpretação no *setting*

Após estudar a natureza da relação mãe-bebê, Winnicott se volta para a dupla paciente-analista, em especial no tratamento de esquizoides, ou nos estados de regressão à dependência desencadeados pelo processo analítico. Nessas condições os pacientes desenvolvem uma variedade primitiva de transferência em que o analista não é uma pessoa diferenciada, com vida própria, mas tão somente uma extensão deles próprios, uma repetição da mãe necessitada como um objeto subjetivo nos primeiros tempos de vida. Diz ele então: "Na medida em que o objeto é subjetivo, é desnecessário que a comunicação com ele seja explícita". Winnicott apresenta, aqui, o território das comunicações silenciosas, 1963 a área sagrada na qual os psicanalistas hesitariam penetrar. E, mais ainda, ele defende o direito do paciente de permanecer em silêncio durante a sessão, numa época em que não falar era entendido como resistência ao trabalho analítico.

Ao contrário ele vê a não comunicação do paciente como uma contribuição positiva, diz ele a respeito: "Devemos nos perguntar se a nossa técnica permite ao paciente informar que ele não está se comunicando (p. 171). "Comunicação e falta de comunicação" em *O ambiente e os processos*. Para isso acontecer nós analistas precisamos estar prontos para o sinal: "Não estou me comunicando", e sermos capazes de distingui-lo do sinal de tensão associado ao fracasso na comunicação". Nessa situação o silêncio do paciente representa a expressão de sua confiança no analista, a possibilidade de estar só na presença de alguém, uma experiência básica de relaxamento e de quietude da infância que ele pode jamais ter experimentado. Essa é uma hipótese bastante provável se pensarmos que a cisão esquizoide e o retraimento consequente são muitas vezes provocados pela intrusão do ambiente.

Mas o que significa o analista estar pronto para receber o sinal do paciente? Que encargos recaem sobre o analista no tratamento desses pacientes que levam Winnicott a advertir, em vários trechos de seus trabalhos, sobre a dificuldade da tarefa? Uma dificuldade que ele experimentou em si mesmo e que o fez declarar : "O tratamento e o manejo desse caso colocaram em xeque tudo o que tenho enquanto ser humano, psicanalista e pediatra. Fui obrigado a crescer enquanto pessoa no decorrer do tratamento, de um modo doloroso que eu teria tido prazer em evitar" (p. 462). "Aspectos clínicos e metapsicológicos da regressão no *setting* analítico".

As dificuldades referidas estão em parte relacionadas à própria natureza da comunicação silenciosa exigindo do analista que seja "uma vigilante presença somática", executando seu trabalho a partir do seu ego corporal, tal como a mãe em seu estado de preocupação materna primária. "O analista deverá desempenhar o papel de mãe para o bebê do paciente, precisará permanecer orientado para a realidade externa enquanto identificado com o paciente e mesmo fundido com ele". "Alguns analistas podem não gostar desse aspecto do seu trabalho", conclui Winnicott, "porque o necessitado aqui não é sagacidade" (p. 459).

O analista não é mais o intérprete do inconsciente utilizando signos verbais, mas uma pessoa que reconhece a dependência e vulnerabilidade do paciente e, preocupado com ele, utiliza os recursos do manejo para responder às suas necessidades.

Talvez tenha sido a dificuldade de dar conta dessa tarefa a verdadeira responsável pelo preconceito e resistência que a comunicação não verbal recebeu durante tantos anos de prática psicanalítica. Spitz comenta a respeito do homem ocidental: "Nossas sensações profundas não atingem a nossa consciência, não se tornam significativas para nós; ignoramos e reprimimos suas mensagens. De fato temos receio delas e revelamos esse medo de várias maneiras. Ele pode ser expresso diretamente: achamos que premonições são coisas de mau gosto; se elas chegam a se tornar verdadeiras, nós as consideramos sobrenaturais. Tentamos negá-las ou, pelo menos, racionalizá-las. O profeta, hipnotizador, médium, todos... são relegados a uma zona de penumbra e evitados. Condenamos até mesmo a intuição; zombamos dela no raciocínio científico. E esse desprezo, o sarcasmo, os gracejos quanto a esses assuntos revelam nossa inquietude diante do que não podemos explicar". Percebo, assim, que os itens anteriores em que revi a teoria do processo primário foi, na realidade, um preâmbulo necessário que fundamentasse cientificamente essa teoria de uma nova técnica que me arrisco a defender.

Referindo-se aos fenômenos que caracterizam as experiências de mães e bebês, de sua sutileza e de sua correspondência no *setting* analítico, Winnicott recomenda: "... hoje é necessário que os analistas ao se referirem à natureza do bebê vejam o que mais se acha lá para ser visto. Para o analista ortodoxo, se ele examinar melhor, há alguns choques à sua espera". Tal como a experiência que relatei na página 16, referente ao paciente que sofria com um tique.

A recomendação de Winnicott sobre a necessidade da observação do analista diz respeito, segundo ele, não tanto às suas dificuldades neuróticas, mas ao objetivo de torná-lo capaz de vivenciar uma experiência regressiva como a descrita acima, e conseguir sustentar esse tipo de análise em que "a comunicação é uma questão de reciprocidade na experiência física" (*Os bebês e suas mães*, p. 89).

Em outro momento Winnicott comenta: "É possível observar que estou levando vocês para um lugar onde a verbalização perde todo e qualquer significado. Que ligação pode então haver entre tudo isso e a psicanálise, que se fundamentou no processo de interpretações verbais de pensamentos e ideias verbalizados?".

Esse comentário, feito em torno de 1967, quase ao final de sua vida, traduzia também toda a mudança que sua teoria da técnica passou, em especial com relação à fala do analista e ao seu papel de intérprete, como podemos constatar em outros textos:

"No trabalho que estou descrevendo, o *setting* se torna mais importante que a interpretação" (Variedades clínicas de transferência).

Considerando a importância do silêncio na comunicação primitiva: "... em outras palavras, a comunicação somente se torna ruidosa quando fracassa". "Psicoterapia não é fazer interpretações argutas e apropriadas; em geral, trata-se de devolver ao paciente, a longo prazo, aquilo que o paciente traz. É um derivado complexo do rosto que reflete o que há para ser visto".

"Não me agradaria, contudo, deixar a impressão de que essa tarefa, que consiste em refletir o que o paciente traz é fácil; não é, e emocionalmente é exaustiva. Mas temos nossas recompensas." "Interpretação fora do amadurecimento do material é doutrinação e produz submissão."

Essa mudança da função do analista com relação a sua verbalização ocorreu na medida em que Winnicott passou a ver o *setting* como um espaço potencial, onde a criatividade do paciente encontraria a chance de se desenvolver e houvesse a possibilidade de um brincar mútuo. Ele próprio lamentava que tivesse inibido a criatividade dos pacientes, em tempos passados, em seu afã de interpretar. Assim, o *setting* só se tornou um espaço potencial graças à existência das comunicações silenciosas que ofereceram ao paciente o sentimento de existir.

Um caso clínico

James Anthony descreve em um texto do *The Psychoanalytic Study of the Child,* de 1977, o processo de análise de um menino de sete anos – Charlie – que veio trazido a tratamento com o diagnóstico de "mutismo eletivo". Sua mãe havia apresentado um quadro depressivo em anos anteriores, e alguns meses depois do começo de sua doença, Charlie se recusou a falar fora de casa e, de fato, pouco falava mesmo em casa. Sua mãe que o trouxe à consulta sentia-se culpada porque o havia rejeitado por ser uma criança temperamental e ainda agora se mostrava ambivalente com relação aos seus humores. Ele não se sentia compreendido pelo seu ambiente e seus sentimentos de fracasso e desvalorização o levavam a evitar um convívio social. Com frequência se mostrava infeliz e não encontrava prazer na vida. Eis o relato do autor resumido:

"Quando eu o vi pela primeira vez, ele parecia pálido, desamparado e sua expressão era de uma tristeza infinita. Ele tinha grandes olhos que olhavam fixamente expressando desesperança.

Em sua primeira sessão, ele se arrastou até o consultório, atrás de mim, mostrando uma pobreza de movimentos, parecendo muito necessitado, mas ao mesmo tempo incapaz de aceitar qualquer coisa.

Ele não fez tentativa alguma de explorar o consultório, mesmo que visualmente. Eu me sentei em minha cadeira e lhe dei a tentativa de um sorriso que me pareceu conter um elemento de piedade.

Ele dava a impressão de tensão e desamparo. Ele evitou a cadeira que estava em minha frente e permaneceu de pé, ao meu lado, com um ar de incerteza. Eu apontei silenciosamente para a cadeira e ele se sentou puxando-a para um pouco mais perto de mim. Peguei um pedaço de argila na mesa e, ritualisticamente, parti-a em dois, oferecendo-lhe a metade. Um tanto hesitante ele aceitou. Eu comecei a modelar o meu pedaço em várias formas e olhei encorajando-o a fazer o mesmo. Ele pôs o seu pedaço quietamente sobre a mesa de novo. Inclinei minha cabeça e coloquei o meu pedaço também na mesa a alguma distância do dele. Então, muito deliberadamente, eu o empurrei para junto do seu, deixando os dois lado a lado, bem próximos. Ele reagiu a esse movimento com os olhos, mas sua expressão não mudou. Parecia não haver nenhuma espontaneidade nele e, durante um tempo, ficamos em silêncio. Senti-me então um pouco ansioso e me vi esfregando minha testa.

Quando me dei conta disso pude perceber também uma pequena mudança em sua face inexpressiva. Eu não queria palavras dele (porque eu senti que podia seguir sem isso), mas eu queria, sim, alguma forma de expressão emocional, alguma reação a mim. Naquele momento eu poderia estar satisfeito porque seus olhos estavam fixados em mim. O tempo parecia se arrastar, mas eu mantive meus olhos nele, percorrendo seu corpo como que buscando uma resposta. Entretanto, no momento, eu não sentia tensão ou embaraço nessa situação pouco usual. Ele permanecia completamente rígido. Peguei então uma folha de papel, parti-a em duas, ofereci-lhe a metade, e toda a sequência relacionada à argila se repetiu. Sem pensar cruzei meus braços junto ao peito.

Depois, ao pensar sobre isso, percebi que estava desejando estender uma mão até ele, e sentia que isso não era adequado. Contudo, eu descruzei os meus braços, pus minha mão esquerda no braço da minha cadeira e, sem me dar conta, estendi-a mais adiante e toquei o braço da sua. Em outro contexto, isso teria sido descrito como um gesto casual, mas nessa situação foi significativo. Ele não moveu sua mão, nem para se aproximar ou se afastar da minha, mas observou meu movimento em sua direção.

Estávamos agora no final da sessão e eu lhe disse calmamente: "Você não tem que falar aqui, a menos que você queira"; com isso me levantei, ele se levantou e me seguiu junto e logo atrás até a porta. Eu abri a porta, ele passou e caminhou pelo corredor. E então aconteceu. Ele estava quase no final quando se voltou e me olhou. Não havia sorriso algum, mas também não havia desesperança. Então ele virou-se e se foi.

Quando eu tomei minhas notas pareceu-me uma hora estéril, impregnada de escuridão e tristeza. Senti também que eu desejava continuar sua análise porque ele havia se voltado no fim do corredor.

As sessões continuaram com o mesmo clima, e cada vez que ia embora ele se voltava no final do corredor para me olhar. No quinto dia, seu movimento foi acompanhado de um sorriso.

Continuava, entretanto, sem nada dizer, até que algumas semanas depois, durante uma sessão, eu apontei uma flor que havia desabrochado inesperadamente de uma planta no meu consultório e, para minha surpresa, ele se levantou vagarosamente e foi até lá olhá-la de perto.

Enquanto ele a observava eu lhe disse que, agora, havia pessoas que acreditavam que as plantas tinham sentimentos e que você poderia falar com elas e elas responderiam, embora não falassem. Ele se voltou para mim e sorriu. E, como se a permissão houvesse sido concedida, começou a explorar um pouco mais a sala. Ele tinha ido um pouco mais longe quando pareceu experimentar um ligeiro pânico e, então, voltou e sentou-se em seu lugar habitual junto a mim. Contudo, tendo quebrado o gelo, ele começou a fazer pequenas viagens em torno da sala de tempos em tempos, mas sempre retornando por um pequeno período. Eu comentei o fato de que ele estava começando a me conhecer e ao meu consultório, mais e mais. A esses comentários ele fazia um aceno de cabeça confirmando, frequentemente sorrindo, e eu acenava de volta, o deixando saber que eu tinha compreendido e apreciado sua confirmação. A essa altura, eu desejava que ele pudesse simplesmente estar comigo, e pudesse construir uma indispensável dose mínima de confiança.

Então, em um dia, pelo quarto mês, ele veio com o seu usual ar de expectativa. Sua gama de afetos era agora muito mais extensa e mais relacionada às trocas não verbais entre nós. Nessa particular ocasião, eu parti nosso pedaço de argila como de costume e ofereci a metade a ele com um comentário adicional: "É bom repartir coisas entre nós". Houve uma ligeira pausa e então veio algo como um rouco suspiro quando ele disse "sim!" Eu senti alguma coisa saltar dentro de mim. Contudo, não fiz nenhuma observação até o final da sessão quando disse: "Você poderia botar a minha parte e a sua parte juntas de novo como sempre fazemos" e, de novo, veio um suspirado "sim". Eu estava agora bastante consciente de sua expressividade emocional, de sua habilidade em se locomover, da extensão e largueza dos movimentos de seu corpo. Ele estava se tornando uma criança fisicamente atraente e não mais parecia um animalzinho sem dono. Sua individualidade parecia estar emergindo quase que passo a passo a cada semana. Às vezes parecia como se eu estivesse observando o desabrochar de um *toddler* quando ele acrescentava palavras a palavras, frase a frase e, então começou a falar em sentenças embora não muito frequentemente.

Ele era muito sensível ao que acontecia em casa e eu podia sempre dizer que tinha havido um episódio de rejeição quando ele vinha com seu ego corporal outra vez encolhido e murcho. O mesmo acontecia no curso do tratamento. Ele chorou pela primeira vez em seu sexto mês quando eu lhe disse que teria de faltar a duas sessões na semana porque eu viajaria. Ele esmagou seu pedaço de argila e afastou o meu quando o aproximei dele. Eu lhe disse que compreendia como ele estava zangado comigo, e como ele devia ficar zangado algumas vezes quando sua mãe parecia se afastar dele e esquecê-lo.

As sessões começaram a se tornar mais e mais como a análise comum de uma criança, de modo geral com a mesma quantidade de silêncio, atividade, jogo e trocas verbais. Pelo nono mês ele pôde falar enquanto brincava.

Ao final do tratamento Charlie era uma criança robusta e encantadora como as demais. Era, entretanto, ainda quieto, reservado, reticente e mais dependente do que se esperaria para sua idade.

Quatro anos depois que a análise terminou, eu falei com ele sobre isso. Como é comum, ele pareceu lembrar muito pouco sobre as trocas verbais. Mas ele se lembrava do primeiro ano. "Eu me sentia fechado dentro de mim mesmo. Eu estava esperando, não sei pelo quê. Eu me sentia mais seguro todo trancado. Eu acho que você pensava que eu estava triste; não triste, apenas não tendo nada dentro de mim, embora seguro. Às vezes eu sentia que não sabia como falar".

James Anthony termina o trabalho expressando sua impressão de ser muito mais difícil descrever uma análise não verbal, porque as nuances têm a ver com o que o analista pode ver e ouvir por meios microscópicos. Ele recorre ao poeta George Eliot para resumir sua experiência: "Se nós pudéssemos ter uma visão aguçada e um sentimento pungente de toda vida humana comum, seria como escutar a grama crescer ou ouvir as batidas do coração de um esquilo, e nós nos assustaríamos, então, com o rugido que existe do outro lado do silêncio".

Bibliografia

1. ANTHONY, J. (1977) *Non Verbal and Verbal Systems of Communication* psychoanalytic. Study of Child, vol. 32, pp. 307-325.

2. DAVIS, M e WALLBRIDGE (1981) *Limite e espaço*, Imago, Rio de Janeiro.

3. FREUD, S. *Delírios e sonhos na Gradiva de Jensen* E.S.B., vol. IX, Imago, Rio de Janeiro, 1976.

4. KRIS, E. (1952) *Psychoanalytic Exploration in Art*. Int. Univ. Press. Nova Iorque.

5. MAHLER, M. (1977) *O Nascimento psicológico da criança*. Zahar, Rio de janeiro.

6. NOY, Pinchas. (1972) *About Art and Artistic Talent*. I. J. p. 53.

7. _____. (1969) *A Revision of the Psychoanalytic Theory of the Prymary Process*. I. J. p. 50.

8. RODIN (1911) *A arte – conversas com Paul Gsell*. Nova Fronteira, Rio de Janeiro, 1990.

9. RYCROFT, C. (1956) *The Nature and Function of the Analyst's Communication to the Pacient*. I. J. p. 37.

10. SPITZ, R. (1972) *El Primer Año de Vida del Niño. El Descarilamento del Dialogo*, Editora Aguillar, Madri.

11. (1954) *Aspectos clínicos e metapsicológicos da regressão no contexto psicanalítico*, em *Da pediatria à psicanálise*, Imago, 2000, Rio de Janeiro.

12. (1958) A capacidade para estar só, em *O ambiente e os processos de maturação*, Artes Médicas, 1982, Porto Alegre.

13. (1960) *Teoria do relacionamento paterno-infantil*, ib.

14. (1962) *A integração do ego no desenvolvimento da criança*, ib.

15. (1963) *Comunicação e falta de comunicação levando ao estudo de certos opostos*, ib.

16. (1968) *A comunicação entre o bebê e a mãe, e entre a mãe e o bebê: convergências e divergências*, em *Os bebês e suas mães*, Martins Fontes, 1996, São Paulo.

17. (1969) A experiência mãe-bebê de mutualidade, em *Explorações psicanalíticas*, Artes Médicas, 1994, Porto Alegre.

18. (1971) *O brincar e a realidade*, Imago, 1975, Rio de Janeiro.

5. O brinquedo e o sonho

Nos últimos meses, tenho tido sonhos estranhos, um absurdo!
O que é absurdo?
É como se eu quisesse me dizer algo que não quero ouvir acordado.
O quê, por exemplo?
Que estou morto, apesar de vivo.

Ingmar Bergman, em *Morangos Silvestres*.

I

Nora chegou à sessão, pela manhã, mais tranquila, sem a expressão de angústia da véspera. Dormiu mal, entretanto, o sono entrecortado e, como tantas vezes ocorreu nos últimos meses, sentiu medo ao se aproximar a hora de sair de casa. Está emagrecida, com frequência queixa-se de ter o estômago contraído, e hoje nada de sólido conseguiu comer.

"Só consegui beber uma xícara de leite", disse ela.

"Leite é também alimentos de bebês", respondi.

Lembrou-se, então, de que teve um sonho, o primeiro desde que começou seu tratamento há meio ano.

"Eu entrava em um local que parecia ser o local em que trabalho e encontrava dois colegas – Lúcia e o Guilherme. Eles estavam com uma menininha, de um ano de idade, talvez, não sei bem precisar. Ela era moreninha, e estava com os cabelos molhados – nesse momento ela passou as mãos pelos cabelos que estavam molhados, como de costume, quando vem à sessão pela manhã. "Digo a Guilherme que tenho de voltar à Espanha, mas estou muito cansada para fazer uma viagem tão longa. Ele quer saber se tenho a passagem, respondi que sim, que comprei ida e volta. Ele diz para eu ficar, respondo que não posso, tenho que ir. Olho a menininha que faz gracinhas, ela tira e coloca um arco em sua cabeça." Nora acompanhou essas palavras com o gesto correspondente. "Comento com eles que criança, nessa idade, faz de tudo para chamar atenção".

De fato, de imediato chamou minha atenção o seu gesto, trazendo à lembrança, subitamente, uma frase: "Fui à Espanha buscar o meu chapéu", versos que começam uma cantiga de roda do meu tempo de infância, e que cantávamos fazendo o movimento de pôr e tirar, da cabeça, um chapéu imaginário.

Aguardo, porém, que ela me fale sobre seu sonho, provavelmente por cautela, pois Nora que, antes de me procurar, estivera por seis anos com outro analista, mostra-se arredia a interpretações. Não conseguia estabelecer uma relação entre seus múltiplos distúrbios psicossomáticos e seus sentimentos ou fantasias. Episódios de taquicardia paroxística, problemas gástricos ou o eczema atópico, por exemplo, que a atormentavam, eram queixosamente descritos, tão somente para que eu a escutasse.

Por isso, seu sonho era uma novidade animadora.

Como, entretanto, prosseguisse falando de suas mazelas, perguntei-lhe sobre o sonho, sobre o detalhe de ter de voltar à Espanha.

"Nada sei sobre a Espanha, nunca estive lá, mas é o lugar de onde vieram os parentes de meu pai".

Percebendo que não iria adiante, arrisco-me a dizer: "Seu sonho lembrou-me uma cantiga de roda: Fui à Espanha buscar o meu chapéu", e acrescento, "Azul e branco da cor daquele céu".

Um tanto irritada, bruscamente me responde:

"Não conheço cantigas de roda, nunca brinquei na minha infância, já lhe disse".

Sim, realmente ela já me contara que, sendo a filha mais velha de quinze irmãos, muito cedo tivera responsabilidades na casa, subindo em um banquinho para lavar a louça, ou pendurar fraldas na corda.

"Vocês, analistas, têm a imaginação fértil; sei que análise é assim, mas não consigo sentir o que falam".

Seu comentário me provocou uma ligeira hesitação, mas afinal, ainda confiando na vívida impressão que seu sonho me causou, insisto:

"Mas, o gesto de tirar e botar o arco na cabeça, e que você repetiu para mim, curiosamente é o mesmo que as crianças fazem ao cantar a cantiga".

"Pouco lembro da minha infância e prefiro não lembrar".

"Muito embora no sonho, você diga que teria de voltar à Espanha, para você é a terra dos seus ancestrais e, portanto, referente ao seu passado".

"De que serve isso? De que vale andar para trás, só me causa mais angústia. Não gosto de imaginar que o que sinto tenha causas tão antigas. Isto me assusta".

"De que vale andar para trás?" Ainda uma vez, de súbito, recordei os versos seguintes da cantiga: "Caranguejo não é peixe, caranguejo peixe é, caranguejo só é peixe lá no fundo da maré".

Caranguejo, o bicho pesado e lento que anda para trás e vai ao fundo da maré, pois só lá se transforma, livre e móvel, em um peixe que volta e que vai.

Seria essa, então, a resposta à pergunta que fizera, dando um sentido à sua regressão, aos sintomas e às sensações de que padecia? Ir lá atrás, na infância esquecida, buscando "no fundo" de si mesma as conexões perdidas que a libertariam?

Inteligente e capaz, aos 36 anos, Nora ainda não conseguira, apesar de seu empenho, progredir na profissão, e se sentia dependente e submetida às imposições de um marido dominador que alimentava suas doenças e limitações.

Nascida no norte do país, em uma região de rico folclore, ela passara toda a infância e juventude à beira dos alagados de afluentes do Amazonas. Os caranguejos e as cantigas de roda devem ter feito parte de seu mundo, pensei eu, e encorajada por essa quase certeza, cantei-lhe os versos há pouco relatados expondo o significado que neles encontrei, para acrescentar em seguida:

"Vale a pena ir lá atrás, para encontrar e buscar a menininha cheia de vida, como a do seu sonho, e que você deve ter sido um dia. Até porque, apesar de seus medos, parece haver também confiança em nosso caminho, já que seu bilhete é de ida, mas tem volta".

"Mas como posso saber que você fala a verdade, que o que você disser aconteceu de fato?" Pergunta, pouco crédula.

Nesse momento, eu que desde o início da sessão tivera que lidar com minhas próprias dúvidas, me assombro com a recordação das palavras cantadas ao final da brincadeira, quando as crianças formando pares, cercam outra que, excluída, restara sozinha no centro da roda, e lhe dizem: "Touquinha de renda para quem ficar vovó. A benção, vovó, a benção, vovó!".

Em um período anterior de muita angústia, pouco depois de seu começo de análise comigo, Nora não conseguira, durante semanas, sair à rua sozinha, necessitando por isso, de acompanhantes que a levavam ao trabalho ou às sessões. Na época, diante desse quadro que parecia envolver separação e solidão, ela me contou um dos raros episódios que guardara de sua infância, uma história narrada por sua mãe. Ao final da gravidez de seu segundo filho, a mãe deixou Nora, então com um ano de idade, na casa da avó, em uma cidade vizinha, onde ela ficou por alguns meses. Chorara muito, disse-lhe a mãe, ficou sem comer nos primeiros dias, sentindo a sua falta, até que acostumara.

Agora, intimamente convencida, depois de tais lembranças e associações, da adequação de minhas hipóteses sobre seu sonho, conto a ela o final da brincadeira, repetindo seu refrão e recordando o episódio de separação da mãe e a permanência na casa da avó.

Parecendo perplexa, Nora permanece um tempo em silêncio e depois, como se estivéssemos jogando e compondo um intrincado e curioso quebra-cabeça, ela junta as peças que faltavam dizendo, já ao final da sessão:

"É, você deve estar certa. Eu conheço essa cantiga, não sei cantá-la, mas gravo com muita facilidade as letras das músicas e estou, agora, lembrando dela, de outros versos – olha palma, palma – olha pé, pé – olha roda, roda... ah! e caranguejo peixe é!".

II

Em um dos episódios de seu belo e instigante filme denominado *Sonhos*, Kurosawa nos apresenta um personagem que, em uma exposição, após observar longamente pinturas de Van Gogh, penetra em um dos seus quadros, buscando encontrá-lo. Um pouco depois, diante de uma paisagem, o pintor lhe pergunta:

"Por que não está pintando? O cenário; é incrível. Quando esta beleza existe perco-me nela. Então, como em um sonho, o cenário se pinta sozinho".

A sensibilidade do mestre pode nos ensinar sobre o trabalho do psicanalista, que tal como esse personagem, precisa, inicialmente, penetrar no quadro criado por seu paciente ao lhe descrever um sonho, para poder entendê-lo. Do mesmo modo que o escuro e o silêncio da sala de projeção no cinema, o isolamento e a quietude do *setting* promovem a condição favorável para que o expectador-analista, seguindo o conselho de Van Gogh, esquecido de si mesmo, se perca no que escuta e no que vê. Experimenta, então, um fenômeno de comunicação primitiva feita, sobretudo, de elementos não verbais, como sons, imagens, movimentos, gestos e expressões faciais que fazem parte da fala ou do silêncio de seu paciente. Esse meio de comunicação, caracterizado principalmente por uma organização em processo primário, é empregado em diferentes formas de arte, quando expressa, então, direta e concretamente, afetos e emoções, provocando ou relembrando vivências nos participantes do processo. É dessa forma, uma via expressa de acesso ao inconsciente, bastante conhecida nos estudos de comunicação, onde, no dizer de MacLuhan, o meio é a mensagem.

Em um trabalho anterior, abordando os aspectos artísticos da atividade analítica, relacionei essa comunicação primitiva de analista e paciente no *setting*, como semelhante ao diálogo ocorrido entre a mãe e seu bebê, feito de sinais significativos unicamente para os dois. A sensibilidade especial da mãe devotada ao seu bebê, e que Winnicott chamou de preocupação materna primária, é a condição necessária para que a sintonia e o diálogo aconteçam. No processo analítico, um paciente regredido necessita e solicita a mesma entrega do analista. Viverá este, assim também, pelo breve espaço de tempo da sessão, um estado de regressão provisória onde os limites do *self* se perdem, e uma experiência de fusão, de união com o paciente se realiza. Aí então, nos ensina o Van Gogh de Kurosawa, e só então, "o cenário se pinta sozinho".

Vimos lá atrás que o gesto de Nora, tirando e botando na cabeça um chapéu imaginário, foi o elemento desencadeante de toda uma série de associações e lembranças que me invadiram, atribuindo, em seguida, um significado à expressão "voltar à Espanha". Já existia, porém, uma história de convivência e trabalho entre nós, e outros elementos devem ter participado, determinando não só essa ocorrência, mas também o curso da sessão e a linha de interpretação que segui. Ela era, de fato, uma paciente que me preocupava, pela intensidade de sua angústia e sofrimento, pela persistência de seus sintomas, não obstante a longa análise anterior, mas acima de tudo, pela aridez de seu mundo interno. Eu me via, durante as sessões, como que debruçada sobre ela, atenta às suas expressões, como alguém que tivesse aos seus cuidados um enfermo grave ou uma criança doente. Nora recusava as interpretações transferenciais, pois, como outros pacientes regredidos ou narcisicamente retraídos, necessitava que eu não tivesse uma existência própria no *setting*, mas fosse tão somente uma extensão dela mesma, usando as funções de ego que lhe faltavam. Por isso, necessariamente, nasceram em mim as associações ao seu sonho, bem como me coube a guarda das lembranças de infância que ela rejeitava, e que foram aproveitadas no momento privilegiado que vivemos.

Esse sonho ocorreu há cinco anos e representou um marco no tratamento de Nora. Em ocasiões anteriores eu havia feito, em vão, tentativas de recriar experiências esquecidas a partir de seus sintomas, mas meus esforços esbarravam em recusas semelhantes às da sessão transcrita, ou às construções feitas seguiam-se, muitas vezes, uma piora em seu estado, uma exacerbação de seus sintomas, fato já assinalado por Freud em seu trabalho de 1937.

Desde então, entretanto, outros sonhos surgiram, compostos, tão somente, de representações visuais, reproduzindo o ambiente de sua infância: a casa grande, velha e desarrumada onde morava, os riachos ao redor, as pontes que atravessava para ir ao colégio, um clima sombrio, triste e solitário. Por não haver palavras nesses sonhos, ela os descrevia como se estivesse folheando um velho álbum de retratos, que despertavam suas lembranças e compunham sua história. A simples experiência de sonhar, sem que nada fosse interpretado, levava, direta e intensamente, aos afetos e impulsos que estavam até então reprimidos. Entendi que, ao narrar o sonho, ela se tornava como que a observadora do próprio quadro que pintara, vivendo uma experiência emocional semelhante a que a arte pode proporcionar, e que as meras palavras de uma interpretação não conseguiam atingir.

Por outro lado, um sonho feito, sobretudo, de representações pictóricas, se assemelha ao pensamento da criança pequena do período pré-verbal, conferindo assim um sentido de convicção às construções, às recordações da infância e, portanto, à própria atividade mental inconsciente, como cada vez mais foi acontecendo com Nora.

III

O progresso conseguido por Nora nesse período, onde seus sonhos, acredito, tiveram um importante papel, faz pensar sobre as contribuições trazidas pela Psicologia do Ego ao estudo das funções do sonho e, consequentemente, do processo primário. Pesquisas recentes estudando sequências de sonhos em uma mesma noite, levaram à constatação de que haveria um processo evolutivo durante o sono, sugerindo que existe uma tentativa do sonhador em finalizar impulsos ou solucionar conflitos (Noy, 1969). Portanto, ao invés, simplesmente, da ideia inicial de Freud, de que o sonho teria a função de descarga, e de guardião do sono, cada vez mais e mais trabalhos têm apresentado o sonho como uma função do ego, a serviço de controle, integração e síntese, buscando organizar e estruturar a experiência de uma pessoa, ao lhe atribuir significado e coerência.

Por extensão, a teoria do processo primário passou também por modificações. Até recentemente era definida, principalmente, em termos de catexia de energia, estacionada na primeira formulação econômica.

Em 1923, quando Freud introduziu a teoria estrutural, ele integrou o conceito de processo primário como um modo de organização do *id*, mas não chegou a incluí-lo dentro de uma Psicologia do Ego que então surgia. Assim, enquanto o processo que rege o pensamento consciente – o processo secundário – passou a ser visto sob um constante e gradual crescimento, o processo primário, atado a um preconceito, era considerado como ligado, para sempre, a um padrão infantil de organização. Seria o processo existente no início da infância, e serviria à criança até que ela desenvolvesse um processo de pensamento lógico, relacionado e orientado para a realidade externa, ou seja, o processo secundário. O que aconteceria com o processo primário, dessa fase em diante, não é esclarecido, mas ficaria implícito que ele estaria estacionado, e qualquer expressão posterior de uma atividade mental, assim organizada, seria vista como uma regressão a um nível primitivo e infantil (Noy, 1969).

Tal atitude se modificou com os estudos da Psicologia do Ego sobre as manifestações da arte e da criatividade. Ernst Kris (1952) lançou, por exemplo, o conceito de regressão a serviço do ego, referindo-se não a um ego frágil e infantil, mas a um ego forte e rico que poderia ter acesso a níveis profundos e primitivos da mente, a fim de buscar, nessas fontes, recursos adicionais e novas maneiras de expressão.

Seria, pois, a regressão do artista diante de sua tela (como o Van Gogh de Kurosawa citado neste livro), ou do analista no *setting* diante de seu paciente (como no meu exemplo, na sessão de Nora), ou do próprio paciente durante os seus sonhos.

O processo primário estaria aí sendo utilizado para criar um meio de contato emocional através do qual a experiência humana pudesse ser comunicada. Enquanto o processo secundário está melhor equipado para lidar com a realidade externa, expressando ou obtendo informações, o processo primário está a serviço do *self*, revelando a vida interna do homem, e promovendo seu desenvolvimento e expansão.

Nessa linha de pensamento, o processo primário passou a ser considerado um sistema especial, que se desenvolveria gradualmente a partir do nascimento, a partir das tentativas do bebê de organizar seu mundo de percepções, o que consegue com a ajuda da mãe, que desempenharia para ele as funções de ego auxiliar. É esse, com frequência, o papel do analista junto ao paciente regredido, provendo e mantendo um *setting* onde ele possa, por exemplo, sonhar e, por essa via, alcançar e estabelecer uma ordem em seu caos interior.

IV

A teoria das relações de objeto trouxe modificações na técnica psicanalítica que abrangeram a compreensão e a interpretação dos sonhos. O sonho passou a ser considerado em termos bipessoais, não mais visto apenas como a realização de um desejo, mas também uma forma de comunicação, algo que o paciente nos quer dizer e o faz utilizando uma linguagem significativa e particular, através de um código estabelecido entre o par analítico ao longo do processo.

O sonho de Nora, o primeiro que em tantos meses ela me contava, trazia implícito, antes mesmo que me narrasse seu conteúdo, a mensagem de que uma mudança importante ocorrera. Surgia, afinal, um princípio de confiança em mim, e ela pode, assim, abrir uma porta de acesso à sua intimidade, ao mesmo tempo que esboçava um gesto criativo com o próprio fato de sonhar. Nora era séria, de movimentos bruscos, postura rígida, imaginação pobre, a vida sem lazer e sem graça, centrada no trabalho e em suas doenças, não obstante seus recursos pessoais e objetivos. Para mim era, ainda, a menina que não podia e não sabia brincar e, talvez por isso, o sonho me remeteu a uma cantiga de roda, o sinal de que a brincadeira, agora, poderia começar, pois aprendi com Winnicott (1971) que "a Psicanálise foi desenvolvida como forma altamente especializada do brincar, a serviço da comunicação consigo mesmo e com os demais".

Nenhum aspecto da situação analítica pode se parecer tanto com uma brincadeira quanto a investigação de um sonho, e a sessão que transcrevi seria disso uma amostra, assemelhando-se ao "jogo do rabisco", criado por Winnicott (1994). Aqui, o gesto do analista se complementa com o do paciente, e assim sucessivamente, até que o "desenho" se complete, formando um todo significativo para os dois. Por seu apelo de mistério, por seu caráter fugidio e seu aspecto cifrado, pela riqueza da experiência visual o sonho, no trabalho clínico, pode representar um sofisticado *puzzle* ou um excitante jogo de esconder. Para que tal aconteça, porém, requisitos se tornam necessários, como vimos. De parte do paciente a possibilidade de experimentar uma sensação de realidade no sonho obtido, ou seja, de usar o espaço – sonho (Kahn, 1974) da mesma maneira que a criança usa o espaço transicional do papel para rabiscar; da parte do analista, a disponibilidade emocional e a capacidade de acompanhar o paciente passo a passo, como presença vigilante e não intrusiva que o ajude a se tornar capaz de brincar. Mas é Winnicott que, em seguida, adverte sobre a técnica: "Os analistas precisam estar atentos para evitar a criação de um sentimento de confiança, e uma área intermediária onde a brincadeira se possa efetuar e, depois, injetar ou inflar essa área com interpretações que, com efeito, provêm de sua própria imaginação criativa" (1971). Isso porque, acrescenta mais adiante, a criatividade de um paciente pode ser facilmente frustrada por um analista que "saiba demais".

De acordo com esse pensamento, autores atuais, de um modo geral, evitam todo procedimento técnico que possa contribuir para tornar o sonho um corpo estranho no contexto da sessão, o que ocorre, por exemplo, quando se privilegia seus elementos simbólicos, ao interpretar isoladamente o que eles representam. Ao contrário, centralizando a interpretação na configuração transferencial do momento, se mantém a situação compartilhada que faz parte do jogo e do brinquedo.

Nora mudou muito nesses cinco anos de análise, não tanto pelo progresso profissional que alcançou, ou pelo desaparecimento do quadro psicossomático que há tantos anos a afligia, mas principalmente pela ampliação de seus interesses, recomeçando os estudos, e usufruindo a música, os livros, as viagens e o convívio com amigos.

As perturbações sentidas em seu corpo traziam junto – aos poucos ficou evidente – uma ameaça de morte que a rondava, ou melhor, um sentimento de estar como que morta em vida, o mesmo sentimento descoberto em seus sonhos pelo personagem de Bergman, cuja fala é a epígrafe deste trabalho. Amortecida, até então, pela falta de contato com o mundo subjetivo, Nora acabou por encontrar, também através de seus sonhos, a expressão criadora que emprestou colorido à sua vida.

Bibliografia

1. Freud, S. (1900) *A interpretação dos sonhos,* Edição Standard Brasileira, vol. IV, Rio de Janeiro. Imago, 1975.

2. _____. (1933) *Novas conferências introdutórias sobre psicanálise.* Edição Standard Brasileira, vol. XXII, Rio de Janeiro. Imago, 1975.

3. _____. (1937) *Construções em análise*, Edição Standard Brasileira, vol. XXIII, Rio de Janeiro. Imago, 1976.

4. Greenson, R. (1978) *Explorations in Psychoanalysis.* New York, Int. Univ. Press.

5. Kahn, M. (1974) *Psicanálise: teoria, técnica e casos clínicos,* Rio de Janeiro, Francisco Alves. Ed. 1977.

6. _____. (1976) *The Changing Use Of Dreams In Psychoanalytic Practice,* Int. J. Psychoanal., 57, pp. 325-334.

7. Kanzer, M. (1955) *The Communicative Function Of The Dream,* Int. J. Psychoanal., 36, pp. 260-266.

8. Kris, E. (1952) *Psychoanalytic Explorations in Art*, New York, Int. Univ. Press, 1979.

9. Noy, P. (1969) *A Revision Of The Psychoanalytic Theory Of The Primary Process*, Int. J. Psychoanal., 50, pp. 155-178.

10. _____. (1972) *About Art And Artistic Talent*, Int. J. Psychoanal., pp. 53, 243-249.

11. Vilete, E. (1985) *Sobre a arte da psicanálise*, trabalho apresentado no X Congresso Brasileiro de Psicanálise, Rio de Janeiro.

12. _____. (1993) Psicanálise – *Seu futuro uma ilusão?* Trabalho apresentado no XIV Congresso Brasileiro de Psicanálise, Rio de Janeiro.

13. Winnicott, D.W. (1971) *O brincar e a realidade*, Rio de Janeiro. Imago Ed., 1975.

14. _____. (1994) *Explorações psicanalíticas*, Porto Alegre, Artes Médicas.

6. Winnicott e a moça que sonhou com a tartaruga[1]

Neste capítulo, serão apresentadas, sintetizadamente, as ideias teóricas de Winnicott relacionadas ao desenvolvimento emocional e que servem de base para uma teoria da técnica singular no tratamento de patologias primitivas.

Em outubro de 1962, Winnicott apresentou à Sociedade Psicanalítica de Boston um texto no qual fez referência a uma jovem paciente cuja análise começara algumas semanas antes de sua viagem ao exterior. "Verifiquei", conta Winnicott, "que esta mulher independente se tornou, em seus sonhos, extremamente dependente. Em um desses sonhos ela se via possuindo uma tartaruga, cuja casca era, porém, completamente mole e, por isso, no sonho ela matava a tartaruga, a fim de salvá-la do sofrimento intolerável que viria a viver". "A tartaruga", continua Winnicott, "era ela mesma, e o sonho indicava uma tendência ao suicídio. Fora, pois, para curar essa tendência que ela tinha vindo a tratamento" (p. 225).

Essa paciente e seu sonho são o ponto de partida para Winnicott reapresentar suas ideias sobre a importância da dependência, relacionando-a, agora, também ao trabalho analítico, daí o título do texto citado – Dependência no cuidado do lactente, no cuidado da criança e na situação psicanalítica (em *O ambiente e os processos de maturação*). Mais adiante, em 1970 (A dependência nos cuidados infantis, p. 73 de *Os bebês e suas mães*) com ênfase e simplicidade ele reafirma: "É importante reconhecer o fato da dependência. A dependência é real. É tão óbvio que os bebês e as crianças não conseguem se virar por si próprios, que as simples ocorrências de dependência passam despercebidas". E, realmente, essa dependência infantil absoluta não recebeu atenção

---
[1] Texto originalmente apresentado em mesa-redonda do 44º IPA Rio de Janeiro, 2005.

mais detalhada na teoria psicanalítica, pois a psicanálise durante décadas "defendeu o fator pessoal, os mecanismos psíquicos envolvidos no crescimento emocional, os esforços e as tensões internas que levam à organização de defesas, e a visão da doença neurótica como resultado de uma tensão intrapsíquica proveniente dos impulsos do *id* e que ameaçavam o ego do indivíduo" (p. 227 em *Dependência no cuidado do lactente*). Ao se voltar para a existência de uma dependência real no bebê e na criança pequena, Winnicott acrescenta, em consequência, o estudo do ambiente. "A psicanálise está, agora, bem estabelecida", ele esclarece " e podemos nos permitir examinar o fator externo, tanto bom quanto mau". No estado de dependência extrema, a criança é, para Winnicott, um ser imaturo que está sempre no limiar de viver uma angústia inimaginável" (p. 76 de *Os bebês e suas mães*). Se for deixada a sós por muito tempo (horas ou minutos), sem nenhum contato humano ou familiar, passa por experiências que só podem ser descritas através de palavras como:

>   *Ser feito em pedaços*
>   *Cair para sempre*
>   *Perder a orientação ou qualquer conexão com o próprio corpo*
>   *Morrer e morrer e morrer*

É fácil reconhecer que essas são, especificamente, a essência das angústias psicóticas, pois é no fracasso do ambiente em atender às necessidades iniciais da criança que Winnicott localiza a origem de determinados distúrbios psíquicos: psicóticos, borderlines, esquizoides, os psicossomáticos, os falsos *selfs* são estados de defesa organizados contra as angústias provocadas pelo fracasso ambiental e, portanto, formas de sobrevivência psíquica. Não se pode deixar de considerar, porém, que a maioria dos bebês passam pelos estágios iniciais sem ter, jamais, essas experiências, pois sua dependência é reconhecida e as necessidades básicas são satisfeitas. Ao se debruçar sobre o berço, por exemplo, a mãe colhe seu bebê com cuidado extremo, envolvendo-o em seus braços e, ao fazê-lo, junta seu corpo e membros que se agitam sem coordenação, em um trabalho natural de integração dessas partes em um todo que é o primeiro passo para a unidade psicossomática do indivíduo.

Tomando como exemplo esse gesto comum e cotidiano do cuidado materno, podemos inferir que quando a assistência é satisfatória, aqueles sentimentos terríveis aos quais um bebê poderia ficar exposto se transformam, ao contrário, em experiências positivas que contribuem para o desenvolvimento e constroem a confiança que ele passa a ter no mundo e nas pessoas. Assim, na própria descrição de Winnicott "ser feito em pedaços passará a ser uma sensação de relaxamento e repouso se o bebê estiver em boas mãos; cair para sempre se transforma na alegria de ser carregado, e no entusiasmo e prazer que decorrem do movimento; morrer, morrer e morrer passa a ser a consciência deliciosa de estar vivo e, quando a constância vier em auxílio à dependência, a perda de esperança quanto aos relacionamentos se transformará numa sensação de segurança, de que, mesmo quando a sós, o bebê tem alguém que se preocupa com ele" (*Os bebês e suas mães*, p. 76).

É imprescindível que a teoria do amadurecimento da criança – da qual apresentei um pequeno fragmento – seja bem conhecida pelos que se interessam pelas ideias de Winnicott, pois ela é a espinha dorsal de seu trabalho, necessária, não só para chegar à sua visão dos distúrbios psíquicos, mas também como embasamento de uma teoria da técnica bastante original como veremos mais adiante. Seus conceitos se entrelaçam como uma trama sutil e criativa ao longo dos textos que produziu, e que só pode ser apreendida em um estudo laborioso, escapando a um olhar mais apressado. Assim acontece com seu conceito de objeto subjetivo, que poderia ser sintetizado em uma afirmação do próprio Winnicott – quando alguém olha um bebê com sua mãe, do ponto de vista do observador ali se veem duas pessoas; entretanto, do ponto de vista do bebê há uma só. Esse conceito de objeto subjetivo, em que a mãe é sentida pelo bebê como parte dele, resulta da impossibilidade desse bebê reconhecer ou separar o eu do não eu. Com seu cuidado devotado, oferecendo-se de corpo e alma ao filho, a mãe funciona como verdadeiro ego auxiliar, fazendo com que ele não só nada saiba de sua condição de dependência extrema, mas, ao contrário, possa viver uma experiência de onipotência. Longo tempo transcorrerá até que, um dia, a criança possa alcançar a consciência de si mesma e do objeto. Durante esse tempo, o bebê sairá do colo para caminhar, com a conquista de uma coordenação motora cada vez mais apurada; suas funções cognitivas se estabelecerão com o desenvolvimento das capacidades de percepção, memória, teste de realidade e, assim, ela emergirá de um estado de identificação primária com a mãe para uma nova condição, não mais de dependência extrema, mas relativa.

Conceituando a existência e importância de um objeto subjetivo para o desenvolvimento do indivíduo, Winnicott, já em 1955, amplia o conceito de transferência, formulando uma variedade em que o analista é, não uma pessoa diferenciada para o paciente, mas tão somente parte do *setting*, como, no passado, a mãe foi parte do ambiente que atendia às necessidades do bebê que, um dia, ele foi. Winnicott acrescenta a respeito: "Enquanto na neurose de transferência o passado vem para o consultório, nesse trabalho é mais certo dizer que o presente volta ao passado e é o passado".

A afirmação de que nesse tipo de trabalho o presente vai ao passado e é o passado, é consequência de um texto do ano anterior (1954 – Aspectos clínicos e metapsicológicos da regressão no *setting* analítico) sobre regressão à dependência no *setting*, em que ele inclui, na teoria do desenvolvimento de um ser humano, a ideia de que a criança se defende das vivências traumáticas sofridas através de um congelamento do que fora a falha ambiental. Ao mesmo tempo, porém, ele postula que permanecerá, no indivíduo, a concepção inconsciente, mas que pode se transformar em uma esperança consciente, de que, em algum momento futuro, haverá a oportunidade para uma nova experiência, na qual a situação de falha poderá ser descongelada e revivida, com o indivíduo em um estado de regressão, agora, porém, dentro de um ambiente capaz de prover a adaptação adequada. A ideia que Winnicott propõe é a da regressão como fazendo parte de um processo de cura. Autor esperançoso, Winnicott constrói uma teoria da doença mental como decorrente de uma interrupção no desenvolvimento, trazendo, entretanto, consigo, a concepção de uma dinâmica no sentido da cura, pois se o bloqueio ao desenvolvimento é afastado, o crescimento ocorrerá pelo impulso natural à integração que existe no ser humano.

O *setting* analítico se transformará nesse ambiente adequado, fazendo surgir a confiança do paciente no analista, em consequência, sobretudo, da natureza da comunicação que aí ter-se-á estabelecido. Na última década de sua vida, Winnicott se dedicou aos fenômenos da comunicação, partindo, como costumava fazer, das observações da relação das mães com seus bebês. Já, anteriormente, ele assinalara que usaria a palavra infante para se referir à criança muito pequena, esclarecendo que infante – proveniente de *infans* – significa "sem fala". Ao fazer essa escolha, ele irá se referir a uma fase em que o cuidado materno se baseia na empatia da mãe, mais do que em qualquer compreensão do que é ou poderia ser verbalmente expresso. A mãe se torna capaz de realizar sua tarefa graças ao estado especial em que se encontra, imediatamente antes e após o nascimento, um estado de tal absorção que Winnicott o define como uma doença, não fora a gravidez e a maternidade. Utilizando um paradoxo, ele acrescenta que, entretanto, só uma mulher saudável poderá viver essa condição de preocupação que representa, em essência, um processo de identificação primária com o bebê. Nessa situação, ele descreve a ocorrência de uma comunicação especial, direta e silenciosa, que é feita na base "da anatomia e fisiologia de corpos vivos" e que inclui "as evidências cruas" da vida, como os movimentos da respiração, os batimentos cardíacos, o suor e o calor da pele etc...

Entretanto, ao enveredar pelo caminho da comunicação silenciosa, Winnicott, em determinado momento, reflete e pergunta (em "A comunicação entre o bebê e a mãe" p. 81 de *Os bebês e suas mães*): "É possível observar que estou levando vocês para um lugar onde a verbalização perde todo e qualquer significado. Que ligação pode, então, haver entre tudo isso e a psicanálise, que se fundamentou no processo de interpretações verbais de ideias e pensamentos verbalizados?". "Em síntese", responde Winnicott, "eu diria que a psicanálise teve que partir de uma base de verbalização, e que tal método é perfeitamente adequado para tratar de um paciente que não seja esquizoide ou psicótico, isto é, um indivíduo sobre cujas experiências iniciais não tenhamos qualquer dúvida. Em geral damos a tais pacientes o nome de psiconeuróticos, para deixar claro que eles não fazem análise numa tentativa de corrigir suas experiências mais primitivas, nem para buscar suas primeiras experiências, das quais não conseguem lembrar". Podemos, portanto, deduzir que o analista, acompanhando aqueles pacientes prejudicados nas fases iniciais de suas vidas, entrará em um território do que é "irrememorável" mas também "inesquecível", pois embora não possam ser recordadas, as experiências vividas deixam suas marcas ou memórias nas sensações e manifestações corporais, como expressão de um psique-soma primitivo e incipiente. A propósito Winnicott adverte: "O analista que atende as necessidades de um paciente ao reviver esses estágios precoces na transferência, sofre mudanças similares as que ocorrem na mãe ao cuidar de seu bebê; mas o analista, à diferença da mãe, precisa estar atento à sensibilidade que se desenvolve nele como resposta à imaturidade e dependência do paciente (em "Teoria do relacionamento paterno-infantil", p. 52 de *O ambiente e os processos de maturação*). Desse modo, à semelhança da absorção da mãe em seu bebê, podemos nos referir às identificações afeto-motoras do analista com seu paciente. Pouco tem sido dito ou investigado sobre as sensações experimentadas pelo analista em determinadas sessões: bem-estar e relaxamento, tensão muscular, sudorese, alterações do ritmo cardíaco e respiratório, inquietação física, sonolência e outras mais, que cada um pode reconhecer em sua prática clínica. Essas alterações corporais surgem em decorrência de uma recepção cenestésica, uma sensibilidade profunda, de músculos e vísceras e que são respostas neurovegetativas às vivências do paciente, uma comunicação, como nos diz Winnicott, em termos da anatomia e fisiologia de corpos vivos. Tal como a mãe, com seu bebê pequeno, o analista pode aqui vivenciar um sentimento de perda de identidade, pois trata-se de uma situação de regressão, embora transitória, onde desaparecem as fronteiras que separam o eu do não eu. Essa breve experiência de fusão, apesar de ser sempre transformadora do *self*, deve, entretanto, se seguir de um restabelecimento de limites – o que não acontece nos estados de regressão patológica – pois o que caracteriza a comunicação particular entre a mãe e o bebê, entre analista e paciente, é a desigualdade de experiência e maturidade dos participantes. As sensações corporais que foram descritas representam, para o analista, os sinais em uma trilha desconhecida, sendo ele o guia que abre caminho, ligando as sensações aos afetos, para chegar à compreensão de seu paciente.

Winnicott faz menção a outra forma importante de comunicação silenciosa, quando se refere à função de espelho que o rosto da mãe possui para refletir o *self* do bebê. "O que o bebê vê quando olha o rosto da mãe?", pergunta Winnicott (O papel de espelho da mãe e da família no desenvolvimento infantil, p. 154 de *O Brincar e a Realidade*). "Sugiro", responde em seguida, "que normalmente o que o bebê vê é ele mesmo". Assim, cumprindo mais uma faceta sua de objeto subjetivo, a mãe favorece o surgimento de um sentimento básico de identidade no bebê e que pode ser traduzido em uma frase concebida por Winnicott e que diz: "quando olho sou visto, logo existo" (p. 157). Entretanto, embora tal ocorrência possa parecer comum e evidente, Winnicott nos lembra que muitos bebês têm repetidas experiências de não receber de volta o que estão dando. Assim, eles olham e não veem a si mesmos, pois ao invés da mãe refletir o bebê, reflete antes seu próprio humor, ou o que é pior, reflete a rigidez de suas próprias defesas.

A necessidade do bebê e da criança de ver o *self* refletido no rosto da mãe proporcionou a Winnicott um modo especial de olhar a análise e a tarefa psicoterápica. A propósito ele diz: (p. 161 de *O Brincar e a Realidade*) "Psicoterapia não é fazer interpretações argutas e apropriadas; em geral, trata-se de devolver ao paciente, a longo prazo, aquilo que ele traz. É um derivado complexo do rosto que reflete o que há para ser visto". E Winnicott complementa: "essa é a forma pela qual me apraz pensar em meu trabalho, tendo em mente que, se o fizer suficientemente bem, o paciente descobrirá seu próprio *self* e será capaz de existir e se sentir real. Sentir-se real é mais do que existir. É descobrir um modo de existir como si mesmo, relacionar-se aos objetos e ter um eu (*self*) para o qual se retirar quando for necessário relaxar".

Tratando pacientes que vivem de uma maneira falsa e vazia, ou estão fragmentados e perdidos, continuamente ameaçados por uma angústia de aniquilamento, Winnicott ao longo de sua obra, como no trecho citado, compondo uma atitude técnica que tem o objetivo maior de permitir ao paciente descobrir sua própria subjetividade. Para tanto, Winnicott sente a responsabilidade de prover um *setting* que será a área de ilusão onde o analista, enquanto necessário, será sentido pelo paciente como um objeto subjetivo. Privilegiando, nessa situação, os fenômenos subjetivos onde a comunicação é direta, no silêncio e no não dito, muitas de suas afirmações, sobretudo com relação à fala do analista, virão alertar sobre o risco de invadir, prematuramente, essa área de ilusão, repetindo a situação sofrida pelo paciente no passado. Chega, assim a afirmações instigantes como: "No trabalho que estou descrevendo, o *setting* se torna mais importante que a interpretação" (em "Formas clínicas da transferência" p. 395 de *Da pediatria à psicanálise*) Ou ainda "... uma psicoterapia de tipo profundo pode ser efetuada sem trabalho interpretativo" (em *O brincar e a realidade*) e também "Na análise que trata os estádios primitivos do desenvolvimento emocional... a ênfase está, certamente, no manejo, e às vezes, o trabalho analítico comum com estes pacientes deve ficar suspenso por longos períodos, sendo mantido apenas o manejo" (em *Aspectos clínicos e metapsicológicos da regressão no contexto psicanalítico*).

Nesses casos "é provável que a consistência do analista seja o fator mais importante (ou mais importante que as interpretações) porque o paciente não experimentou tal consistência no cuidado materno na infância, e se tiver de utilizar uma consistência terá que encontra-la pela primeira vez no comportamento do analista" (p. 39 de *O ambiente e os processos de maturação*).

A palavra consistência sintetiza, certamente, muitos aspectos da atitude do analista, começando pelo respeito ao ritmo do paciente, quando ele define: "A análise não é apenas um exercício de técnica. É algo que nos tornamos capazes de fazer quando certo estádio na aquisição de uma técnica básica é atingido. O que nos tornamos capazes de fazer permite que cooperemos com o paciente no andamento do processo, aquilo que, para cada paciente, tem seu próprio ritmo e segue seu próprio curso; todas as características desse processo derivam do paciente e não de nós como analistas" (em Aspectos clínicos e metapsicológicos da regressão. p. 374 de *O Brincar*).

Consistência significa também previsibilidade e constância, que podem devolver ao paciente a "continuidade de ser" interrompida na infância. A propósito, Winnicott faz menção ao desastre que representa, para esse tipo de paciente, não encontrar o analista esperando na hora marcada, chegando a dizer que então, os dois – paciente e analista – poderiam ir para casa porque, como consequência dessa falha, nesse dia provavelmente nenhum trabalho analítico poderá ser feito.

Mas consistência também significa um estado de preocupação, no analista, pelo paciente. Ao tratar a moça que sonhou com a tartaruga, Winnicott se refere ao risco de se subestimar a vulnerabilidade do ego do paciente e sua dependência da transferência. Diz isso porque a jovem citada adoeceu fisicamente antes de seu afastamento, e ele esclarece (p. 226 de O Ambiente e os processos de maturação): "Antes de ir, eu apenas tinha tempo para torna-la capaz de perceber a relação que havia entre a minha partida e sua reação física. Minha partida reconstituiu um episódio traumático, ou uma série de episódios, de seu tempo de lactente. Era, por assim dizer, como se eu a estivesse sustentando e então ficasse preocupado com algum outro assunto, de modo que ela se sentiu aniquilada (expressão da própria paciente). Ao se matar ela conseguiria controle sobre ser aniquilada no momento de ser dependente e vulnerável. Em seu eu e corpo sadios, com seus tremendos impulsos para viver, ela tinha carregado, por toda a sua vida, a lembrança de ter tido, alguma vez, um intenso desejo de morrer; e, agora, a doença física vinha como uma localização em um órgão desse intenso desejo de morrer. Ela se sentia desamparada com relação a isso, até que pude interpretar o que estava ocorrendo, pelo que se sentiu aliviada e se tornou capaz de me deixar partir". Winnicott, então conclui: "ela se tornou capaz de enfrentar a minha ausência porque sentiu (em um nível) que agora não estava sendo aniquilada, mas, de modo positivo, estava sendo mantida em existência por ter uma realidade como objeto de minha preocupação". Acrescenta, logo em seguida, como que relembrando a importância do manejo em situações mais extremas: "Um pouco mais tarde em uma dependência mais completa, a interpretação verbal não seria suficiente, ou poderia ser dispensada". Alguns analistas podem não gostar desse aspecto do seu trabalho, dirá ele em outro lugar, porque o que se precisa aqui não é de sagacidade.

Que encargos recaem, então, sobre o analista em tal situação de trabalho? De maneira análoga como aconteceu com o conceito de transferência que foi ampliado, a contratransferência irá implicar em reações intensas e peculiares, pois estaremos lidando, em nossos consultórios, com os mesmos fenômenos que caracterizam as experiências de mães e bebês como foi citado anteriormente e, assim, com o fato de que "as pessoas que cuidam de um bebê são tão desamparadas em relação ao desamparo do bebê quanto o bebê o é. Talvez haja até mesmo um confronto de desamparos" (p. 91 *de Os bebês e suas mães*).

Nenhum aspecto do processo de regressão no *setting*, porém, pode ser tão difícil para o analista quanto a sua responsabilidade na falha inevitável que leva o paciente a reviver a situação de fracasso do ambiente original. É preciso recordar que, na teoria de regressão de Winnicott, após o progresso e o estabelecimento da confiança, seriam os nossos equívocos, esquecimentos ou falta de empatia, novos traumas que desencadeariam o colapso do paciente. Assim, aquilo que se chamaria de resistência no trabalho com pacientes neuróticos, aqui sempre significa que o analista cometeu um erro, ou comportou-se mal com relação a algum detalhe; de fato, a resistência persiste até que o analista descubra o erro, responsabilize-se por ele e o utilize. Se o analista se defende ou se justifica, não é dada ao paciente a oportunidade de se zangar, exatamente quando a raiva estava, pela primeira vez, se tornando possível, e vindo para libertá-lo de sua dependência. Winnicott nos mostra que este é o grande contraste entre esse trabalho e a análise clássica de pacientes neuróticos com um ego intacto. É aqui, complementa ele, que podemos ver sentido no dito de que toda análise fracassada é uma falha, não do paciente, mas do analista.

O depoimento do próprio Winnicott pode nos dar a dimensão do que é exigido nessas circunstâncias: (p. 377 de *Da pediatria à psicanálise*): "Tive uma experiência única – mesmo para um analista. Não tenho como deixar de me sentir diferente de quem eu era antes de esta análise começar... O tratamento e o manejo desse caso colocaram em xeque tudo o que tenho enquanto ser humano, psicanalista e pediatra. Fui obrigado a crescer como pessoa no decorrer do tratamento, de um modo doloroso que eu teria tido prazer em evitar. Particularmente, me foi necessário aprender a examinar a minha própria técnica toda vez que surgiam dificuldades e, em todas as fases de resistência ocorridas, ficou claro, em seguida, que a causa se originava de algum fenômeno de contratransferência, tornando necessária uma reflexão de autoanálise adicional".

Bibliografia

1. Winnicott ; D. W. (1954) Aspectos clínicos e metapsicológicos da regressão no contexto Psicanalítico. Em: *Da pediatria à psicanálise*, Rio de Janeiro, Imago, 2000.

2. (1955) Formas clínicas da transferência. Em: *Da pediatria à psicanálise*, Rio de Janeiro, Imago, 2000.

3. (1960) Teoria do relacionamento paterno-infantil. Em: *O ambiente e os processos de maturação*, Porto Alegre, Artes Médicas, 1982.

4. (1963) Dependência no cuidado do lactente, no cuidado da criança e na situação analítica. Em: *O ambiente e os processos de maturação,* Porto Alegre, Artes Médicas, 1982.

5. (1967) O papel de espelho da mãe e da família no desenvolvimento infantil. Em: *O brincar e a realidade*, Rio de Janeiro, Imago, 1975.

6. (1968) A comunicação entre o bebê e a mãe e entre a mãe e o bebê: convergências e divergências. Em: *Os bebês e suas mães,* São Paulo, Martins Fontes, 1996.

7. (1970) A dependência nos cuidados infantis. Em: *Os bebês e suas mães,* São Paulo, Martins Fontes, 1996.

II. Psicanálise e Cinema

1. All that jazz – Um ensaio sobre o narcisismo patológico

All that jazz, de Bob Fosse, oferece material para um estudo de psicanálise aplicada. O personagem central é analisado em suas características e, a partir das situações apresentadas no filme, são feitas considerações teóricas sobre a psicogênese do narcisismo patológico e comentários técnicos quanto ao tratamento das personalidades narcísicas.

O mito de Narciso

Conta-nos o mito que Narciso foi um filho indesejado. Sua mãe, a ninfa Liríope, havia sido possuída contra sua vontade por Céfiso, deus e rio, que a surpreendera durante um passeio em um dia de verão, envolvendo-a em suas águas, num abraço apaixonado e invencível. Durante os meses de gravidez, Liríope lamenta-se de seu destino e se sente infeliz e cansada. Somente a visão de Narciso, extremamente belo e gracioso ao nascer, modifica sua atitude e ela imagina, envaidecida, que, ao crescer, ele será amado por deusas, ninfas e mulheres mortais.

Ansiosa em saber se Narciso viveria muitos anos, a ninfa procura o cego Tirésias, adivinho cuja fama começava, então, a ultrapassar as fronteiras da Beócia, e é informada de que ele teria uma vida longa, desde que jamais se conhecesse.

Adulto, Narciso foge de Eco e de outras ninfas dos bosques e das águas que, atraídas por sua beleza, tentavam inutilmente conquistar seu amor. Uma delas, inconformada com sua indiferença, pede auxílio aos deuses, lançando-lhe uma maldição: "Que ele também ame um dia, e jamais possa ter o objeto de seu amor".

Nêmesis, a deusa da vingança, ouve sua súplica e a atende, guiando os passos de Narciso à fonte que lhe seria fatal, Exausto de fugir da ninfa que o perseguia, debruça-se sobre a água para saciar a sede e vê refletido um rosto formoso que o encanta, que lhe sorri, que corresponde aos seus acenos, mas que foge ao ser tocado, desfazendo-se em meio a círculos a sua imagem.

Junto à fonte, sem poder afastar-se da sombra de si mesmo, Narciso deixa de comer e esquece de saciar a própria sede e, sem poder descansar, pouco a pouco definha, imóvel, até cair sem vida sobre a relva.

Um narciso atual

Bob Fosse nos apresenta em seu filme *All That Jazz,* um interessante personagem, Joe Gidgeon, que pode ser considerado como uma personagem narcísica. Humorista e coreógrafo de sucesso na Broadway, Joe se mostra exigente em seu trabalho, sem conseguir, entretanto, se satisfazer com o que realiza, aguardando ansioso pela aprovação e admiração dos críticos, do público e empresários. Buscava a perfeição, chegando mesmo a revelar: "Olho uma rosa e vejo que ela é perfeita; às vezes tenho vontade de perguntar a Deus por que, diabo, ele é capaz de fazer isso e eu não".

Um apresentador sarcástico, num sonho de Joe, o define dizendo: "esse gato se deixou ser adorado, mas não amado, e seu sucesso no *show business* é igualado ao fracasso de sua vida pessoal – e foi aí que ele se estourou!". Refere-se a sua promiscuidade na relação com as mulheres, escolhendo as mais bonitas dentre as bailarinas de seus shows para contatos sexuais passageiros, comportamento que pusera fim ao seu casamento, e o leva a enganar a namorada mais constante. Ele próprio confessa: "Eu sempre minto", e, mais adiante, "Ah, eu sempre digo eu te amo, todo o tempo", em tom de voz leviano a traduzir a pouca importância que atribui a tais palavras. Mas o apresentador, prosseguindo em sua análise, acrescenta: "... e ele acreditava que todas estas coisas – trabalho, *show business*, amor, sua vida inteira, ele próprio, eram puro lixo. Ele se tornou o trapaceiro número 1, chegou ao ponto de não saber onde o jogo terminava e a realidade começava. Para esse 'gato', a única realidade é a morte". De fato, a morte é sua confidente, a ela revela suas culpas. "Que bosta de pai que eu sou; vivo procurando o que há de pior em mim; descubro que não gosto, nos outros, do que se parece comigo." Ela o trata com indulgência, porém, e sorrindo, faz-lhe elogios, tal como a mãe: "O meu Joe nunca me desapontou", diz num rápido diálogo com a morte, que insinua a relação existente entre as duas. Os elogios da mãe constituem, porém, uma negação, uma recusa em ver Joe tal como ele é, na realidade, parecido com o pai, a quem o próprio Joe se refere como "mentiroso e mulherengo".

Tal como a mãe, a atitude de negação existe também em Joe, quando desconhece sua doença – os episódios de angina de peito – procurando manter um ritmo agitado de vida com cigarros, álcool, estimulantes e uma busca frenética por sexo. A coreografia erótica criada por Joe mostra, porém, ser esta a tentativa de solucionar sua solidão: "Nesta viagem nunca houve pane de contato humano, nem turbulência de comunicação"; "nosso lema é levar você para qualquer lugar e a lugar nenhum".

Uma obstrução das coronárias o leva ao hospital e acaba por matá-lo; enquanto permanece em choque ou sob anestesia, na cirurgia cardíaca a que é submetido, Joe sonha com as mulheres a quem está ligado – a ex-esposa, a filha adolescente e a namorada – que, em cantos e danças, lhe fazem acusações por sua vida desregrada e por sua falta de amor e empatia. Há mesmo um tom de vingança nos versos quando, por exemplo, elas dizem: "Quem está arrependido agora? O coração de quem está doendo por ter quebrado todas as juras?..."; "Você fez o que quis, agora tem que pagar, nós estamos felizes porque você se arrependeu".

A morte e a doença são, portanto, apresentadas como um castigo pelos erros cometidos e a apresentação da morte corresponde a sentimentos de tristeza, vazio e solidão pois a ex-mulher adverte: "Virá o dia em que você se sentirá só e seu coração se quebrará como o meu". O canto da filha acrescenta: "Algum dia você vai sentir falta de mim, papai, você vai se sentir tão só... você vai chorar por nós". E o próprio Joe, "na sua apresentação final do grande palco da vida", diz numa canção que curiosamente se chama *Going home now*:

Até logo, vida
Até logo, felicidade
Alô, solidão
Eu acho que vou morrer.

Adeus amor, adeus doce carinho
Alô, vazio
Eu sinto como se pudesse morrer.

Acabei com o romance
Acabei com o amor
Acabei com o contar as estrelas.

Até logo, vida.

Outra voz, ao fundo, lhe responde: "eu acho que ele vai morrer"; "e eis aqui a razão porque ele está tão livre".

Introdução ao tema

A beleza extraordinária do jovem a atrair as mulheres e despertar-lhe amor, o empenho do coreógrafo em produzir uma obra invulgar que provoque a admiração do público, representam pontos comuns a introduzir este livro.

Interpretamos o narcisismo patológico de que Narciso e Joe Gidgeon seriam expressão, como o investimento libidinal numa estrutura patológica de *self* que funciona como uma organização defensiva contra um *self* subjacente. Dentre os mecanismos arcaicos utilizados ressaltamos, agora, a primitiva idealização e a onipotência, que utilizando atributos como os que descrevemos – beleza ou talento – conferem uma falsa grandiosidade ao indivíduo e mantêm encobertos conflitos relacionados a sentimentos de inferioridade e insegurança.

Ao fazer a advertência de que Narciso não procurasse se conhecer o cego Tirésias estaria indicando a posição defensiva da personalidade narcísica que, sem ter acesso ao seu mundo interno, de si mesmo só vislumbra a superfície, tal como a imagem refletida no espelho das águas que se desfaz ao ser tocada. Assim, a crônica incerteza sobre sua identidade e o sentimento de vazio que daí resulta, constitui um dos aspectos do drama do narcísico. A criação artística tal como se passa com Joe Gidgeon, consiste na desesperada tentativa de encontrar conteúdos bons e valiosos dentro de si, dependendo, porém, de aplausos e elogios como um reasseguramento.

O *self* encoberto

As contradições que no filme cercam a personalidade de Joe Gidgeon, desde o sucesso e o prestígio profissionais, até as acusações que em fantasia lhe são dirigidas, expressam a existência de severa patologia de ego e superego, característica do narcísico.

O superego desse tipo de personalidade possui um caráter primitivo e agressivo, manifestado através de fantasias paranoides que representam fixações de conflitos orais agressivos. A voracidade de Joe, por exemplo, evidente na sôfrega busca por sexo, álcool, fumo e drogas era projetada nos críticos levando-o a temê-los. Tinha medo de não agradar, de não satisfazer, e podemos supor que suas palavras críticas seriam sentidas como ataques que poderiam feri-lo, já que foram em situações de avaliação de obras suas que as crises de angina de peito e o enfarte ocorreram.

A necessidade de agradar obrigava-o a mentir, e assim ele se tornou "o trapaceiro número 1". No momento da "verdade", porém, quando se defronta com a sensação de morte iminente, ao ser internado no hospital, o superego acusador se manifesta. Ele é evidente nas letras das músicas a que já nos referimos e nas palavras dos personagens criados por suas fantasias:

"(Joe) é um apresentador que não é muito humanitário – 'esse gato' nunca foi amigo de ninguém...", "o que você mais teme é ser medíocre, o que mais deseja é ser uma pessoa especial"; "não diria que você é bicha, mas você tem muitas características femininas, certo?".

Joe se autoacusa, ainda, ao ser levado para a sala de cirurgia, dizendo para a ex-mulher: "Se eu morrer, perdoe-me por tudo que fiz você sofrer", acrescentando para a namorada: "Se viver, perdoe-me por tudo que farei você sofrer". A promiscuidade compulsiva, a que está implicitamente se referindo, reflete sua dificuldade de relacionamento com a figura da mulher, onde a inveja – já que as características femininas eram cobiçadas – pode desempenhar um importante papel.

"Que pernas!" – diz Joe a respeito de uma bailarina que sexualmente deseja, fazendo pensar numa busca de contato humano através do anelo de partes corporais, que poderiam igualmente ser peitos, nádegas ou vaginas, expressando a incapacidade de estabelecer uma relação de objeto total, onde amor e ódio estariam integrados. A promiscuidade protege o narcísico do temor de que seu ódio e sua inveja destruam a possibilidade de uma relação amorosa, deixando-lhe sempre a esperança de começar uma vez mais com um novo objeto idealizado.

Tal como Narciso fugindo de Eco e de outras ninfas, Joe se esquiva da ex-esposa que ainda o ama, e evita uma ligação permanente com a namorada que, no entanto, aprecia. Sua atitude nos sugere o temor de ser aprisionado, invadido ou espoliado, fantasias que resultariam da projeção de sua própria voracidade e inveja. Sua recusa deixa, ainda, a parceira como depositária dos sentimentos de frustração e perda que ele sofreria se vivesse um maior envolvimento emocional.

Vemos assim, que, muito embora o narcísico, em virtude de sua aparente indiferença e desapego, nos leve a supor que em sua patologia haja uma acentuada falta de relações objetais, a análise cuidadosa revela a existência de relações de objeto internalizadas intensas e primitivas que adquirem para ele um caráter ameaçador. Isso nos conduz, agora, a tentar entender as vicissitudes do desenvolvimento que poderiam acarretar tais distúrbios.

Psicogênese do narcisismo patológico

Narciso só foi aceito por Liríope em função de sua beleza; a mãe de Joe, recusando-se a vê-lo tal qual era, afirmava que o filho nunca a desapontara; uma e outra concediam o seu amor sob determinadas condições, fazendo uso do filho para sua satisfação narcísica. A extrema valorização de um atributo – como beleza ou talento – passa então a constituir um refúgio contra sentimentos de desamor, e pode representar o núcleo sobre o qual uma personalidade narcísica estrutura uma convicção de grandiosidade e excelência. A realidade de uma mãe fria, hostil e rejeitadora, a suspeita de uma agressão encoberta, não verbalizada, pode ser intolerável, e através da negação um objeto ideal é internalizado. Nesse clima de privação de amor, de frustração, os sentimentos de dependência representam uma ameaça e são evitados através da estruturação do *self* patológico que resulta da fusão do *self* verdadeiro, com o *self* "ideal" (grandioso) e o objeto ideal.

Em outras palavras, o narcísico, em suas fantasias, identifica-se com sua própria imagem de *self* ideal, a fim de negar a dependência normal dos objetos externos e das representações internalizadas desses objetos.

Otto Kernberg, em seu livro *The Treatrment of the Narcissistic Personalities*, cria um curioso monólogo para o paciente narcisista que traduziria os mecanismos descritos acima: "Eu não preciso ter medo de que serei rejeitado por não corresponder ao ideal de mim mesmo, que por si só torna possível, para mim, ser amado pela pessoa ideal que eu imagino que me amaria. Aquela pessoa ideal, minha imagem ideal daquela pessoa e meu *self* verdadeiro são um só, e melhor do que a pessoa ideal que eu gostaria que me amasse, de modo que eu não necessito de ninguém mais".

Como complemento de todo este processo, os remanescentes inaceitáveis do *self* verdadeiro são ainda reprimidos ou projetados nos objetos externos que passam então a ser valorizados.

Em um desenvolvimento normal, porém, o *self* torna-se integrado como resultado de todo um processo de organização que, clinicamente se caracteriza por um sentimento de continuidade de si mesmo, seja através do tempo, em sua história pessoal, seja através da percepção de seu próprio funcionamento em diferentes áreas de sua vida. Nesta organização as imagens de objeto ideal e as imagens de um *self* ideal estão integradas, constituindo uma das estruturas do superego – o Ideal do Ego – que intervém na regulação da autoestima.

A intensidade da autoestima indica a extensão do investimento libidinal do *self*, que se aplica em diferentes níveis. Em um nível arcaico, correspondente à infância mais remota, estão as demandas e expectativas do objeto ideal e *self* ideal já citados. A satisfação dessas demandas aumenta a autoestima, e através de sentimentos difusos de bem-estar, de prazer com a existência, de estados afetivos traduzindo euforia ou satisfação, encontramos as mais primitivas expressões do narcisismo.

Há, entretanto, níveis mais avançados de regulação da autoestima, nos quais uma apreciação cognitiva do *self*, ou seja, a capacidade de crítica e avaliação, substitui a regulação realizada por meio daqueles estados de humor referidos. Essa capacidade é conseguida progressivamente, em função de diferentes elementos, tais como a gratificação das necessidades instintivas, do amor recebido dos objetos externos e reassegurado pelos objetos internos, da harmonia estabelecida entre *self* e estruturas do superego e até mesmo da saúde física.

Estamos nos referindo, com estas considerações, às postulações de Hartmann (em *Essays on Ego Psychology*, New York, Int. Press, 1964) de que, em adição a autocrítica realizada pelo superego, há funções de autoavaliação do ego pelas quais o *self* real é mensurado.

A tensão originalmente existente entre as imagens idealizadas e as imagens do *self* real representam um conflito entre superego e ego que pode ser, portanto, abrandada, no curso do desenvolvimento sadio, com a percepção da demanda real dos pais ou figuras de autoridades substitutas – do ambiente, enfim – bem como pelos sucessos concretamente alcançados. Isto não se verifica, porém, com o narcísico, pois nele o processo de idealização é de tal forma, intenso, as exigências dos objetos internalizados tão impossíveis de satisfazer, que o conflito é evitado pela criação do *self* patológico, grandioso. O investimento libidinal do narcísico feito nesse *self* irreal constitui uma falsa autoestima, bem diferente do sentimento de valorização que o indivíduo adquire ao enfrentar suas dificuldades e limitações e conquistar suas vitórias. De uma forma oposta, nos distúrbios do narcisismo, os precursores idealizados do superego, patologicamente condensados com as imagens reais do *self* (parte da estrutura do ego) ficam impedidos de se desenvolver, guardando, por isso, sua qualidade primitiva, distorcida e agressiva.

"Fico insatisfeito com tudo que faço", dizia Joe. "Acho tudo sem graça, sem vivacidade", e, não obstante as gargalhadas que suas piadas provocassem, ou o encantamento despertado por suas coreografias, ele permanecia angustiado e infeliz. Joe deixa bem evidente a verdade de que o narcísico não se gosta, e de que trata a si próprio tão mal quanto as demais pessoas, transformando sua vida num "puro lixo".

Tais momentos de vazio, de perda de sentido da existência, representam a grande ameaça contra a qual o narcísico deve proteger-se. A emergência desses sentimentos revela, porém, a fragilidade e ineficácia das defesas narcísicas; imaginar que se basta a si próprio, desvalorizando as pessoas de quem depende afetivamente para não sofrer com sua perda, representa um círculo vicioso que encerra o narcísico em uma condição de solidão; por outro lado, impede-se de introjetar bons objetos, que representam o único refúgio válido nos momentos inevitáveis de abando, luto ou fracasso.

Apesar de desejado pelas ninfas do bosque. Narciso definha e morre solitário à beira do rio; de todas as mulheres que o cercam, somente com uma, Joe mantém relação permanente – aquela que em suas fantasias simboliza a morte. A essa misteriosa mulher de branco, a mãe de Joe confidencia: "Desde pequeno ele é fixado em você", sugerindo o próximo tema a ser abordado.

Relações entre a morte e o narcisismo patológico

"Viver é andar na corda bamba... o resto é esperar", diz Joe ao iniciar o filme. A ideia da morte está, pois, sempre presente e, numa conciliação maníaca, é apresentada como uma mulher sedutora e atraente, a noiva, a parceira.

Semelhante atitude de negação é encontrada no comportamento de Joe ao ser internado no hospital, quando desobedece as prescrições médicas, fumando, bebendo, dançando ou trocando carícias com as amigas que o visitavam. "Ele parece não se importar de viver ou morrer", diz intrigado o residente. "Você se engana", responde o médico experiente, "ele se importa, e muito".

Também Liríope se mostra preocupada com o destino de Narciso e, ao consultar Tirésias, novamente a ideia de morte é introduzida e relacionada com as vicissitudes do narcisismo.

Em 1926. Freud afirmava: "... no inconsciente nada existe que possa dar conteúdo ao nosso conceito de destruição da vida". E, mais adiante: "... jamais se há experimentado nada semelhante à morte, ou, pelo menos como sucede com a perda do conhecimento, nada que haja deixado marca perceptível. Mantemos, pois, nossa hipótese de que o medo de morrer há de conceber-se como análogo ao medo de castração".

Fenichel compartilha a mesma opinião: "É coisa que falta estabelecer, se existe realmente algo que possa chamar-se de temor normal à morte. Em realidade, a ideia da própria morte é coisa subjetivamente inconcebível e todo temor a morte, por isso, encobre provavelmente outras ideias pré-conscientes".

Segundo esse ponto de vista, acreditamos que a angústia ou preocupação com a morte é principalmente o produto de fantasias a seu respeito. Na história do Joe Gidgeon, vemos como, à medida que sua doença se agravava, as ideias em torno da morte expressam a ameaça de perda de amor e solidão.

Morrer, dizem as letras de suas canções, é estar sozinho, chorando, infeliz e sem amor. Para Narciso morrer é definhar de fome e sede ao lado da água do riacho, dizendo para a imagem que se desfaz: "Por que me desprezas?». Esse caráter de privação oral localiza a angústia de morte na infância mais antiga, quando o *self* primitivo se vê solitário e faminto num mundo vazio de amor e contato humano. Tais sentimentos representam um estar morto em vida e contra esta realidade a única defesa pode ser encontrada na solução onipotente de buscar a morte como uma libertação, como que para reencontrar o objeto perdido. Eis por que, ao final do filme, Joe Girdgeon caminha através de um túnel, ao encontro da mulher de branco, numa bela alegoria que representaria o morrer como um percorrer o canal do nascimento no sentido contrário, um retorno ao útero, um tornar-se feto outra vez, ao som da música, cujo título significativo pode ser traduzido literalmente como "Indo agora para casa".

Considerações sobre a técnica

Buscando inspiração na arte e imaginando Joe Gidgeon num divã de psicanalista podemos fazer conjecturas sobre as inúmeras dificuldades que surgiriam no decorrer de seu tratamento. Vemos, no filme, as múltiplas relações estabelecidas por Joe, todas, porém, com um caráter superficial, pelo temor de uma ligação afetiva permanente. Aí está o primeiro obstáculo ao trabalho, pois o narcísico, evitando e negando qualquer relação de dependência afetiva, tende a desvalorizar o processo analítico, desconhecendo a realidade de sua própria vida emocional.

Às associações encontradas entre as ideias de morte e o narcisismo patológico podemos acrescentar o proposito do narcísico em matar a parte dependente e libidinal do seu *self*, que deverá ser resgatada pelo analista numa tarefa paciente e persistente. É preciso, assim, realçar a tentativa do indivíduo de manter a ilusão de autossuficiência, recusando numa posição onipotente a ajuda que lhe é oferecida, pelo receio de vivenciar a extrema necessidade que sente do analista, e o desejo de ser compreendido e amado. Poderíamos dizer, utilizando a imagem oferecida pelo mito, que o narcísico corre o risco de morrer de sede ao lado da fonte que o atrai.

Entretanto, tal como acontecia com as namoradas de Joe Gidgeon, o analista pode ser utilizado como depositário das experiências afetivas que o narcísico não suporta sofrer e se ver tomado por sentimentos contratransferências de abandono, solidão e desesperança. Seria como se o analista tivesse de acolher dentro de si aquela parte do *self* infantil do paciente que ele não foi capaz de tolerar e teve de dissociar, reprimir e substituir pelo *self* grandioso e patológico.

A contratransferência citada pode ocorrer não só em consequência das frequentes faltas do paciente narcísico, como também por sua atitude crônica de recusa declarada ou encoberta às interpretações do analista, sobretudo as de cunho transferencial. E indispensável, pois, que o analista mantenha um estado de vigilância emocional e tenha acesso aos conflitos relacionados ao seu próprio narcisismo que, não sendo devidamente entendidos, acabam por provocar rejeição ao paciente, muitas vezes considerado "um caso perdido", inacessível a qualquer abordagem.

Levando em conta que os sentimentos contratransferências são utilizados como importante instrumento de trabalho, o analista pode correlacionar a tendência a dar interpretações mecânicas, sem colorido emocional, a dificuldade em compreender o material apresentado, ou o não saber quando intervir adequadamente (ocorrências comuns no trabalho com narcísicos), como projeção da frieza interna do paciente e de seu denegrimento ao processo, considerando absurdos e sem sentido os conceitos psicanalíticos.

O filme mostra uma interessante sequência em que Joe, angustiado, acredita que sua criatividade acabou, não mais conseguindo imaginar novas coreografias para os seus balés. É de um teor semelhante o sentimento no analista de nada ter para dizer, diante da avalanche de comunicações que um narcísico pode fazer durante as sessões. Sem se tratar de verdadeiras associações livres essa enxurrada de material visa inconscientemente paralisar o analista encobrir o vazio emocional que a negação, o *split* e a identificação projetiva deixam dentro do paciente. Esses mecanismos primitivos de defesa constituem uma barreira de proteção efetiva que necessita ser laboriosamente derrubada, muitas vezes em anos de trabalho analítico.

O momento da mudança pode ser dramático, pois o reconhecimento do sentimento de dependência do analista mobiliza, como num último baluarte defensivo, a destrutividade onipotente do narcísico que se manifesta em reações de raiva, ligada a exigências desmedidas, a depreciação e ataques ao analista, ou a medos hipocondríacos e fantasias de suicídio. A morte é buscada por fantasias inconscientes de um triunfo maníaco, como mais atrás foi descrito, ou como um recurso de fuga às culpas, à depressão persecutória que surgem em consequência do confronto com o superego arcaico. Esse quadro severo deixa entrever a dimensão que será levada a efeito se houver o desejo verdadeiro de vencer os sentimentos de vazio e futilidade, a frieza interna, as dificuldades em estabelecer um contato emocional com os outros. São as motivações válidas para o tratamento que, entretanto, dificilmente existem enquanto o mundo oferece satisfações de cunho narcísico, como poder, admiração, prestígio profissional ou social. Muitas vezes, e na segunda metade da vida, quando o *self* grandioso se defronta com o envelhecimento e tem que conviver com a realidade do declínio da beleza e da capacidade física e mental, ou enfrentar problemas de doença, separações, perdas e solidão, que a oportunidade de uma análise é valorizada. Ao analista cabe, então, tentar vencer as resistências narcísicas interpretando, sistemática e simultaneamente, a transferência positiva e negativa, ao invés de focalizar unicamente os aspectos agressivos do paciente, que podem reforçar nele tanto a crença em suas "maldades", quanto as dúvida a respeito de sua capacidade de amar.

A parte do ego preservada do paciente, com as funções que lhe proporcionam uma capacidade realista de autoconceito – e que existe lado a lado com o *self* grandioso – representa um aliado no trabalho e constitui um dos elementos importantes no prognóstico. A capacidade de tolerar a ansiedade e controlar os próprios impulsos é igualmente necessária ao sucesso do tratamento.

Nem sempre, contudo, é possível penetrar no narcisismo patológico do paciente e elaborá-lo, de modo a criar condições para uma verdadeira empatia com outras pessoas, para usufruir da vida sendo capaz de se identificar com valores mais amplos dentro de um grupo ou uma cultura, de adquirir um sentido de transcendência com a natureza ou de continuidade dentro do processo histórico. Pode ser que a atividade do analista tenha que se limitar, então, a ajudar o paciente e melhorar sua relação com os outros e consigo mesmo, ajustando suas expectativas e ambições ao contexto de sua realidade, diminuindo, assim, seu sentimento de insatisfação, e aumentando sua segurança e seu campo de interesses.

Bibliografia

1. ABADI e outros – *La Fascinación de la Muerte*, Bueno Aires, Edit. Paidós, 1973.
2. BECKER, E. (1973) – *A negação da morte,* Rio de Janeiro, Edit. Nova Fronteira, 1976.
3. FENICHEL, O. – *Teoria Psicoanalítica de Las Neurosis*. Buenos Aires, Edit. Paidós, 1971.
4. FREUD, S. (1926) – *Inibição, sintoma e ansiedade*. Rio de Janeiro, Edição Standard Brasileira, vol. XX, Imago, 1976.
5. KERNBERG, O. – *Borderline Conditions and Pathological Narcissism*. N.Y., Jason Aronson Inc. 1978.
6. _____. *La Teroria de las Relaciones Objectales y el Psicoanálisis Clínico.* Buenos Aires, Paidós.
7. KOHUT, H. (1971) – *Análisis del* Self, Buenos Aires, Amorrortu Editora.
8. _____. *Forms and Tranformations of Narcissism*, em J. Am. Psychoanalysis Assoc. 14: pp. 243-272.
9. V.A. *Mitologia*. Abril Cultural.
10. Bullfinch, T. *O livro de ouro da mitologia. Histórias de deuses e heróis.* Ediouro.
11. ROSENFELD, H. – *A Clinical Approach to the Psychoanalytic Theory of the Life and Death Instincts: an Investigation into the Aggressive Aspects of Narcissism* Int. J. Psychonal. vol. 52, Part. 2, 1971.

12. VILETE, E. – *A técnica no tratamento de pacientes narcisistas*, trabalho apresentado em mesa-redonda na S.P.R.J., 1980.

2. Cria Cuervos – Amor e ódio na obra de Winnicott

A conduta e as fantasias destrutivas de Ana, personagem do filme *Cria Cuervos*, decorrem da perda prematura de uma vivência de onipotência, que Winnicott ligaria às raízes primitivas da agressão.

I

Carlos Saura nos apresenta Ana, já adulta, falando de seus sentimentos sobre o passado:

"Não sei por que certas pessoas se referem à infância como a época mais feliz de suas vidas. Eu lembro os meus dias de criança como um período interminável, monótono e triste, onde o medo dominava tudo: medo do desconhecido. Para mim, o paraíso infantil não existe. Não acredito na bondade, nem na inocência das crianças".

Ana, menina de oito anos, expressão tristonha, grandes e atentos olhos escuros, vê os pais morrerem no espaço de um ano – a mãe, sofrendo intensas dores, agoniza diante de Ana, com o que se supõe seja uma hemorragia uterina, após longa doença; o pai morre algum tempo depois, no leito do casal, durante uma relação sexual com a mulher de seu melhor amigo. Do lado de fora do quarto, Ana escuta os estertores do pai e vê Amélia, a amante, fugir assustada. Ana julga-se a responsável, pois imagina haver envenenado o leite que o pai tomara com bicarbonato de sódio, "um veneno terrível", guardado numa caixinha metálica que Ana conservara quando a mãe a incumbira de jogá-la fora.

"Por que desejava matar o meu pai? Hoje, passados tantos anos, as respostas que me ocorrem parecem demasiado simples. Eu o acusava da doença de minha mãe, de haver encurtado os últimos anos de sua vida." Ana se referia às brigas constantes, em que o ciúme da mãe era despertado pelo comportamento do pai – um garanhão, no dizer de Rosa, a empregada que a havia criado; o pai que ela recordava seduzindo Rosa ou abandonando a mãe, noite adentro, em longas esperas.

Órfãs, Ana e as irmãs – Maitê (a caçula) e Irene (a mais velha) – ficam sob os cuidados da tia materna, que se muda, em companhia da avó, para sua casa, uma grande e fria casa de pedra.

Desde a morte do pai, Ana alucina, durante suas insônias, encontros com a mãe que a acaricia e lhe conta histórias para que adormeça. Apesar das tentativas de aproximação da tia, Ana se mantém arredia e prefere ficar junto a Rosa, que lhe fala da mãe, recordando seu passado infeliz com o marido. Fala-lhe também a respeito do seu nascimento: "Você nasceu a fórceps. Tiveram de arrancá-la, porque você não queria deixar o ventre de sua mãe". E ainda, ao ver Ana amamentando seu boneco bebê: "Sua mãe queria amamentá-la, mas não pôde, coitada, era muito fraca, muito doente. Na verdade, fui eu quem cuidei de você". "Você tem seios grandes, Rosa, você me amamentou?" Rosa sorri: "Não, eu lhe dei mamadeiras"; "Deixe-me ver seus seios? Como são grandes!"

A ligação de Ana com o passado fica também evidente na atenção que dedica à avó, inválida e afásica, para quem descreve em detalhes os antigos retratos de família, até mesmo um cartão postal do hotel onde a avó passara a sua lua de mel.

"Você quer morrer?" pergunta Ana à avó, notando-lhe a tristeza; "posso ajudá-la a morrer", e lhe oferece o seu "terrível veneno", vendo com surpresa a avó recusar.

Brincando com seus bonecos, Ana é ríspida e severa. Diz trocando fraldas em seu bebê: "És um impaciente, impaciente. Já sei o que queres, mas tens que esperar". Bota-o ao seio: "Ai, tu me mordeste"; censura sua boneca crescida: "És má e desobediente, fazes sofrer tua tia e tuas irmãs".

Seu objeto de afeição é um *hamster*, que ela considera muito guloso e a quem generosamente alimenta. O *hamster* adoece e morre. Ana o enterra no jardim, reza por ele, olha demoradamente as mãos sujas de terra, passa-as pelo rosto e se fita nas vidraças da varanda. É sua maneira de lidar com o mistério, que também preocupa Maitê, companheira de tarefa, pois ela pergunta em seguida a Irene: "O que acontece com uma pessoa quando morre?".

A presença da tia se acentua na vida da menina. Ana chega mesmo a recordar, como um momento feliz de sua vida, um passeio que fizera com ela ao sítio de um amigo.

"Eu me sentira, então, renovada". E, embora Rosa acredite que a cada dia, em seu jeito de ser e de falar, Ana se pareça mais e mais com a mãe, quando sozinha ela imita os trejeitos da tia. Entretanto, logo em seguida, murmura duramente: "Quero que morra!" Seu olhar revela ódio, talvez provocado por surpreender a tia beijando o amigo de seu pai, ou porque fora esbofeteada por ela e ameaçada de ser internada num colégio, ou porque a vê reprovando Rosa por lhe falar da mãe.

Uma noite, o jogo mágico de Ana se interrompe. A imagem da mãe desaparece e, em aflição, Ana grita por ela. É a tia quem a atende. Pela primeira vez, desde a morte da mãe, Ana chora. Soluçando repete: "Quero morrer, quero morrer". A tia procura consolá-la, contando-lhe uma história – a mesma história que momentos atrás ela ouvira da mãe. "Quero que morras", diz agora à tia e, desde então "envenena-lhe" o leite.

A morte da tia parece ser a condição para que o jogo recomece. No meio da noite entra em seu quarto e a supõe morta, ao vê-la adormecida. Acaricia então seus cabelos, vê o copo vazio que retira e lava na cozinha, e volta à cama sorridente. No dia seguinte, ao despertar, ouve com espanto a voz da tia, que logo lhe pergunta carinhosa: "Dormiste bem?".

Ana se veste para ir ao colégio, pois as férias terminaram. Ao café da manhã conversa com Irene, que lhe conta um sonho: "Homens me raptaram e me levaram num carro para uma casa que ficava numa colina. Ao entrar na casa passamos por uma cozinha imunda. Trancaram-me num quarto e me vendaram os olhos. Traziam-me comida que eu não queria comer, pois imaginava ter sido feita naquela frigideira.

Mandaram que eu telefonasse para papai e mamãe, mas eles não estavam em casa. Disseram que tentasse novamente; se eles não atendessem me matariam. Ninguém respondia. Encostaram um revólver na minha cabeça. Quando iam me matar, eu acordei".

Ana retruca: "Papai e mamãe estão mortos, Irene".

"Não no meu sonho", responde a irmã.

II

Um retrato pode ser o recurso que busca reter o momento que se perde, um documento, nem sempre usado para simplesmente atestar o que passou, mas ao contrário, a tentativa ilusória de transformar o passado em presente. Ana, adulta, tem sua coleção de retratos: "o dia em que eu nasci", "mamãe em sua primeira audição", "Maitê, sempre de boca aberta", introduzindo o filme em sua temática de nostalgia e a maneira de ser de Ana, alguém que procura negar as "mortes parciais" sofridas em cada dia que passa.

A preocupação carinhosa com a avó, os cuidados com o *hamster*, o desejo das carícias maternas, mostram a intensidade do investimento amoroso de que Ana é capaz, trazendo, entretanto, implícita a sua contrapartida na intensidade da dor que cada perda pode lhe trazer. Sua dificuldade em renunciar, em se desprender, se evidencia desde a descrição feita por Rosa sobre o seu parto: "tiveram de arrancá-la, por que você não queria deixar o ventre da sua mãe".

O *hamster* guloso parece ser a representação de uma Ana-bebê que, deixando a condição prazerosa do interior da mãe, deseja encontrar grandes e generosos seios. Entretanto, ao invés do seio, recebe mamadeiras, e o fato nos insinua de que a realidade, sempre por demais frustradora, não teria tido força bastante para impulsionar Ana a deixar o antigo pelo novo.

"Quando eu nasci, mamãe já havia morrido", diz Maitê, repetindo, ingenuamente, o que Ana lhe dissera. Através do chiste, esta expressa seu ciúme, o sentimento de que, estando a mãe grávida, ela já a teria perdido. De fato, era uma mãe fraca, doentia, preocupada com o marido infiel, e que deixava Ana aos cuidados de Rosa.

Com a morte da mãe restaria o pai; este, entretanto, não é figura confiável, pois fizera sofrer a mulher e lhe arranjara uma substituta: Amélia, a amante.

Até então, Ana fora vítima e espectadora dos dramas da família. Fugindo para uma situação psicótica, ela passa de indefesa e dependente para uma condição de onipotência; é o que se supõe quando, numa sequência do filme, Ana, em um processo de dissociação, vê a si própria voando do alto de um edifício. Passa agora a ter controle sobre vida e morte: mata o pai, recria a mãe. Matando o pai, não só se vinga do abandono e do desprezo sofridos, sobretudo, o afasta como possível objeto amoroso, frustrador; com isso, abre espaço para viver uma relação alucinada, exclusiva e idealizada com uma mãe carinhosa, que satisfaz suas necessidades amorosas. Eis por que, na noite em que o pai morre, pela primeira vez a mãe lhe aparece.

O conflito vai se repetir com a figura da tia, surgindo de uma proposta de relação que incluiria, entretanto, o ciúme, o ódio e o medo de um novo desapontamento. A autoridade que a tia exerce, o amigo que a namora, a ameaça de separação e perda representam riscos que Ana teria de enfrentar.

A vida, entretanto, exerce seu fascínio, e Ana – embora com relutância – deixa de lado os retratos, as canções nostálgicas da avó, suas próprias lembranças, e aceita o convite das irmãs para brincar e dançar. Pode-se pensar, porém, que Ana não se sentisse amável o bastante para viver o risco da vida: ela é o bebê guloso e impaciente que morde o seio da mãe, a menina má que faz sofrer os demais. O amor a enfraquece; precisando de alguém, ela ficaria à mercê deste alguém. O ódio, ao contrário, lhe dá forças, confere a ela a posse do leite envenenado. Matando a tia, ela a imobiliza e aprisiona, como ao *hamster* na gaiola, e pode então, em segurança, expressar através de carícias o seu afeto.

De fato, o que atemoriza Ana é o sentimento de vazio, o nada. É o terror vivido no apelo, sem resposta à mãe que se foi. "Todas as promessas de amor se vão contigo; me esquecerás", diz a canção que ela gosta de escutar. É esta a ameaça que a leva a repetir: "Quero morrer".

Ana quer se cobrir de terra, penetrar na sepultura, recuperar o objeto de amor perdido.

"Que posso fazer para ajudá-la?" – pergunta o pai de Ana à mulher, quando esta, sentindo o abandono do marido, confessa o seu desejo de morrer. "Ama-me", responde ela.

Semelhante é a súplica de Ana a que tia atende. Não obstante seu ódio, sua agressão, ela não se destruiu. Ana pode então despertar do seu pesadelo, escapar aos seus perseguidores internos, e dizer afinal: "Mamãe está morta".

Na última sequência do filme, o vulto de Ana se confunde e se perde entre as alunas uniformizadas que chegam à escola. É uma menina entre outras. Sua história de medo, impotência e solidão faz parte da infância de todos nós.

III

Ao assistir *Cria Cuervos*, chamou-me a atenção o fato de que os desejos de morte de Ana, expressados através de fantasias suicidas e de impulsos homicidas, existissem para preservar uma situação amorosa, uma relação fantasmática vivida com uma mãe idealizada.

É constante, em toda a história, a existência de agressão e amor num estado de fusão patológica, onde a destrutividade se mostra reforçada graças aos mecanismos de onipotência. O controle onipotente foi o recurso defensivo escolhido por Ana para fugir aos sentimentos de vazio e solidão que a perda da mãe lhe traria, perda esta que não foi compensada por uma situação edípica favorável.

O que afirmo se evidencia quando Ana se propõe a ajudar a avó a morrer, ao lhe perceber a tristeza por olhar retratos de um tempo que há muito passara.

Identificada com a avó na saudade das pessoas queridas, Ana apresenta a morte como solução. Mais adiante, ela própria gritará seu desejo de morrer, quando vê a mãe alucinada desaparecer. Podemos supor, porém, que o impulso para a morte corresponderia ao desejo de um triunfo sobre a morte, resultando assim, das promessas de seu *self* onipotente de recuperar o objeto de amor perdido.

O mundo psicótico de Ana se vê, entretanto, ameaçado, quando ela, ao estabelecer uma relação afetiva com um objeto externo, experimenta o sentimento de depender dele. Os impulsos agressivos emergem numa tentativa de retomar o controle, e se dirigem contra a parte dependente do *self* e contra o objeto desejado. Ana mata exatamente aquilo que ama, mas matar representaria para ela, em virtude de um engodo da parte psicótica de sua personalidade, tão somente aprisionar e controlar o objeto amado. A libido dirigida ao objeto se retira então para o mundo interno, e, transformada em libido narcísica, é a fonte de energia que recria o objeto idealizado.

A relação com a tia será, porém, o caminho de acesso à cura. Apresentando-se como objeto disponível, preocupada com o bem-estar da sobrinha, dispensando-lhe atenção e cuidados, ela lhe oferece uma realidade que não apenas frustra, mas também gratifica, contrapondo-se às suas alucinações. Será ela quem dessa maneira, como mãe substituta, resgatará a parte dependente, sã e amorosa do *self* de Ana, a qual estava como que sequestrada pela estrutura narcísica e psicótica, numa luta que estaria representada no sonho contado por Irene, ao final do filme.

Sobrevivendo e perseverando como objeto bom, não obstante os ataques de Ana, a tia lhe permite reconhecer a verdadeira dimensão da sua destrutividade, agora não mais onipotente, e, portanto, possibilitando que os impulsos agressivos sejam neutralizados pelos impulsos amorosos, num processo normal de fusão.

O desenvolvimento emocional, que havia sido detido por condições ambientais adversas, pode então prosseguir. Ana se volta para a vida, retorna às suas atividades de criança, e passa a aceitar a realidade da morte.

IV

"Gosto de partir de um princípio", diz Winnicott em um de seus trabalhos, "segundo o qual, ao considerarmos um bebê, consideramos também as condições ambientais, e, por trás delas a mãe". A propósito, acrescenta a este respeito, "existem os que têm e os que não têm, e isso, nada tem a ver com finanças, tem a ver com aqueles que começaram muito bem suas vidas, e com aqueles que não tiveram a mesma sorte" [...] "Há, de fato uma diferença muito grande", continua ele, "entre ter nascido filho de um beduíno que vive nas areias escaldantes, de um prisioneiro político na Sibéria, ou da esposa de um comerciante da úmida, porém bela parte ocidental da Inglaterra. Posso ser uma pessoa convencionalmente suburbana, ou um bastardo. Posso também ser filho único, filho mais velho, o do meio entre cinco filhos, ou ainda o terceiro de uma série de cinco meninos. Tudo isso tem importância, e faz parte de mim".

Com os fragmentos recolhidos de sua imensa obra, fica evidente o quanto Winnicott, talvez como nenhum outro autor em psicanálise, valoriza a importância dos fatores ambientais na formação do ser. Ele acreditava em um potencial herdado na criança, e se interessava pelas condições que favoreciam ou abortavam o desenvolvimento deste potencial.

É o que se evidencia quando diz haver "em cada bebê uma centelha vital, e seu ímpeto para a vida, para o crescimento e o desenvolvimento, é uma parcela do próprio bebê, algo que é inato na criança". A criança, tal como um bulbo em uma estufa de plantas, compara ele ainda, precisa ser regada na dose certa e receber o tipo exato de terra. O resto vem naturalmente, e o bulbo se transforma em flor, porque tem vida em si mesmo.

Se a sorte é adversa, entretanto, ou se os cuidados não são favoráveis, o que acontece com a criança e sua força vital? As respostas estão, por exemplo, na história da menina personagem de Saura, e sua inspiração parece ter partido do provérbio que dá nome ao filme: "crie corvos e eles te devorarão os olhos". Recorremos, também, à teoria do desenvolvimento proposta por Winnicott, começando por sua visão original do impulso amoroso primitivo. Para ele, no início da vida, amor significa apetite, excitação e ânsia. Com avidez e prazer o bebê deseja esgotar o peito da mãe, e muito embora esse amor-apetite primário possa ser cruel e doloroso para o objeto, só o é por acaso. Assim, a boca e as gengivas de um bebê podem magoar o peito da mãe, provocando até fissuras e sangramento nos mamilos, e, dessa maneira, o impulso amoroso expressar como que uma qualidade destrutiva. Mas, mesmo assim, o objetivo do bebê não é a destruição. O objetivo do bebê, diz Winnicott, é a satisfação, a paz do corpo e do espírito. E a mãe, nos ensina ainda ele, não se perturba ao reconhecer que o bebê quer devorá-la. Na verdade, ela sente isto como um elogio, pois é tão somente a expressão desse amor excitado. Ela pode até exclamar "ai!" quando é mordida, mas isso apenas significa que sentiu alguma dor, conclui Winnicott.

Suas palavras, curiosamente, nos remeteram à cena do filme em que Ana amamenta seu boneco bebê, e, com rudeza, o faz esperar, chamando-o de impaciente, para em seguida afastá-lo bruscamente do peito porque ele a mordeu. A propósito, precisamos recordar a questão proposta por Winnicott quando pergunta: "O que vê um bebê, quando, ao mamar, olha para o rosto da mãe?". Referindo-se ao papel de espelho que a esta lhe cabe, responde: "Sugiro que normalmente o que o bebê vê é ele mesmo – entretanto, muitos bebês têm uma longa experiência de não receber de volta aquilo que estão oferecendo. Olham e não se veem, porque o rosto da mãe reflete, antes, o seu próprio humor". Podemos, assim, pensar que Ana, ao ver o rosto cansado e doente da mãe, não teria visto a sua própria expressão amorosa, mas sim formado de si mesma, em consequência, a imagem de um bebê impaciente e voraz que a teria esgotado.

Perdendo o peito tão cedo, ficou em Ana o anseio por um contato corporal de beijos e afagos, que ela recebe nos encontros que alucina, quando a mãe, em brincadeiras, por exemplo, lhe diz: "e se eu te mordesse o pescocinho, aqui?".

Em um piscar de olhos, Ana faz surgir a mãe em suas noites de insônia. Não seria essa criação mágica, a patologia do objeto subjetivo, a loucura surgida em decorrência da perda prematura, em Ana, de uma vivência de onipotência, onde a mãe era sentida como parte dela mesma? Ao contrário, um ambiente suficientemente bom, afirma Winnicott, de tal forma atende e satisfaz as necessidades de um bebê, que o torna capaz de viver esta loucura específica permitida aos bebês, ou seja, a ilusão de que cria exatamente aquilo que está lá para ser achado, como o peito da mãe que o amamenta. Tal loucura só se transforma em loucura verdadeira se reaparecer, mais adiante, ao longo da vida. E isso acontece porque a ruptura abrupta do estado de fusão com a mãe, a consciência precoce da própria vulnerabilidade e da dependência extrema, podem provocar uma ansiedade inimaginável, uma ameaça de aniquilamento, uma agonia contra a qual precisa se proteger, organizando defesas sofisticadas, como a enfermidade psicótica. A doença, diz Winnicott, pode ser tão ruim como a instabilidade do ambiente, mas tem a vantagem de ser produzida pela própria criança, e está, portanto, dentro do campo de sua onipotência.

Ao tratar das raízes primitivas da agressão, Winnicott se refere ao indivíduo que, para se sentir real, precisa ser destrutivo e cruel. Ele, entretanto, não consegue ver a destrutividade relacionada a um instinto de morte, nem consegue aceitar o ponto de vista kleiniano de que a inveja do objeto bom conduziria à destrutividade desde os primórdios da vida. Seu pensamento, também aqui bastante original, chamava a atenção para as situações em que o ambiente invadia o bebê. As vivências de perda, as brigas dos pais, como ocorrem na história de Ana, são exemplos em que a continuidade de vida da criança é interrompida, surgindo, então, o que denomina de reações às invasões. Muitas vezes, explica Winnicott, "a retirada para o descanso é a única condição que permite a existência individual"; e, acredito, aqui podemos incluir o retraimento esquizoide, como aconteceu com Ana. Esta descreve sua infância como um período interminável, monótono e triste, onde o medo tudo dominava. Provavelmente o mundo fantasmático que criou era o seu refúgio, e é, portanto, fácil entender que ela o defendesse de qualquer intrusão ameaçadora, mesmo que fosse a possibilidade de uma relação real com um objeto de amor, como a tia representava.

V

A história de Ana e de sua relação com a tia, bem como os ensinamentos de Winnicott, podem nos fazer pensar sobre o tratamento de pacientes esquizoides, ou com desordens psicóticas, e na maneira adequada de lidar com as situações de destrutividade que aparecem no decorrer do processo analítico, principalmente quando se estabelece a consciência de separação entre o *self* e o objeto, e surgem sentimentos de dependência com relação ao analista. Penso, especialmente, à semelhança do tema desenvolvido por Saura, no propósito da organização narcísica em manter a convicção de autossuficiência, o que se realiza, muitas vezes, à custa de severa reação terapêutica negativa. O paciente então desvaloriza e agride o analista, deixando de acreditar no tratamento, pois esquece os sucessos alcançados, e não mais deseja vir às sessões. Podem ainda surgir fantasias de suicídio, mescladas a quadros hipocondríacos e ao medo da morte, que são consequentes às tentativas do paciente de matar a parte dependente e libidinal do seu *self*.

Ao analista cabe o trabalho de acompanhar o paciente, dando--lhe tempo, como aconselha Winnicott, para adquirir todas as formas de lidar com o choque da perda de sua onipotência, reconhecendo a existência de um mundo situado fora de seu controle mágico. De fato, é a onipotência que o leva a recusar a ajuda que lhe é oferecida, pelo receio de vivenciar a extrema necessidade que sente pelo objeto, bem como o seu desejo de ser compreendido e amado. Nessas situações de agressão, as interpretações apropriadas deveriam se dirigir ao aspecto libidinal dissociado, pois a descoberta de interesse e afeto pelo analista não só atenuariam os impulsos destrutivos, como poderiam desfazer a crença do paciente em sua própria maldade, criando, assim, condições para o prosseguimento do trabalho.

Bibliografia

1. Winnicott, D. W., *Os bebês e suas mães*, São Paulo, Editora Martins Fontes, 1988.

2. "O papel da mãe e da família no desenvolvimento infantil", em *O brincar e a realidade,* Rio de Janeiro, Imago, 1975.

3. "A criatividade e suas origens", em *O brincar e a realidade,* Rio de Janeiro, Imago, 1975.

4. "Medo do colapso", em *Explorações psicanalíticas*, Porto Alegre, Artes Médicas, 1994.

5. "Agressão e sua relação com o desenvolvimento emocional", em *Da pediatria à psicanálise*, Rio de Janeiro, Francisco Alves, 1978.

6. "Agressão e suas Raízes", em *Privação e delinquência*, São Paulo, Martins Fontes, 1987.

3. O mal da lua – um estudo sobre as fronteiras do self

> *E, portanto, sou filho do kaos...*
> Pirandello

O mal da lua é o nome de um conto escrito por Pirandello, e adaptado ao cinema pelos Taviani. Narra ele a história de Batá, um camponês, casado, há pouco, com Sidora, morando com a mulher em uma "Roba", misto de casa e estábulo, isolada, distando uma hora de caminho para a aldeia.

No filme, ao final do vigésimo dia, Batá demora-se a entrar em casa. Agachado, cabisbaixo, olhos vazios, repete, vezes sem fim o mesmo gesto, balançando o talo de uma pequena planta.

A mulher, de dentro da casa, ouve gemidos. É Batá, curvado sobre si mesmo, como que sofrendo uma grande dor. Estica-se, em seguida estende os braços para cima, e em voz rouca pede socorro a Sidora que o olha assustada e lhe pergunta o que tem. Com um olhar desesperado aponta um dedo para o céu e diz, em voz gutural: a lua! Procura, então, se refazer e cruza os braços às costas, pedindo à mulher que dele fuja e se tranque em casa.

A noite é de horror. Batá continua a gemer, bate, raivoso, à porta da casa e solta gritos lancinantes que lembram os uivos de um lobo ou cão.

O filme o mostra em várias sequências junto a um arbusto: como que um companheiro durante a crise. Agarra-se, pendura-se em seu estreito tronco e o sacode enquanto grita. O arbusto se movimenta, balança junto ao corpo de Batá delineado contra o céu iluminado pela lua cheia. Novamente estica os braços, como que tentando agarrar a lua, para cair, em seguida, ao chão, contraído, encolhido, braços cruzados e punhos cerrados.

Em outra tomada, estilhaça os vidros de uma portinhola fechada e, estendendo a mão, consegue agarrar os cabelos da mulher que se solta em pânico.

Exaurido, Batá é visto, depois, inerte, desacordado. No dia seguinte, a confissão e a história de sua desgraça. Conta Bata que, quando jovem, sua mãe colhia espigas de trigo. Em uma jornada, porém, o dia não bastara e ela continuou trabalhando por toda a noite, deixando-o entre as espigas, no sereno, exposto à lua: "Eu brinquei com a linda lua e a lua me enfeitiçou".

Vemos, durante a narração, em *flashback*, um bebê de cerca de seis, sete meses, sorrindo, vocalizando com alegria, e olhando enlevado para a mãe que, distante, se refrescava em um tanque onde a lua se refletia. A mulher, curvada, jogava água em seu rosto e em seus braços, toda ela banhada em luar.

A expressão do bebê, entretanto, aos poucos se transforma – torna-se sério, olhos parados, e mostra uma pergunta nas sobrancelhas franzidas, enquanto, ansioso, morde os dedos da mão fechada em punho.

"A cada lua cheia o mal me acomete", continua Batá, "mas só faz mal a mim, basta que os outros se cuide".

A parte final do filme nos traz outras revelações. Fica decidido que a mãe de Sidora e um primo – Saro – permanecerão junto a ela durante a próxima crise. Apaixonada por Saro, insatisfeita com o marido, Sidora insinua a oportunidade para um encontro amoroso enquanto estiverem os dois trancados em casa, escondidos. Tal se passa, de fato, mas Batá, através de uma vidraça, entrevê o corpo desnudo da mulher e o abraço dos amantes.

A lua, que por um momento se escondera atrás de pesadas nuvens de chuvas, reaparece e a crise mais uma vez se apresenta. Mas, de dentro da casa, Saro escuta os gemidos do amigo e se interrompe. Não obstante os protestos da mulher, diz: "Ele está sofrendo, não vê! Precisa de ajuda!". E, de imediato, sai em direção a Batá que se contorce agarrado ao arbusto. Cerca-o pelas costas e o contém em seus braços, deitando-o no chão e o mantendo envolvido junto a si.

Batá aos poucos se acalma e acaba por adormecer. Saro o entrega então à mulher para que dele cuide e o deite em seu colo, seguindo depois a estrada que o levará à aldeia.

A sequência mais bela do filme lembrou-me um momento do meu trabalho, em que olhar semelhante surpreendi em um bebê, quando a mãe subitamente lhe apareceu, voltando de uma breve ausência. A expressão de contentamento e enlevo, a fascinação com que seguiu os movimentos da mãe, revelou-me, desde então, a certeza de que ali estava, em semente e matriz, todas as paixões que o homem um dia viverá.

A letra da canção que acompanha o filme fala também desse estado de fascinação: "A lua tem luz sedutora e a gente dela se enamora", mas acrescenta adiante: "Lua no céu e nós na terra".

Batá, examinando atentamente a noite ainda escura, buscando no céu algum sinal, diz que "a lua é caprichosa, jamais surge onde a gente a espera". Pobre apaixonado, pois, esperando, ansioso, a chegada incerta da amada que olhará somente a distância, como a distância olhou, um dia, a mãe banhada em luar.

Batá atribui a essa experiência de bebê a origem de sua desgraça, do mal que o acomete, um quadro de dor e angústia localizadas em seu ventre, quando se curva, ou em seus braços, quando se estica tentando alcançar a lua cheia, para logo depois, de novo, se dobrar, se contrair, se cerrar sobre si mesmo.

Em seu corpo encontramos a expressão e as marcas de seu mal; na relação mãe-bebê e nas vicissitudes do primeiro ano de vida, os elementos para encaminhar as minhas ideias.

A distância – o dado presente na crise quando se esforça por alcançar a lua, e em sua gênese, quando olha a mãe enluarada – fala a respeito do efeito traumático que a consciência de separação física da mãe acarreta, e a influência patogênica que teria tido sobre Batá.

Mahler (12), em sua pesquisa, se refere ao desabrochamento do bebê de 5 a 7 meses quando, em consequência do desenvolvimento de sua capacidade de percepção, passa a se interessar pelo que está fora da órbita simbiótica formada com a mãe. A partir de então, tem início uma tentativa de separação-individuação, observada no comportamento exploratório da criança: puxar seu corpo do dela de forma a poder olhá-la melhor, examinando-a e ao mundo em redor. O bebê de colo, até então numa condição bastante passiva, faz seus primeiros movimentos, ainda hesitantes, para sair da unidade-dual com a mãe, começando a se libertar num sentido corporal.

Das variações ocorridas nesse processo, quero ressaltar aquelas que se referem às capacidades inatas do bebê, e que podem determinar um desenvolvimento precoce do ego, ou melhor, uma ativação de fragmentos do pré-ego (12). Essa precocidade talvez seja um das modalidades sensório-perceptivas: hiperacusia ou um estado de alerta visual, bem como uma supersensibilidade gustativa ou tátil. Em tais casos, situações de estimulação excessiva podem provocar um acúmulo de excitação e produzir uma vivência traumática, como se observa nos bebês suscetíveis a ruído e que reagem facilmente a esses com sustos e sobressaltos. Reações de ansiedade a estranhos ou a ambientes novos surgem igualmente, evidenciando que a prematura diferenciação precipitou a consciência de separação corporal da mãe, antes que o bebê tivesse adquirido outras funções autônomas do ego, como cognição, memória, teste de realidade e motricidade, ou seja, as funções que serviriam à sua individuação.

Quanto mais repentina e prematuramente o bebê se dá conta do mundo externo, além da órbita simbiótica, em virtude da ativação precoce de uma das modalidades sensoriais descritas, maior será sua necessidade da mãe como agente tranquilizador. Para tanto, porém é necessário que ela seja dotada de uma empatia cenestésica particularmente sensível, oferecendo-se como um ego auxiliar e funcionando como uma extensão do bebê. A consciência de desligamento se atenua com os seus cuidados, e a necessária onipotência narcísica do bebê pode ser ainda preservada. É por esse motivo, que nessa fase o bebê pede insistentemente o colo da mãe, utilizando-se de suas pernas para poder caminhar ou dos seus braços para alcançar os objetos coloridos que lhe atraem. Mais adiante, já provido de maior coordenação motora, repetidamente propõe à mãe um jogo no qual lança os objetos ao chão e, deleitado, a vê abaixar-se para apanhá-los, reassegurando-se dessa maneira, de sua condição de senhor.

O fracasso da mãe, do ambiente, entretanto, deixaria o bebê em um estado agudo de desamparo que, mais adiante, pode se traduzir por sintomas dos mais variáveis.

Em Batá, os movimentos durante a crise sugerem uma coreografia dramática de angústia e desespero, onde o gesto de agarrar sobressai. Braços cruzados às costas enquanto fala com a mulher, o conselho de que se proteja, dizem já da aflição que o levaria, mais adiante, a puxar seus cabelos. No arbusto segura e se segura, certamente. Sem ele, como que se expandiria e despedaçaria na tentativa frustrada tocar a lua cheia, lembrando a implosão das marés enchentes. Mas, assim como o mar acha na praia, no cerco da terra, sua contenção e limites, nos braços do amigo que o envolve, Batá encontra sossego e cura. O tratamento, envolver e conter, pode sugerir a patologia de Batá: a precariedade na representação de seus limites corporais – surgida na ruptura precoce do estado de fusão com a mãe.

"Nós nos tornamos conscientes", diz Freud em *O projeto* (4a), "dos objetos vivos em torno de nós pelos complexos de percepções que deles temos, mas que estão fundidos com percepções semelhantes às do nosso próprio corpo. As memórias deles (os objetos) estão ligadas associativamente com os movimentos reativos que se teria experimentado no nosso próprio *self*".

O mais primitivo núcleo do *self* corporal do bebê é formado por sensações próprias e interceptivas. Os cuidados da mãe promovem, entretanto, uma primeira e importante mudança de catexis, que proveniente do interior do corpo se dirige, agora, para sua periferia, para o envólucro do ego corporal', como foi chamado pro Freud. A concha autista anterior, em que o recém-nascido estivera em seu primeiro mês, é assim, substituída progressivamente "por uma barreira protetora e seletiva, de estímulos catexizados positivamente, criando um escudo comum, por assim dizer, uma membrana quase semipermeável a envolver os parceiros da díade mãe-bebê". (12)

No desenvolvimento normal, aos poucos se fará a delimitação entre seu corpo e o corpo da mãe, começada no período de desabrochamento, possibilitando que ele se perceba destacado, distinto e se sinta, então, uma entidade – o primeiro passo no complexo processo de formação da identidade.

Não só cheirar, provar, mover-se, olhar e tocar, mas também ser olhado e ser tocado, são passos importantes para a aquisição da consciência dos limites corporais. À medida que o bebê engatinha e mais tarde, quando anda sozinho, diz Mahler, as frequentes quedas e batidas contra objetos do meio externo parecem aumentar a percepção dos limites de seu corpo, como se o encontro com o meio resistente delineasse, firmasse essas fronteiras. Penso, porém, que a própria capacidade ativa de movimentação, a autonomia recém adquirida pelo seu ego, favorece o esforço dessa percepção. Capaz, então, de chegar até as pessoas e os objetos, podendo explorar, agarrar, manusear e experimentar o mundo com todas as suas modalidades sensoriais, o bebê aprende mais acerca de si mesmo e do que está a sua volta. Entretanto, enquanto passivo bebê de colo, depende quase que exclusivamente da manipulação da mãe para a libidinização de seu corpo – seus cuidados, suas carícias, o contato com sua pele e as sensações de maciez e calor que daí provêm.

O esquema corporal assim se faz e se mantém, dentro de contínuo e dinâmico interjogo entre o corpo e o ambiente. O ser humano, dentro do ponto de vista que aqui tem sido abordado é, desde o início da vida, uma entidade psicofísica formada pela fusão de processos corporais, emocionais e psíquicos.

O clássico trabalho de Esther Bick, de 1968, descreve estados em que a falta de um objeto primitivo adequado para conter as partes do *self* teria conduzido à formação de uma "segunda pele", que serviria, então, de limites ao ser.

Sua linha de pensamento pode nos levar a entender que quando Batá, em suas crises, se contraía e se curvava sobre si mesmo, cerrando seus punhos, estaria tentando, com os seus músculos, construir um envólucro que substituísse o escudo perdido que a união simbiótica coma mãe lhe oferecera um dia.

Na clínica, os estados de tensão, de enrigecimento muscular, a camada adiposa dos obesos, ou pequenos automatismos que ofereceem uma sensação de toque, de contato, desempenharia a mesma função. Dentre os gestos automáticos é fácil lembrar do roer das unhas, coçar ou mesmo arranhar as partes do corpo, puxar uma mecha de cabelo, segurar um cigarro e levá-lo à boca, que têm ação nitidamente tranquilizadora.

Quando essa segunda pele, essa organização defensiva, no decorrer do processo analítico se rompe, deixa evidente, através de sintomas e fantasias associadas, a falta de representação dos limites corporais. Os pacientes se queixam, então, junto a uma insuportável angústia, de diminuição da sensibilidade periférica, com sensação de se esparramar, de flutuar, ou apresentam episódios de diarreia, sudorese intensa ou hipermenorreia, como se os líquidos do corpo se perdessem, extravasassem. Por vezes, a tentativa de retomar o controle de si mesmo, de buscar uma precária integração, conduz a uma hipersensibilidade aos estímulos interceptivos, como a que predominou no início da vida. Queixas de dores e disfunção de órgãos internos podem ocorrer, com o propósito assinalado por um doente psicossomático de vários anos: "para me sentir melhor, psiquicamente, tenho de me sentir mal fisicamente". No caso, a melhora, o alívio, decorre do fato de que a percepção dolorosa localiza uma área corporal, leva o paciente a se sentir, a ter consciência de si mesmo, a recuperar a certeza de ter uma existência própria, de sobreviver à separação da mãe.

É Freud que reforça essa interpretação quando, em "O Ego e o Id", se pergunta sobre a maneira pela qual o corpo de uma pessoa chega a sua posição especial entre outros objetos no mundo da percepção. Responde ele: "... a dor parece desempenhar um papel no processo, e a maneira pela qual obtemos novo conhecimento de nossos órgãos, durante as doenças dolorosas, constitui, talvez, um modelo da maneira pela qual em geral chegamos à ideia de nosso corpo".

São vivencias essas, certamente bastante primitivas, mas que podemos pretender resgatar no trabalho clínico, em situações de doenças e regressão, pois de acordo com Edith Jacobson "se bem é certo que não sabemos em que momento preciso o aparelho psíquico é capaz de reter recordações de experiências prazerosas ou desprazerosas, não existem dúvidas de que muito antes que o bebê tome consciência da mãe como pessoa e de seu próprio *self*, existem já engramas de experiências que refletem suas respostas ao cuidado materno em seu *self* total, mental ou corporal". (10)

Além da construção de defesas de natureza somática, o ser humano com distúrbios no seu processo interno de separação, pode se proteger mantendo uma "distância ideal" (12) de outra pessoa, como acontece coma personalidade esquizoide. Aqui o retraimento, o isolamento, foi a maneira encontrada para evitar o risco de ser "moldada" por aqueles com quem se relaciona, como se a precária demarcação, no passado, entre o bebê e a mãe, entre o eu e o outro, tornasse o indivíduo alguém sem contorno próprio, um território sem fronteiras, facilmente invadido e a mercê dos demais, uma típica patologia dos processos de introjeção.

Muitos são pacientes que vêm até nós em permanente dúvida sobre si mesmos, sem saber o que realmente sentem, pensam ou querem. São pessoas crédulas, influenciáveis, que se deixam enganar pelos outros, presas fáceis e alvo da vontade e das acusações alheias, pois mais facilmente dão razão aos demais do que a si mesmos; ou ao contrário, podem durante a vida, ter reagido a estas ameaças se escondendo por trás de uma couraça de desconfiança de ideias e opiniões rígidas, uma modalidade de falso *self* que protege o frágil e não integrado *self* verdadeiro. (19)

Em qualquer dessas circunstâncias, o risco maior é o de se enamorar, e reviver as vicissitudes do primitivo estado de paixão, surgida com a ruptura do vínculo simbiótico, quando o bebê, ao se sentir vulnerável, passa a atribuir à mãe sua onipotência perdida. A visão da mãe, investida, de beleza, força e poder, e a posse desse objeto perfeito, é o mecanismo que, em condições normais permite à criança entreter a ilusão de retomar o estado anterior de unidade e comunhão.

Se, de acordo com Freud, o superego é o herdeiro do complexo de Édipo, o Ideal do Ego seria o herdeiro do narcisismo primário (3), e a relação vivida com a mãe idealizada no progresso interno de separação, parte fundamental na constituição dessa importante e pouco considerada instância psíquica.

Apaixonar-se é viver uma condição em que a libido narcísica extravasa sobre o objeto; quanto maior a carga de libido de que o indivíduo é dotado, mais intensas, evidentemente, serão suas paixões – por um homem, uma mulher, uma causa, uma crença uma arte, uma pesquisa, um ideal enfim.

Em seu livro *The Ideal Ego*, Janine Chasseguet-Smirgel constrói uma interessante imagem dos estados de paixão, por analogia com as situações de luto, dizendo que a intensa irradiação do objeto (ou do Ideal do Ego projetado) ilumina o ego que se vê, assim, exaltado, por tamanho brilho refletido. Cita, em seguida, uma série de fenômenos onde esse mergulho efêmero no mundo do narcisismo primário é retratado como uma luz ofuscante – a "iluminação" – representando a inspiração de um artista ou intelectual, os raios brilhantes existentes nas visões dos místicos, ou mesmo a experiência de fulguração em que, por vezes, um *insight* é vivido na relação analítica. Cita, por fim, versos do poeta Prèvert sobre jovens apaixonados que estariam "banhados no fulgor de seu primeiro amor", uma alusão que logo nos remete ao nosso personagem e suas crises em noites de lua cheia.

Em todas as circunstâncias, as fronteiras do ego são suprimidas e uma certa fusão entre o ego e o seu Ideal passa a existir.

O "mal da lua", portanto, pode ser considerado uma forma de 'Maladie d'Idealité', no dizer de Chasseguet-Smirgel. Mais precisamente, seria a doença da paixão não correspondida, onde um grande investimento lidibinal é feito em alguém que não retribui, a sequela da longa experiência de uma criança que não recebeu de volta o amor que insistentemente ofereceu.

Quando Winnicott nos fala sobre o papel de espelho da mãe (19), ele se refere a bebês que olham o rosto da mãe e não se veem. Ao invés do rosto da mãe refletir o bebê (e sua expressão apaixonada, quero acrescentar), reflete antes o seu próprio humor, ou, o que ainda é pior, diz Winnicott, reflete a rigidez de suas próprias defesas. A percepção toma então, o lugar da apercepção, continua ele, e o bebê, diante do fracasso materno, passa, ansioso, a estudar o objeto, buscando prever e entender as mudanças nas feições da mãe. Nenhuma metáfora caberia melhor, aqui fazer, que a da "lua caprichosa", pois "jamais surge onde a gente a espera".

Exposto, ainda, a uma mãe que seduz e se recusa, o bebê capaz de uma percepção precoce, intensa e apurada, sofre um acúmulo de excitação, de exaltação que não consegue conter e o ameaça de fragmentação, como aconteceu com Batá em sua experiência estética diante da lua e da mãe enluarada.

A repetição de desapontamentos leva, afinal, o amante a reconhecer a ligação impossível, a separação inevitável; para o bebê, a falta de um olhar apaixonado "envolvente", que o possa conter, faz com que ele se torne, prematura e tristemente, consciente do afastamento, da distância física existente entre o seu corpo e o da mãe, deixando-o para sempre entregue ao seu desamparo, à ameaça de aniquilamento, ou à necessidade de encontrar, um dia, alguém que lhe permita dizer: "quando olho, sou visto, logo existo". (19)

Como verificar a construção da representação do eu? Como materializar a diferenciação do eu das representações do objeto? Como retratar as perturbações do *self* em sua definição como ser separado, distinto? Mahler, por exemplo, lançou mão, em sua pesquisa, das reações que os bebês apresentavam diante do espelho. Winnicott, por sua vez, se refere a um pintor irlandês (19), cujas telas pintadas funcionavam como um espelho, refletindo a imagem deformada que teria de si mesmo.

Outro pintor, Van Gogh, pode, com seus quadros e escritos, nos ajudar a objetivar esse estudo sobre individuação e formação das fronteiras do *self*. Sem analisar extensamente sua personalidade rica e atormentada, podemos apreciá-la em sua luta por se descobrir, e em seu esforço para ser reconhecido em sua existência singular. De acordo com um de seus estudiosos (7), Van Gogh estava absolutamente determinado a criar um corpo de trabalho que estabelecesse sua individualidade fora de questão, uma individualidade já ameaçada, podemos supor, quando recebeu o nome de um irmão morto e que nascera no mesmo dia e mês, um ano antes dele. Ele próprio escreveu: "seja como for, eu quero ir adiante a qualquer custo, quero ser eu mesmo". Talvez, por isso, durante tanto tempo, tenha assinado suas telas somente com seu prenome Vincent – "como uma autoexposição no coração das pinturas e dos desenhos". (7)

De sua infância, do pouco que sabemos, temos notícias de que fora um menino temperamental, com acessos de cólera, e que, curioso, percorria solitário os arredores de sua casa, observando o campo, as flores, as árvores e as pessoas. As descrições que faz adiante, adolescente e adulto, ao irmão Theo em suas cartas, revelam uma capacidade rara de apreender o mundo em múltiplos detalhes de formas e cores, fazendo pensar naqueles bebês que, dotados de uma hipersensibilidade sensorial, se diferenciam cedo demais, antes de terem adquirido uma certa e necessária autonomia de ego.

Apaixonado por natureza, nenhuma de suas paixões foi mais intensa que a pintura, confessando em uma de suas cartas: "Ah, meu caro irmão, às vezes sei tão bem o que quero! Não posso, sofrendo, privar-me de algo maior do que eu, que é a minha vida... a potência de criar". Atraído pela beleza que descobria à sua volta, realizando estudos, testando tintas, experimentando cores e buscando efeitos, Van Gogh se consumia, alimentando-se mal e trabalhando até a exaustão. Descreve-se como um prisioneiro, encerrado, enterrado, um pássaro cercado de grades e a pintura é sentida como uma libertação. Dizia, referindo-se à sua arte que "a única maneira de recobrar o equilíbrio e a serenidade é fazer melhor". E se a obra levada à perfeição tem, com lembra Greenacre (6), o sentido de um presente de amor oferecido ao mundo, com orgulho e apreensão, qual o efeito sobre Van Gogh da circunstância infeliz de conseguir vender somente um quadro seu em toda a vida? O fato de insistentemente se oferecer e ser, entretanto, recusado, teria adoecido Van Gogh, levando-o a sofrer de algo semelhante ao descrito "Mal da Lua"?

Frases tocantes em sua correspondência denunciam, aos poucos, em seus dez anos de produção, a perda de sua fé: "É preciso conseguir que meus quadros valham..."; "... eu estaria salvo se vendesse algumas telas". "Aí está, vivemos uma época em que o que fazemos não tem valor", "o público jamais mudará e só gostará de cores suaves e polidas", até que algum tempo antes de sua morte desabafa: "como pintor nunca significarei nada de importante, eu o sinto perfeitamente".

Os dois últimos anos foram de crises e doenças, interpretada de diferentes maneiras e com diagnósticos variados – epilepsia, subnutrição, alcoolismo, sífilis, esquizofrenia, entre outros. O vazio, o isolamento e a solidão eram, entretanto, do que ele se queixava, e todos os episódios trágicos de sua história tiveram estreita relação com recusas, desapontamentos, perdas, separações – a partida de Gauguin, o amigo idealizado com quem repartia a sua casa, o noivado, o casamento de Theo – o irmão de quem dependia – e, finalmente, o golpe mais severo, a chegada de um bebê, o nascimento do sobrinho. Mas, muito antes, ele próprio relacionara o início da doença com o quadro que na época pintava (e do qual realizou depois cinco versões) – *La Berceuse* – onde uma mulher, com expressão deprimida e sombria, embala um berço invisível. Ele declarou que, pensando em uma história de Gauguin sobre "pescadores islandeses expostos a todos os perigos, sozinhos no triste mar", teve a ideia de pintar o quadro, "para que os marujos que são, ao mesmo tempo, crianças e mártires, vendo-o na cabine do barco, sintam a antiga sensação de aconchego envolvê-los e se lembrem de suas cantigas de ninar".

Que experiência aguda foi essa de separação, revivida, então, que o teria levado, na ocasião, a cortar parte de sua orelha e oferecê-la à mulher que o desprezara?

Instável em seus humores, explosivo em seu entusiasmo ou cólera, ele mesmo descreve sua agonia: "às vezes, assim como as ondas se batem desesperadas contra as surdas rochas, sinto uma tormenta de desejo, de abraçar uma mulher...", palavras que fazem logo lembrar o Batá de nosso filme buscando um abraço para se conter.

A necessidade de um continente (Bion), de um *self* objeto (Kohut), de uma segunda pele (Bick), acredito estar graficamente representada em sua obra, através dos traços negros que cercam os contornos das figuras pintadas em períodos de crise, ao final de sua vida, e que o próprio Van Gogh relaciona a sentimentos de tristeza e angústia. O estilo impressionista, que acabou abandonando, estava, ao contrário, para ele ligado a sentimentos de paz, como em uma tela "com o sol nascendo em um campo de trigo novo, de linhas fugidias".

Podemos, ainda, deduzir que ele precisava estar em paz para adotar o estilo impressionista; essa técnica de desintegração de superfície em manchas e pontuações de cor, levando à dissolução da estrutura sólida dos corpos, não poderia ser seguida por alguém que então temia os espaços abertos, talvez ele mesmo se sentindo desintegrar e dissolver. No efeito oposto que buscou, voltando em parte ao seu estilo inicial de pintar, os objetos passaram a ser desenhados com bordas duras e com reforço de textura, criando um impacto pesado com o pincel carregado de tinta, produzindo figuras vivas que saltavam da tela, diferenciadas do fundo, individualizadas.

A rigidez de formas, os contornos com traços negros, contendo linhas onduladas e violentas formando remoinhos, vagas ou labaredas, fazem o retrato de um *self* ameaçado e defendido, onde as imagens do gênio falam melhor que quaisquer palavras para representar a patologia que nesse trabalho busquei descrever.

Bibliografia

1. Bergman P, Escalona S. (1949) – *Unusual Sensitivides in Very Young Children*, Psychoanal study Child, 3/4: pp. 333-352.

2. Bick E. (1968) *La Experiência de la Piel en las Relaciones de Objeto Tempranas*, Rev. Psicoanal. Argena, p. 27, 1970.

3. Chasseguet-Smirgel J. (1975) – *The Ego Ideal*, Londres, FAB Books.

4. Freud S. (1895) – *Projeto de uma psicologia científica*, Rio de Janeiro, Imago, vol. 1.

5. (1923) – *O ego e o id* – Rio de Janeiro, Imago, vol. 19.

6. Greenacre P. (1957) – *The Childhood of the Artist* – Psychoanal. Study Child, 12: pp. 47-72.

7. Harris N. (1982) – *A arte de Van Gogh*, Rio de Janeiro, Ao Livro Técnico.

8. Hauser A. (1951) – *História social da literatura e da arte*, São Paulo, Mestre Jou.

9. Hulsker J. (1977) – *The Complete Van Gogh*- N. York, Harrison House, N. Abrams Inc.

10. Jacobson E. (1969) – *El Self y el Mundo Objetal* – Buenos Aires, Editorial Beta.

11. Kohut H. (1971) – *Analisis del Self* – Buenos Aires, Amorrortu Editores.

12. Mahler M. – Pine F. – Bergman (1975) – *O nascimento psicológico da criança*, Rio de Janeiro, Zahar.

13. Noy P. (1968) – *The Development of Musical Ability*, Psychoanal. Study Child, p. 23.

14. Serullaz M. (1961) – *O impressionismo*, Rio de Janeiro, Zahar.

15. Schapiro M. (1983) – *Van Gogh*, Rio de Janeiro, Record.

16. Schilder P. (1953) – *A imagem de corpo*, Rio de Janeiro, Martins Fontes, 1981.

17. Van Gogh V. (1986) – *Cartas a Theo* – P.A., L&PM, Editores.

18. Vilete E. (1987) – *O corpo – relicário do* self *perdido* – 11º. Congresso Brasileiro de Psicanálise.

19. Winnicott D. (1971) – *O brincar e a realidade*, Rio de Janeiro, Imago.

4. Um coração no inverno

> *Nas neuroses narcísicas, a resistência é intransponível; quando muito somos capazes de lançar um olhar perscrutador por cima do topo do muro e divisar o que se passa do outro lado.*
>
> Freud (nas Conferências Introdutórias)

I

É essa a oportunidade que nos oferece Claude Sautet em seu filme *Um Coração no Inverno*, quando nos apresenta o personagem Stephan, um exímio restaurador de violinos raros. Tímido, retraído, caladão, Stephan reside em sua própria oficina, absorvido, todo o dia, no trabalho de fabricar e consertar violinos, ensinando e orientando também seus assistentes. À noite, ocupa-se em reparar pequenas e antigas caixas de música, com bonecos delicados, tocadores de instrumentos de corda. "Não se cansa de trabalhar", pergunta-lhe o velho professor a quem visita regularmente, e a quem presenteia esses objetos preciosos. "Não", responde ele, "é divertido!"

Maxim, seu sócio há longo tempo, é de natureza diferente. Bem apessoado, extrovertido, amável, é ele quem se encarrega de gerir a empresa – viaja ao exterior para realizar negócios de compra e venda, faz contatos com músicos e os encaminha a Stephan quando seus instrumentos necessitam de reparos. Uma parceria que deu certo, define Stephan, não apenas nos negócios, podemos pensar, mas também na vida, por funcionar Maxim como um alterego seu – aquele que vai ao mundo e encontra mulheres, com as quais passa a noite, para no dia seguinte, contar ao companheiro a aventura vivida. Tal acordo tácito se rompe, entretanto, quando Maxim se apaixona por Camille – jovem, bela e talentosa violinista, mantendo pela primeira vez, por meses, o romance em segredo.

"Veja ali um homem tocado pela graça" – diz Stephan a Helene, amiga e confidente, logo após receber a notícia, e mostrando-lhe o par que, a distância, se afasta.

Sautet realiza um filme onde os olhares e as expressões dos rostos, mais que as palavras, traduzem as nuances de sentimentos dos personagens, um cenário onde, por vezes, irrompe, em rajadas, a sonata de Ravel tocada por Camille. A semelhança da música, os diálogos são quase sempre curtos, entrecortados, como que regidos pelo laconismo de Stephan. Nesse clima se desenvolve a trama, onde tudo é não propriamente dito, mas tão somente insinuado, favorecendo, assim, desencontros e mal entendidos. Aos poucos o expectador pressent um interesse sutil de Stephan por Camille. Faz perguntas a seu respeito, empenha-se em apurar o som de seu violino e, ao ouvi-la tocar, parece, ele também, tocado pela música, revelando um semblante perturbado. O mesmo se passa com Camille que, sensível, percebe a aproximação esboçada por Stephan ao assistir uma de suas gravações, e acaba por se ver totalmente enamorada por ele. Em vão espera reencontrá-lo, porém, ansiosa, lhe telefona, indaga sobre sua ausência, recebendo, de volta, uma desculpa formal, e, a um convite seu, uma seca recusa.

Após esse telefonema ela se sente constrangida, inadequada e, confusa, pensa: "Não compreendo. Quando ele está lá, está lá! Então, de repente, é como se eu não existisse".

Um diálogo breve, em um encontro casual, revela, entretanto, um pouco mais sobre o nosso personagem.

Camille lhe pergunta:
– Por que você está se escondendo de mim?
– Não estou.
– Eu fiz ou disse algo de errado?

– Não, em absoluto. Tenho estado muito ocupado.

– Pensei que você estivesse bastante interessado em seguir meu trabalho. É Maxim?

– Maxim?

– Você poderia se sentir embaraçado por serem amigos.

– Maxim e eu não somos amigos.

– Não são amigos?

– Não, somos sócios. Através dos anos formamos um bom time. Estamos nisso unicamente pelo nosso próprio interesse.

– Mas ele pensa que você é seu amigo.

– Não posso fazer nada.

– Eu não acredito em você – diz Camille.

– Por quê? – pergunta Stephan acrescentando – Porque não é comumente dito? Mas, com frequência é verdade. Isso choca você?

– Não. É triste.

– Triste – contesta Stephan – seria usar as palavras erradas.

– É tudo o que você está dizendo – palavras, palavras, reduzindo tudo. O que é que você está escondendo? – pergunta ainda uma vez Camille, levemente irritada.

– Não, não estou, eu estou me mostrando.

– Você não é realmente assim – novamente Camille duvida – Ninguém é. Isso não existe. É somente uma pose.

Como que resumindo, Stephan indaga: "O que você quer? Que eu invente razões, traumas? Uma infância infeliz? Uma frustração sexual, uma vocação perdida? Eu não vejo isso. Mas meus irmãos e irmãs sempre disseram que eu tenho uma natureza dissimulada. Sou o primeiro a admitir isso".

De fato, a dissimulação de Stephan fica evidente quando, em cenas rápidas, paralelas, constatamos que Camille ocupa seus pensamentos, pois faz confidências a Helene. Nega, contudo, seu interesse amoroso, observando as reações de Camille aos acontecimentos como se fora ele o caçador, observando os passos da presa que se acerca da armadilha montada. Entretanto, de tanto dissimular e se esconder, Stephan parece ter se perdido de si mesmo, pois não percebe que caminha pelas ruas ouvindo a música tocada por Camille, e nem compreende o mal-estar de que é possuído (uma espécie de vertigem), ao visitar com Maxim as obras do apartamento onde o casal irá viver.

Esse episódio não escapa ao amigo, porém, ao ouvir da noiva a confissão de seus sentimentos por Stephan, lhe diz acabrunhado: "Você lhe agrada, eu o sinto, eu vejo. Eu o conheço melhor do que ele pensa".

Sem nada dizer, decide, logo em seguida, aproximar os dois, telefonando para Stephan, do aeroporto, prestes a partir em viagem e lhe pedindo para assistir a gravação de Camille em seu último dia, já que estará ausente.

Os acontecimentos se precipitam. Após a gravação, Camille convida Stephan para sair e, no carro, muito senhora de si, determinada, lhe diz ter contado tudo a Maxim, do que se passa entre eles, confessando, por fim, que o deseja. São suas palavras, então:

"Eu conheço você, a maneira como você é. O mundo que você construiu, todo fechado. Eu não me importo. Estou aqui para você". Mas, diante da relutância dele, se contradiz: "Você não pode seguir vivendo dessa maneira. Tem que deixar algo, dentro de você, relaxar".

Stephan ouve em silêncio, inicialmente perturbado, feições contraídas, mas logo se recupera e, calmo e frio, em voz pausada, responde dizendo-lhe que ela é bonita, rara, talentosa – talentos quase demais, acrescenta – mas ela se engana, desejando que ele seja alguém que ele não é, de fato. Diante da insistência de Camille, termina por dizer: "Vou lhe contar a verdade. Desejei seduzi-la, sim, como em um jogo, mas você não compreende" – continua Stephan – "você fala de sentimentos que não existem para mim. Não posso senti-los. Não amo você".

Diante dessa afirmação, humilhada, Camille sai rapidamente do carro. Embriaga-se durante a noite e, para preocupação do noivo, tranca-se em seu quarto, até que decide sair em busca de Stephan, acabando por encontrá-lo em um restaurante com Helene. Irônica, agressiva, em voz alta, de forma grosseira, bem diferente de seu modo discreto, habitual, ela o aborda, tentando compreender o que aconteceu. Sua dor, entretanto, subitamente aparece por trás da agressão, e Camille magoada suplica uma resposta. Não consegue aceitar sua recusa, pois percebeu o interesse dele pelo modo como a olhava e por tudo o que disseram. Stephan retruca, gentil, mas impassível: "Mas nós nada nós dissemos, Camille. E eu já lhe contei a verdade, já expliquei porque tudo aconteceu".

Desesperada, ela, então, desabafa e explode, ante o olhar surpreso e embaraçado dos que estão à sua volta, gritando para um constrangido Stephan:

"Se era um jogo você devia tê-lo jogado até final. Você devia ter me comido. Você teria sido um rato, mas é a vida. Mas isso, isso não é nada, você não é nada. Você, pobre idiota, você não tem imaginação, nem coração e nem 'culhões'! O que você tem aqui entre as pernas" – grita, agressivamente tocando-o: "Você não tem nada!".

De súbito, se dá conta do que fazia, perante todas as pessoas presentes e que a olhavam, divertidos ou constrangidos. Bastante envergonhada, Camille sai rapidamente, enquanto Maxim, que de longe também acompanhava a cena, sem dizer uma palavra aproxima-se lentamente e esbofeteia Stephan, lançando-o ao chão. É o fim da longa sociedade entre os dois. Dias mais tarde, abatido, Stephan visita Camille, não para se desculpar, logo esclarece, mas para lhe dizer que estava certa : "Você tem razão. Acho que não sou nada. Gosto do meu trabalho, sou bom no que faço, mas há algo sem vida dentro de mim... Não sei como manejar... chego sempre atrasado. Perdi minha chance com você e perdi Maxim. Não são os outros que eu destruo, mas a mim mesmo. Não podia continuar guardando isso para mim. Eu tinha de contar para você".

Camille, impassível e dura responde, como que despedindo-o:
"Bem, você já me contou, mas sou eu quem estou vazia, agora..."

II

"A pessoa esquizoide", diz Guntripp (1992), "está em geral consciente de que não é capaz de sentir com a vivacidade de interesse ou o mesmo calor emocional que outras pessoas mostram". Essa constatação corresponde exatamente às palavras de Stephan, deixando para mim, mais uma vez evidente, a rica fonte que a obra de arte representa, e onde a Psicanálise pode se refletir e reabastecer. Claude Sautet, com seu personagem, mostra tão bem, por exemplo, o retraimento de uma vida espartana, metódica e isolada, evitando, assim, não somente as solicitações excessivas do ambiente, mas também o irromper perturbador dos próprios desejos. Bichos de pele fina, já ouvi dizer, precisam de uma concha para se proteger, e lembro, então, de Winnicott que se sentia humilde diante de um esquizoide, por reconhecer sua sensibilidade para ver o mundo com uma clareza especial, perdida naqueles que estão mais profundamente enraizados na realidade exterior. Estaria ele, aqui, sugerindo a existência e participação de um fator constitucional?

Recordo de uma observação curiosa, feita por Alessandra Piontelli, através de ultrassonografias, de uma dupla de gêmeos – Delia e Marco – onde esse, durante toda a gestação, recusou as tentativas de aproximação da irmã, empurrando-a vigorosamente e buscando a quietude do fundo do útero para se alojar. Sabemos, também, de bebês que nascem com uma hipersensibilidade sensorial, reagindo precocemente, com sustos e sobressaltos aos estímulos à sua volta. Mais vulneráveis, eles necessitam de uma mãe igualmente sensível que os entenda e proteja. Se isso não acontece, porém, se por essa razão, ou outra qualquer, a agressão do ambiente é persistente, a criança pode reagir às imposições com retraimento e submissão, podendo até, como defesa, desenvolver através de identificações um falso *self*. O esquizoide, entretanto, recusa essa solução, pois para ele, diz Winnicott, qualquer coisa falsa é perniciosa, até mesmo ceder para sobreviver. Para o esquizoide, a retirada para o isolamento é, assim, a única condição que vai lhe permitir existir como um indivíduo.

Winnicott admira, também, a honestidade dessa conduta, concluindo: "são pessoas que passam toda a vida não sendo, num esforço desesperado para encontrar uma base para ser".

Esse é o paradoxo que se apresenta no primeiro diálogo, transcrito mais atrás, quando Camille acreditava ver Stephan se escondendo, e ele discorda, ao responder, laconicamente, que está se mostrando. Revela-se, pois, em tal dualidade, sua condição esquizoide, um ego dividido que, ao se retrair, corta os laços emocionais com o mundo externo, mantendo uma aparência de desinteresse, frieza e distância, mas guardando, entretanto, em segredo, uma vida interior que pode ser rica de imaginação e afeto. Stephan se critica, dizendo-se dissimulado. Refere-se ele, provavelmente, às tentativas de ocultar seus sentimentos, ou mais precisamente, seu *self* verdadeiro, um desvio no olhar, uma atitude esquiva, uma resposta lacônica. O muro de defesas, através do qual se protege, deixa brechas, porém, e sua sensibilidade transparece – um batimento rápido de pálpebras, uma contração nos músculos da face ou a súbita luz de interesse e afeto que escapa em seus olhos. Afinal, é ele, ainda, o reparador de violinos raros, percebendo sutilezas de sons, ou pequenos desvios na posição das cordas: um gênio em seu trabalho, como muitos dizem. O bastante para atrair alguém como Camille que, com perguntas, busca entender Stephan e seu mistério. Esse, porém, nada vê em si mesmo, nem razões, nem traumas ou frustrações. O nada, que aqui já aparece, retorna depois com as acusações de Camille, ou com sua própria confissão: "Você está certa, eu não sou nada". Ao que, no momento, ela responde: "Agora, quem está vazia sou eu".

Para entender o vazio, diz ainda uma vez Winnicott "é necessário pensar, não em traumas, mas em nada acontecendo, quando poderia, proveitosamente, ter acontecido". Lembro, então, de um bebê de nove meses, antes risonho e comunicativo e agora, inapetente e triste, o olhar distante e vago, com insistência voltado para uma janela, por onde via a mãe sair, e de onde esperava, talvez, que ela pudesse voltar. Assim ficava, desde que ela passou a se ausentar por todo o dia, a trabalho, deixando-o entregue à babá e às empregadas da casa. "O efeito não estaria indicando a causa?", me pergunta um paciente com características esquizoides. E explica: "a dificuldade que tenho de me comunicar, não teria surgido por uma falta de comunicação?" – continua falando – "Eu me retraio como que para deixar um espaço, esperando uma resposta. É como um jogo, quase sensual". Referente aos sentidos, é o que deduzo, uma comunicação implícita (olhos nos olhos), subentendida além do que foi dito. Na verdade, teria sido esse o jogo proposto por Stephan a Camille que, depois, desorientada e confusa, lhe cobra o que teria acontecido entre os dois, e a explicação para tudo o que disseram: "Mas nós nada nos dissemos", é a resposta que dele tem.

Novamente aqui é Winnicott quem nos explica que, diante do horror de vivenciar o vazio, a pessoa pode organizar um vazio controlado, como defesa refinada, o nada existencial, por exemplo, de Stephan, onde Camille se envolveu.

"Palavras, palavras... é tudo o que você está dizendo", denuncia ainda Camille, em certo momento. Ela alude à comunicação esquizoide que, quando explícita, indireta, através da linguagem falada, sucumbe à intelectualização, dissociando o emocional e se tornando, por isso, desprovida de significado. Em contrapartida, penso que o esquizoide, dominado por uma onda de emoção, com frequência nada consegue igualmente dizer, como se a palavra falada fosse uma via insuficiente para veicular a intensa carga de afeto, então libertada." É estranho pensar que a maioria dos livros é sobre o amor" – diz Stephan a Helene em sua livraria. "Novelas ordinárias, alta literatura, até livros de cozinha. A mesma linguagem brota em todo lugar".

"Você acha isso obsceno?" – ela lhe pergunta. "Não, no papel é quase sempre bonito".

De fato, escrever é o meio que o esquizoide emprega, muitas vezes, para se expressar. É provável que o proteja da vergonha de diretamente se expor, da ameaça da resposta, mas é, sobretudo, um recurso modulado de expressão, onde ele pode sentir a garantia de dominar e oferecer seus sentimentos.

III

Por que fugiu Stephan de Camille, se para ele, no fundo, o amor era um estado de graça? O amor, como tragédia para o esquizoide, era nos anos 1940, o tema central da obra de Fairbairn, e agora, Claude Sautet, em numerosos flashes, ao longo do seu filme, confirma para mim aquelas ideias. "Alguém sempre sai ferido", responde Maxim a Stephan, quando este lhe pergunta sobre a situação de sua mulher, de quem se separou para ficar com Camille. Desde então, são brigas de casal que surgem na história e Stephan, intimidado, presencia o velho professor e sua mulher, que o instiga para que trate de sua saúde abalada, ou o par anônimo que discute a seu lado em uma mesa de bar.

A propósito, é curioso constatar que um restaurante ou a mesa de um café é o cenário preferido, escolhido pelo autor para emoldurar os momentos cruciais de sua história. Seria esse um dado inconsciente que nos remete, de acordo com Fairbairn, às origens do drama esquizoide, às vicissitudes de um bebê ainda imaturo em sua fase oral? O amor faminto é o problema esquizoide, diz Fairbairn, configurado na ameaça de devorar ou ser devorado. Temos aqui, posso supor, no princípio de tudo, um bebê que busca, ávido, com intensidade, um peito que se recusa, e uma mãe que se impõe, que submete e não respeita o bebê. E, se a mãe, nos lembra Guntripp, inspirado em Winnicott, não pôde tolerar as exigências do bebê, ele se torna temeroso de que suas necessidades amorosas sejam cruéis e destrutivas, e de que seu amor não tenha valor. Esse temor entrevemos em nosso personagem, quando um dia, indagado por Camille das razões pelas quais não gostava de falar de si mesmo, respondeu: "Não tenho interesse sobre isso... depois, eu não sirvo para grande coisa".

Stephan acompanhava atento e curioso, os sentimentos de Maxim, sua preocupação e o empenho em agradar a noiva. "É uma nova experiência", dissera-lhe Maxim um dia, "admirar alguém que eu amo. Isso me torna mais rigoroso, estou arrumando minha vida, largando velhos hábitos preguiçosos".

Stephan comenta: "Isso é bom para você", mas o amigo retruca sorrindo: "É exaustivo".

Ficava, assim, Stephan alertado sobre um dos perigos do enamoramento, o bom e admirado objeto tornando-se ameaçador por exigir a entrega absoluta e total, no esforço do amante em corresponder ao Ideal que a amada representa. A propósito, resume o professor, o motivo da recusa de Stephan a Camille: "Talvez, no fundo, você sentisse indigno dela". Mas, indo mais longe, podemos pensar que enamorar-se é viver uma condição em que o extravasamento de libido acaba por suprimir as fronteiras do ego, ocasionando a fusão entre este e o seu ideal. Para o esquizoide, entretanto, isso implica no risco de um estado de regressão, de extrema dependência e aprisionamento, contra o qual precisa se defender através de mecanismos como a dissociação, o isolamento e o afastamento do objeto."Há algo sem vida dentro de mim... Não são os outros que eu destruo, mas a mim mesmo". Traduz Stephan, com essas palavras, a morte interna acarretada com o êxito das defesas esquizoides ao dissociar e exilar no inconsciente a parte libidinal de seu *self*.

A personalidade esquizoide, seja qual for o grau de esquizoidia que apresenta, transita, assim, entre dois medos opostos – o de estar insulado, em um estado de autossuficiência e independência (que leva, contudo, à perda do coração do seu *self*), ou o medo contrário de absorção e aprisionamento na pessoa amada e necessitada. Eis, pois, o dilema que Winnicott tão bem definiu, quando disse... "é esse um sofisticado jogo de esconder, em que pode ser uma alegria estar escondido, mas é um desastre não ser encontrado".

IV

O encontro e desencontro de Camille e Stephan nos ajuda a entender as vicissitudes da relação analítica com um esquizoide. O dilema, há pouco descrito, expressa-se em movimentos de aproximação e afastamento, em momentos de preciosa intimidade emocional, seguidos de um retraimento, de um isolamento de afetos, de um discurso intelectualizado, de faltas e, até mesmo, de abandono do tratamento. Camille traduz o sentimento de que um analista pode ser possuído nessa situação quando disse: "quando ele está lá, está lá... de repente é como se eu não existisse".

Há um jogo proposto, vimos lá atrás, onde ao analista cabe o lugar de quem está sempre à espera, aguardando a aproximação temerosa que o paciente faz, sabendo que a aproximação afetiva, embora desejada, pode levar a um novo retraimento, pelo medo de ser invadido, explorado e manipulado. Os próprios elementos do *setting* – estabelecidos pelo analista – os horários, preços cobrados, férias, são, por exemplo, como que um atestado do seu poder, ao qual o paciente pode se ver submetido. Um paciente citado por Guntripp, disse a respeito:

"desejo ser amado, mas não posso ser possuído". Foi esse talvez o equívoco de Camille, e assim supor que seu esforço, determinação e iniciativa pudessem romper o bloqueio afetivo de Stephan.

Com seu potencial guardado de sensibilidade e afeto, Stephan pode ter se revelado a Camille como mais um instrumento raro, do qual ela pudesse extrair toda a rica sonoridade que alcançava com seu violino. De fato, uma questão mais de desafio, orgulho e vaidade que propriamente de amor. Foi o orgulho ferido também, acredito, que a fez recusar, com dureza, a aproximação tardia de Stephan, selando o desencontro entre os dois. Todo o episódio faz pensar na feição particular do processo analítico de um esquizoide, com idas e vindas, através de interrupções em um longo tempo de tratamento. São passos necessários, porém, para construir a confiança que possibilitará ao paciente enfrentar o mais temido dentro dele, e que pode estar contido no final intrigante do filme de Sautet:

"Na madrugada, Stephan é chamado às pressas. O velho professor, de quem ele é tão próximo, está gravemente doente e agoniza. Sofre, já não consegue falar, deseja morrer. 'Há três dias ele me suplica', diz sua mulher, 'mas não consigo fazer isso'. Stephan entra no quarto e os dois longamente se olham. Ainda com o olhar, o professor indica repetidamente uma mesa. Lá estão uma seringa e ampolas que, afinal, Stephan utiliza e nele injeta. Permanece ao seu lado, sentado em sua cama, até que ele morra, abrindo, depois, as janelas, para o amanhecer".

Nas cenas finais do filme, Stephan, triste e abatido com a morte do amigo, chega a dizer: "durante muito tempo, eu me acostumei a pensar que ele era a única pessoa a quem, realmente, eu amei na vida".

Porque o amava muito, Stephan participou e teve responsabilidade na morte do amigo. Ao analista cabe uma função parecida – acompanhar o paciente em sua "morte interna", aceitando sua decisão de manter-se ausente afetivamente, respeitando, enquanto necessárias, as defesas que o isolam e esperando, esperando sempre. Não é tarefa fácil, pois representa passar por tudo aquilo que o paciente teme viver, à semelhança do que aconteceu com Camille. E mais ainda será o analista, depois o suporte confiável quando, ao ocorrer o resgate de seu coração vivo, sensível e amoroso, tiver o paciente que vivenciar a primitiva angústia de aniquilamento que o levou a fugir e se encerrar em um mundo frio e sem vida. Ao término do filme, Camille e Stephan se despedem, após um breve e carinhoso reencontro. Ela segue com Maxim para um de seus compromissos, enquanto ele permanece sentado, sozinho, por trás dos vidros da fachada de um café que refletem as pessoas que passam. Nos olhos dos dois a tristeza que resta, também, em cada um de nós, quando por orgulho ou por medo, evitamos a rica e complexa sutileza do contato humano. É um *self* empobrecido que diria com os versos da canção *Jura Secreta*. "Só uma palavra me devora, aquela que meu coração não diz. Só o que me cega, o que me faz infeliz, é o brilho do olhar que não sofri".

Sueli Costa e Abel Silva

Bibliografia

1. FAIRBAIRN. *Estudio Psicoanalitico de la Personalidade*, Ediciones Hormé, Buenos Aires, 1975.

2. GUNTRIPP, M. *Schizoid Phenomena, Object Relations and the Self*. Karnac Books, London, 1992.

3. WINNICOTT, D. W. *O ambiente e os processos de maturação*. Artes Médicas, Porto Alegre, 1982.

4. *Explorações Psicanalíticas*. Editora Artes Médicas, Porto Alegre, 1994.

5. Gattaca – A Experiência Genética

"Não queremos doenças, é claro, mas achamos melhor deixar alguma coisa para o acaso", dizem os pais de Vincent ao solicitar a seleção genética para conceber seu segundo filho. O profissional que os atende desaconselha, entretanto, tal decisão, argumentando que já havia imperfeições demais e querem dar à criança as melhores condições.

Neste mundo não muito distante, o acaso deveria, portanto, ser afastado, propósito que se mostra nesta e em outras obras de ficção semelhantes, como *1984* de George Orwell e o *Admirável Mundo Novo* de Aldous Huxley, onde uma forma efetiva de controle era exercida pelo grupo governante. Se no *Admirável Mundo Novo* o objetivo aparente a alcançar era a felicidade e o bem-estar de seus membros, no mundo de *Gattaca* o controle exercido buscava a excelência, a eficiência e o sucesso. Entretanto, para que essa ilusão de controle se mantivesse, degenerado algum deveria ter a oportunidade de poder mostrar, apesar de sua insuficiência genética, o seu talento ou sua capacidade. Não haveria, pois, chance para que qualquer degenerado realizasse um teste, de fato, tal como o que Vincent realizava ao nadar e competir com o irmão.

A ineficácia do método e a falência do controle genético se revelam, entretanto, quando Eugene – o verdadeiro Jerome – com QI inigualável, visão perfeita, coração de touro, não alcança a vitória em sua competição de natação. "Eu merecia o melhor lugar no pódio" diz ele, "com tudo o que eu possuía ainda acabei em segundo lugar", comenta com amargura e certa perplexidade. O que teria dado errado com Eugene? Não a fatalidade que, de fato, não chegou a existir, pois ele confessa ter se jogado em frente ao carro que o mutilou numa tentativa fracassada de suicídio, mas, sim, quais seriam as razões para o seu insucesso, para sua descrença e seu desespero?

Winnicott, psicanalista inglês, um dos pilares da teoria e da técnica em Psicanálise, acreditava no potencial herdado do ser humano. Entretanto, acrescenta ele, se as experiências de vida de uma criança forem precárias, se o ambiente que a cerca não for favorecedor, o desenvolvimento pode ser retardado, distorcido e pode até mesmo jamais vir a se manifestar. Isso porque, afirma Winnicott: "a dependência de um bebê aos pais que dele cuidam é absoluta, no início da vida e durante um longo tempo".

Ao acompanharmos um bebê atendido por sua mãe durante as primeiras semanas, ou mesmo no decorrer do primeiro e segundo anos de vida, o observador certamente irá se surpreender com o desvelo e os múltiplos cuidados que se tornam necessários. Winnicott, que também exerceu a Pediatria durante quarenta anos e que presenciou mais de duas mil histórias de crianças com suas mães, reconheceu um estado particular de preocupação que se desenvolve na mãe desde o final da gravidez e permanece, sobretudo, nas primeiras semanas de vida. Intensamente absorvida pelo bebê, a mãe sente dificuldade de se afastar do filho e perdê-lo de vista. Esse estado, que seria uma doença (como um retraimento esquizoide) não fosse a condição de gravidez e maternidade, essa absorção e interesse exclusivo pelo bebê é o que a torna capaz de reconhecer, como ninguém, as necessidades físicas e emocionais que ele vive. Baseada, então, em uma sintonia fina, uma comunicação sutil se estabelece dentro da órbita mãe-bebê, uma unidade que se cria como se fossem dois em um só. "É uma relação visceral", diz o pai de um bebê, referindo-se à mulher com seu filho, falando, talvez, de uma forma literal, tão atenta está a mãe ao que se passa no corpo do bebê, no funcionamento de seus intestinos, por exemplo, observando seu cocô, sua cor, consistência, o número de evacuações, como se fosse este, no momento, o acontecimento mais importante de sua vida. Ou ainda, tomando cuidado com sua regurgitação após a mamada, ou vendo o aspecto de seu coto umbilical, ou prevenindo a assadura que a fralda pudesse provocar. São, pois, inúmeros e detalhados cuidados, que vão desde a maneira certa e confortável de arrumá-lo no leito, ou a fraldinha que é colocada junto ao seu rosto para que adormeça, até a conversa e os sorrisos que troca com ele. Entretanto, o que é importante aqui ressaltar, é que cada gesto e cuidado seu, provocado pelo amor, cumpre, contudo, embora de forma inconsciente, um programa que, em seu desenvolvimento natural promove a humanização de seu filho, à consciência que ele passa a ter de si mesmo. Assim é que, já no início, quando a mãe se debruça sobre o berço e colhe o bebê, com cuidado ela integra, em um todo, os braços, pernas e cabeça que, desarticulados, se agitam. Ao acariciar seu corpo, ao banha-lo e vesti-lo, leva o bebê a desenvolver seu tônus muscular, a sentir sua própria pele, seu contorno corporal, favorecendo a representação de seu *self*. E, mais ainda, ao se surpreender e se encantar com cada gesto, trejeito ou expressão facial do bebê, ela se oferece como seu primeiro espelho, permitindo que ele se descubra e se reconheça como um ser único e singular.

Todo esse processo só tem início, porém, porque a mãe não só é capaz de reconhecer o desamparo e a fragilidade de seu bebê, como também é atraída, bem como o pai, pela vitalidade que ele possui, pelo potencial com que vem ao mundo e que tende a desenvolver e a desabrochar, qual o bulbo de uma flor. Só assim o homem e a mulher podem realizar seu próprio potencial parental – de pai e de mãe – alcançando, dessa maneira, uma etapa fundamental de sua identidade adulta.

Por isso, ao se dirigir aos profissionais da área de saúde que tratam de bebês, Winnicott recomendava que dessem suporte aos pais, mas não interferissem no relacionamento natural que têm com os filhos, porque, se ajudados e valorizados, ninguém melhor do que eles sabem qual a coisa certa a fazer.

No *Admirável Mundo Novo* essa interferência chega ao extremo de abolir a reprodução vivípara e a existência da família. Nesse mundo de ficção, a tecnologia científica criou imagens que se tornaram conhecidas de todos nós – os embriões concebidos e desenvolvidos em tubos de ensaio e frascos, onde através de recursos físico-químicos eram reproduzidas as condições do útero humano. No mundo de *Gattaca*, além da seleção genética, não há referência explícita à gestação, mas o termo "uterinos" – como eram chamados e discriminados os concebidos de forma natural – faz pensar, igualmente, no valor reduzido que a função materna teria, também aqui. É, portanto, curioso lembrar que o nosso personagem Vincent, antecipando sua viagem, diz para Eugene, em tom sonhador e provocativo, que a sensação de flutuar no espaço, seria como estar no útero materno.

Com tudo o que foi considerado, podemos supor que as diferenças existentes entre Vincent e seu irmão Anton (supondo como realidade a história contada), essas diferenças, repito, não se restringiriam apenas ao potencial genético. Eles teriam sido, provavelmente, vistos e tratados também de forma diferente. O filme reforça a desvantagem de Vincent em ser considerado um doente crônico, causando sustos e sobressaltos à mãe, em cada queda que sofresse, mas, se são o desamparo e a fragilidade de um bebê que desencadeiam forças emocionais, transformando a mulher em mãe, o que representaria, ao contrário, para os pais ter um "super bebê", que nascesse como um ser perfeito, já pronto? Há alusão, no decorrer do filme, à perfeição como um fardo, provavelmente esse fardo representando não só as expectativas exigentes que sofreriam, sendo essas crianças perfeitas, um instrumento narcísico para alimentar a vaidade dos pais, mas, podemos ainda com correção, dizer que poderia ter faltado a alguém, como Anton, a provisão de ternura que Vincent, por sua insuficiência recebera da mãe, e que a levou a aconchega-lo a seu peito logo ao nascer, dizendo-lhe, primeiro assustada e depois sorrindo para ele: "Ele será alguém! Você será alguém!".

Tornar-se alguém é o resultado, como disse lá atrás, de devoção e cuidados, pois embora o nascimento biológico seja um marco definido na história do indivíduo, o nascimento psíquico é fruto de um lento desdobrar, mais acentuado nos três primeiros anos de vida.

Não há um gene da fatalidade, como nos diz Vincent, mas existiria algum que se expressasse em coragem e determinação?

O diretor de *Gattaca* afirma com absoluta certeza que corpos e mentes perfeitas são essenciais para irmos mais e mais longe. Acrescenta, ainda, e sem experimentar qualquer dúvida, que ninguém conseguiria exceder o próprio potencial. Irene, a namorada de Vincent, é uma representante submissa dessa certeza, depreciada com o que lhe falta: "tenho mais sorte do que muitos", diz ela conformada e completa: "e menos sorte que alguns".

Ao contrário dessa certeza tão definitiva, em seu livro *Terra dos Homens*, Saint-Exupéry pergunta: "Onde reside a verdade do Homem?

Nada sabemos", diz ele, "a não ser que há certas condições que nos fertilizam". Continua ainda em um outro trecho: "Tudo é paradoxal no Homem. Asseguramos o pão para que alguém possa criar e ele se põe a dormir".

É oportuno perguntar de novo: de onde se origina a determinação e a vontade? A propósito, então, junto outra pergunta, agora feita por Winnicott, ao olhar o desenvolvimento infantil: "O ego do bebê é forte ou fraco?" "Depende" – responde ele, "depende do suporte que lhe for oferecido pela mãe". A mãe exerce, nos cuidados que descrevemos, uma função de ego auxiliar do bebê, emprestando-lhe seus braços, suas pernas, sua experiência, podendo ele, assim, viver a ilusão de força, de poder e autossuficiência de que tem necessidade. Se isso não acontece, todo bebê, independente de seu potencial herdado, genético, é, como descreve Winnicott, um ser que está, constantemente, a pique de viver uma angústia inimaginável, angústia esta que pode ser, por exemplo, vivenciada como sensação de cair, de cair para sempre em um espaço sem fim. Isso nos remete a mais um episódio do filme quando Vincent, ao descrever o verdadeiro Jerome, reafirma que sua seleção para qualquer escolha que fizesse já estaria garantida ao nascer, pois ele fora abençoado com todos os dons necessários à realização da tarefa, com seu quociente genético sem igual. Entretanto é o mesmo Jerome (Eugene) que insinua não ter vontade ou desejo de realizar a missão a que Vincent está determinado, pois confessa: "Tenho medo de altura".

É possível que um sistema como esse, de manipulação e controle, baseado na idealização de um código genético superior, desencadeasse, nos bem aquinhoados, uma patologia de natureza narcísica, onde um sentimento de grandiosidade se expressasse em atitudes de arrogância, como a de Anton ao dizer para o irmão, referindo-se a *Gattaca*: "Eu tenho o direito de estar aqui, você, não!". E essa grandiosidade e pseudogarantia genética, trariam como consequência uma falsa segurança ou uma falsa competência, pois, sabemos bem, uma autoestima sólida, a consciência verdadeira da própria capacidade, resulta de uma conquista, de aquisições, de sucessos verdadeiramente alcançados durante a vida, através dos desafios que a realidade trouxer. O fato é que Anton, desafiado por Vincent, também acaba por revelar seu medo e sucumbe, quase se afogando, ouvindo, então, do irmão: "Quer saber como consegui? Foi assim, eu nunca guardei as energias para voltar!".

O mundo de *Gattaca* é cruel e sem empatia ou compaixão com os que considera menos dotados. O fracasso, o insucesso, a limitação, conduzem, assim, à desesperança ou ao desespero suicida, como ocorreu com Jerome. Em *Gattaca* não se considera a ponderação de Vincent quando diz ao companheiro "Você poderia ir em meu lugar. Lá não se necessita de pernas!".

Ao se despedir de Vincent, quando ele lhe agradece, Jerome contesta: "Eu saí ganhando. Eu só emprestei meu corpo. Você me emprestou seu sonho!". No ambiente asséptico e predeterminado de *Gattaca*, onde o acaso é eliminado, não sobra lugar para o sonho, para a intuição, e a capacidade criadora pode ficar prejudicada. Não é, pois, de estranhar que no grupo, o melhor plano de voo nasça da criatividade de Vincent. Não obstante todas as dificuldades de sua vida, podemos supor que ele teve um bom começo, proporcionado pelo amor de sua mãe.

E por isso, ao resgatar a brincadeira da sua infância em direção ao universo, ele sente que estaria voltando ao ponto de partida, às suas origens, de volta para casa!

6. Seis graus de separação

"Algo acontece às pessoas quando elas se veem confrontadas com o desamparo que supostamente caracteriza o bebê. É terrível deixar um bebê à porta de vocês, pois suas reações ao desamparo do bebê modificam suas vidas e talvez atrapalhem os planos que tenham feito".

Lembrei-me dessas frases de Winnicott ao ver o filme pela primeira vez, pois nele nada me surpreendeu tanto quanto a transformação passada por Ouisa após encontrar Paul.

"Esse garoto se metendo em nossa vida!", exclama Ouisa em determinado momento do filme. Para ela, Paul é o garoto que chega perdido, sem roupas ou dinheiro, mas encantador. De início, por trazer a aura falsa de filho de um mito do cinema, mas logo se revelando, como diz ela mais adiante, elegante e cheio de consideração (*concern*). Mais que a referência a Sidney Poitier, Paul a seduz quando lhe revela a imagem de boa mãe que dela faz.

E um olhar, sustentado entre os dois, logo após a chegada de Paul, enquanto Flan lhe faz um curativo, traz a marca do reconhecimento mútuo e de uma promessa que Winnicott sintetiza ao dizer: "Quando olho, sou visto, logo existo".

Se o desamparo inicial de Paul, com o suposto assalto que teria sofrido, atrai Ouisa, levando-a acolher e dar guarida ao rapaz, mais adiante, ao saber de sua condição real de privação, um "sem teto", torna-se irremediavelmente envolvida, capturada pela preocupação que ele lhe desperta. "Não vá dormir em uma espelunca qualquer! Você está com problemas? Você tem aids? Não vá transar sem camisinha!", são frases suas que, em diferentes momentos, expressam um cuidadoso e afetivo interesse por Paul.

Esse estado de Ouisa se acentua no decorrer da história, apresentando-se, ao final como uma perturbação que causa estranheza aos que estão à volta. Flan, o marido, a observa, surpreso, perguntando o que se passa com ela, quando se mostra tão preocupada com o destino e a situação de Paul. Cabe aqui outra vez, o conceito de Winnicott de preocupação materna primária, essa sensibilidade apurada e absorção que a mãe devotada dirige ao seu bebê, e não é demais comparar esses dois estados – o de Ouisa com Paul e o de uma mãe com o seu bebê – pois o próprio Winnicott se refere e compara a tarefa de uma mãe que tenta compensar sua incapacidade no passado e o da sociedade que procura reconduzir um jovem de comportamento delinquente a uma adequada identificação social.

"Ele fez mais por nós do que nossos filhos já fizeram", declara Ouisa a propósito, provocando, ainda uma vez a perplexidade do marido. Podemos pensar, talvez, que ela esteja vivendo com Paul o que, antes, não chegara a viver com seus próprios filhos, pois, diz ainda Winnicott: "muitas mulheres são, com certeza, boas mães em todos os outros aspectos, mas não têm a capacidade de contrair essa 'doença normal' (como se chama o estado de preocupação materna primária) que lhe possibilitaria a adaptação sensível e delicada às necessidades do bebê, já em seus primeiros momentos". Continua Winnicott: "Mulheres desse tipo, tendo produzido uma criança, mas tendo perdido o bonde no estágio mais inicial, defrontam-se com a tarefa de compensar o que ficou perdido". Isso é verdadeiro para as mães que tentam, depois, compensar o que não aconteceu, mimando seus filhos, mas podemos inferir, ainda, que essa mulher que perdeu o bonde ao longo do tempo, pode sentir que a si própria faltou experimentar algo essencial na vida. E é assim que Ouisa define sua história com Paul – uma experiência! Uma experiência maternal que favoreceu seu desenvolvimento como ser humano, mas, que trouxe também, os riscos de uma regressão, abalando sua identidade, até então precariamente construída. É esse um dos aspectos da preocupação materna primária. Aqui, diz Winnicott: "a mãe aceita correr os riscos, pois se o bebê morre, a mãe pode, de fato, adoecer mentalmente".

Ao sofrer com as ameaças por que Paul passa e depois, com seu desaparecimento, Ouisa se defronta consigo mesma, com a falsidade de sua vida: "Sou uma colagem de pinceladas sem motivo. Sou toda aleatória. Existe cor em minha vida, mas não vejo a estrutura".

Entretanto, foi essa condição de "sensibilidade aumentada, quase uma doença", que lhe permitiu conhecer Paul por trás da fachada de seus atos antissociais, reconhecendo neles a esperança de que nos fala Winnicott: "Ele se feriu para entrar em nossas vidas, queria ser como nós".

Quando volta a telefonar para Ouisa, Paul sinaliza que a esperança ainda estava viva dentro dele: "Foi a noite mais feliz de minha vida" e explica: "Vocês ficaram comigo. Vocês me deixaram usar todas as minhas facetas". E apesar de confessar que sua tese era de fato um discurso de formatura em Grotton, e sua culinária, a aplicação de receitas de outras pessoas, ele acrescenta (deixando-me a impressão de uma associação inconsciente), que o pensamento de que a colagem é a arte do século XX. As mentiras e o faz de conta eram, pois, como peças que ele recortava, selecionava, juntava, e através das quais seu *self* verdadeiro encontrava expressão, e aí residia a razão de sua esperança.

Com a esperança reavivada pela promessa de ajuda de Ouisa, e sua proposta de começar novamente a vida, ele pode ir mais adiante, e agora, explicitamente, de maneira comovente e ingênua revelar o que buscava: "Quero ficar com vocês. Talvez eu deva fazer o que vocês fazem – trabalhar com arte".

"Ele queria ser seu filho, não se esqueça disso", diz Ouisa ao marido constrangido e assustado. "Você se sentiu atraído por ele". E ante sua recusa: "Por favor, retire-me dessa patologia. Agora!", ela insiste, esclarecendo: "Atraído por sua juventude, por seu talento", embora deixe uma alternativa para o cinismo de Flan, "e pela possibilidade de participar de *Cat's*", com o que ele concorda.

Flan não se deixou levar, pois, pela patologia, aquela que lá atrás nos referimos, de se envolver com o desamparo de Paul e, junto a isso, ser atraído pelo potencial que ele manifestava, seu talento e sensibilidade, um potencial herdado que sua história de privação não permitiu que ele desenvolvesse. Porém, podemos pensar que Flan estaria doente, sim, no sentido oposto, como nos ensina Winnicott, pois ele faria parte dos que estão tão firmemente ancorados na realidade objetivamente percebida que perderam contato com o mundo subjetivo e com a abordagem criativa dos fatos. A chegada de Paul, acredito, levou

Flan a constatar esse seu estado, pois ele tem um sonho em que deseja voltar a ser um menino do segundo ano primário, um Matisse, antes da camuflagem de sua vida. Contudo, ele não corre o risco para tanto, e foge para uma suposta sanidade que seria um fenômeno comparável a uma defesa maníaca contra a depressão. Ele foge para o seu dia a dia fútil, de compromissos sociais; foge para a aparente segurança e para o poder que o dinheiro oferece, para a arte utilizada como recurso de consumo e investimento financeiro. É um erudito que disserta sobre pintura, sem atentar para o que descreve: "Cézanne deixava espaços em branco em suas telas, se não achasse um motivo para a pincelada, se não desse uma razão para a cor".

Entretanto, ele mesmo diz, em seu sonho: "Como é fácil um pintor perder um quadro!" O preço que ele tem a pagar, como Paul mesmo adverte, pode ser a morte da imaginação, imaginação vista por ele como a expressão do eu singular, da espontaneidade, portanto, da capacidade criadora. É curioso ver que as ideias de sua tese sobre a imaginação como sendo o passaporte que criamos para nos ajudar a entrar no mundo real, como o elo entre nossa vida mais íntima e o mundo exterior. Todavia, não só pelo seu movimento em buscar um contato humano, mas também pela sua ideia de que deve haver, na expressão da imaginação, um mundo compartilhado. Podemos concluir que para ele, bem como para Winnicott, tal capacidade só se origina e desenvolve na presença de um outro alguém, o convite que Ouisa aceita e complementa com suas próprias diferenças. Vivemos o medo, ou a tortura chinesa, qualifica ela, de não encontrar a trilha certa para chegar até o outro. Seria esse processo a essência do verdadeiro amor? E a experiência do amor verdadeiro aquela que cria o espaço potencial?

Agrada-me pensar assim, bem como concordar com o pensamento do personagem de que, atravessando os seis graus de separação, cada pessoa é uma nova porta se abrindo para outros mundos, pois isso descreveria o encontro bem sucedido na relação analítica, tal como nos apresenta Winnicott.

Referindo-se a uma paciente que vivera em seu processo analítico, um estado de extrema regressão à dependência, ele relata o que se passou: "Tive uma experiência única, mesmo para um analista. Não tenho como deixar de me sentir diferente de quem eu era antes dessa análise começar... Entre os analistas posso esperar pela compreensão integral de que essa experiência submeteu a psicanálise a um teste todo especial. E ensinou-me muitas e muitas coisas. O tratamento e o manejo desse caso exigiram de mim tudo o que possuía como ser humano, psicanalista e pediatra". E conclui: "Durante o tratamento tive que passar por um crescimento pessoal que foi doloroso e que, de bom grado, eu teria evitado".

Talvez fosse semelhante à vivência de Ouisa quando diz sofrendo: "Ele está em apuros e não sabemos como ajudá-lo".

Ao final do filme, ela mostra em seu corpo a dor de haver perdido Paul – contraída, ombros curvados, passo pesado, caminha pelas ruas, até imaginá-lo refletido em uma vitrine de flores, repetindo para ela: "O Kandinsky é pintado dos dois lados". "Caos-controle, caos-controle", interpretara para ele, um dia, a respeito desse quadro. E não podemos, então, deixar de lembrar, ainda uma vez Winnicott, quando nos ensina que a regressão à dependência em um processo analítico (e em um encontro humano como esse que acompanhamos), implica uma organização de ego e uma ameaça de caos, representando uma nova chance para a integração e o desenvolvimento do ser. Talvez por isso, ao final do filme Ouisa volte a caminhar, agora, o passo livre, braços soltos, relembrando o toque no afresco da capela Sistina, no ponto onde o dedo de Deus encosta no dedo do Homem, mostrando que carrega dentro de si a memória da experiência vivida e com ela a centelha da criação.

Ao fundo a trilha melódica, a música tema, intensa, que com seu ritmo marcado me arrebatou já no princípio do filme, criando o clima favorável para que eu assim entendesse e compartilhasse a comoção que envolveu o par de nossa história.

7. Uma relação pornográfica
Ele, Ela... Uma história dos tempos de agora

Era uma relação pornográfica. É isso aí. Uma relação puramente, especificamente pornográfica. Porque pornografia é isso. É sexo, nada senão sexo, única e exclusivamente sexo. Estávamos lá só para isso: sexo. Bem, um tipo especial de sexo...

Assim começa a história do roteirista Phillippe Blasband, contada pelo diretor Frederic Fonteyne em seu filme *Uma relação pornográfica*, de 1999. As palavras acima citadas são ditas pela personagem feminina, interpretada pela atriz francesa Nathalie Baye, agraciada por esse papel, com o prêmio de melhor atriz do Festival de Cinema em Veneza no mesmo ano. Seu companheiro de filmagem, o ator espanhol Sergi Lopez, mostra um talento à sua altura, compondo os dois uma parceria que será o foco principal da câmera durante todo o tempo.

A um entrevistador não revelado, os dois, cada um por sua vez relembra a história vivida. Ele exibe o exemplar de uma revista envolvida em plástico – um *souvenir* – onde está o anúncio feito por ela, convidando para um encontro, alguém interessado em compartilhar uma determinada fantasia sexual. Comentando sobre a proteção dada à revista, ele comenta: "Assim não vai se estragar. Gosto de guardar lembranças. Sou um romântico, afinal de contas".

Pelas confidências da mulher, sabemos que há muito ela possuía essa fantasia, mas nenhum de seus companheiros jamais a havia aceitado. "Assim quando me vi sozinha, sem ninguém em vista, pensei: por que não realizar essa fantasia de uma vez por todas?".

Encontram-se pela primeira vez em um pequeno café, numa avenida qualquer de Paris e, a partir de então, no primeiro olhar com que se buscam, inicia-se uma comunicação, sobretudo, feita de expressões de face e de corpo, gestos e mãos, onde adivinhamos o que pensam e o que sentem. "Ela fala bastante, mas somente porque está com medo do silêncio, tem que falar, e por vezes diz coisas tolas. Ela fala muito porque está com medo". Dessa maneira o diretor descreve o constrangimento do primeiro encontro e sua intenção de usar o recurso cênico de closes, mais que as palavras, para filmar os sentimentos de seus atores.

Relembram a atração mútua desse primeiro momento: "Ele estava sorrindo. Tem um sorriso fascinante, franze os olhos e é como se seu rosto todo sorrisse". Em contrapartida, ele comenta: "Ela tinha alguma coisa... em seu rosto havia algo de especial". O clima, entretanto, é de certo embaraço, enquanto curiosos, se observam. Ele mais calado e, talvez, um tanto perplexo com a enxurrada de comentários e a iniciativa que ela mostra, tendo já reservado um quarto em um hotelzinho simpático de uma rua próxima. São, porém, ambos diretos nas perguntas que fazem e nas respostas que dão, gentis e preocupados com a impressão que despertam: "Talvez eu não lhe agrade...", "Não, você já me agrada...", "Incomoda a você? O fato de ter reservado um quarto...", "Não, de jeito nenhum... não é obrigado a ir, eu entenderia...". Afinal, apressados dirigem-se ao hotel, recebem as chaves de um porteiro silencioso e inexpressivo, sobem as escadas e, através um corredor de cores quentes e brilhantes chegam ao quarto – o 118 – cuja porta tranca, deixando-nos de fora.

A experiência satisfaz aos dois e, ao sair, combinam o próximo encontro: "Até quinta-feira".

"Imediatamente houve uma regra implícita", esclarece ele ao entrevistador. "Não falávamos de nossas vidas ou do que, habitualmente, chamamos de nossa vida – nome, idade, profissão, endereço... Nós deixamos tudo isso de lado. Nada disso importava muito. Mas não foi uma decisão consciente... simplesmente aconteceu".

"Foi bom o segundo encontro?", pergunta a ela o entrevistador. "Já não me lembro bem, talvez porque a lembrança ficou ofuscada pelo que aconteceu depois, quando nos despedíamos". Refere-se ela ao convite que, ao se despedirem, ele lhe convidou para que mais tarde, saíssem para jantar. "Aquelas poucas frases desencadearam tudo. Mas naquele momento não me dei conta. Eu devia tê-lo encontrado somente num quarto de hotel. Mas lá estávamos nós, e eu me sentia tão à vontade que tinha a impressão de conhecê-lo desde sempre".

A partir desse ponto as cenas filmadas os mostram a uma pequena distância, envolvidos um com o outro em uma conversa divertida e animada, cujo clima seria melhor descrito pelos comentários que ele faz ao entrevistador, quando este lhe pergunta: "Vocês não se cansavam disso?". "Não, nunca vou me cansar... era bom. Bom não é a palavra... era bom... mas é que... alguma coisa estava acontecendo. Estava me acostumando com ela... No início eu a achava bonita, depois comecei a ver seus defeitos. Aí, seus defeitos desapareceram, sua beleza desapareceu. Eu estava me acostumando com ela, com seu rosto, seu corpo... sua voz".

Por sua parte, ela confidencia ao entrevistador o sentimento de se ver olhada por um homem, percebendo que ele a desejava tanto quanto ela o desejava também. "Isso é o mais perturbador", conclui. Em consequência, um dia, ao se dirigirem ao hotel, ela lhe pergunta hesitante: "E... se fizéssemos amor?", sugerindo deixar de lado a fantasia sexual gozada até então. Partem apressados, o espectador sente uma excitação no ar e, pela primeira vez, entra no quarto com os dois.

De fato, a excitação entre os dois segue crescendo e surgem, então, as cenas mais belas do filme quando a um pedido dela, os dois se põem sob as cobertas e seus movimentos se transformam em uma dança sob os lençóis, os corpos unidos, vistos, agora, como uma silhueta só. "Tive o meu primeiro orgasmo simultâneo. Com ele foi perfeito. Osmose total", define ela a relação nesse momento vivida. Curiosamente, como em outras ocasiões do relato, suas lembranças diferem das dele, que em sua versão, mostra os dois emergindo dos lençóis e ele se desculpando: "Sinto muito! Isso nunca aconteceu antes". "Mas não faz mal, foi bom do mesmo jeito. Você não acha?", comenta ela. Balançando a cabeça ele concorda: "Isso que me fez brochar. Estava agradável demais. Estava me sentindo bem demais. Eu lamento". Em seguida ela começa a acariciá-lo, como que de uma forma deliberada, percorrendo com as pontas dos dedos os traços de seu rosto, depois delineando as curvas de seu dorso, calma e continuamente traçando os contornos de seu corpo.

Nesse mesmo dia, ao se despedirem à entrada do metrô onde ela tomaria o trem, surpreso ele a vê chorando. Um tanto aflito, pergunta o que houve, se há algum problema. "Não é nada grave", é a resposta dela, "vai ficar tudo bem. Desculpe, preciso ir embora", e parte de imediato, deixando-o com uma expressão preocupada. Ao relembrar o ocorrido ela nos revela seus sentimentos: "O choro... veio de repente... na hora eu não sabia por que estava chorando. Nem mesmo estava triste. Eu me sentia... perdida. Aí, de repente, eu não sabia mais o que iria sentir. Eu estava perdida".

Podemos dizer que o reencontro foi, na verdade, um desencontro. Ele chega muito atrasado, quando ela já se levantava para ir embora. Estão irritados um com o outro e ele acaba confessando o motivo de sua raiva: "Por que você foi embora assim, chorando? Posso me preocupar quando chora?". Ainda com a expressão fechada entram no hotel e, ao saírem, se perguntam: "O que vamos fazer... vamos nos separar? Vamos parar? Você quer parar? Não sei. Até quinta... talvez. Talvez...". Ela conclui, dizendo ao se afastar: "Se eu estiver lá, estarei". Ele a vê se afastar, desaparecendo nas escadas que davam acesso ao metrô. Com expressão de angústia, subitamente corre atrás dela tentando alcançá-la. Sobe e desce as escadas da estação, percorre suas galerias, troca de plataforma, vasculha com olhar aflito, os vagões dos trens que chegam e que partem em vão! "Foi, então, que percebi que não sabia o nome dela, o endereço, o número do telefone. Nada! Se ela não voltasse eu iria perdê-la".

Chega antes dela no próximo encontro. Aguarda-a ansioso, por um longo tempo, até que ela chega e, silenciosa e demoradamente, se olham. Dessa vez, ao entrarem no quarto, com sofreguidão se abraçam e se beijam e, novamente, se olham. Entretanto, enquanto ele a despe, são interrompidos por um ruído abafado, vindo do corredor, onde veem um homem caído, provavelmente sofrendo um mal cardíaco e o encaminham a um hospital de emergência. "Foi o único incidente em nosso caso. Pela primeira vez acontecia algo sem que tivéssemos decidido. Algo tinha que acontecer. Não podíamos ficar afastados de tudo", são os comentários que ela faz, relembrando o episódio. Tomam, assim, contato com a história de um casal infeliz, os únicos nomeados no filme, M. e Mme. Lignaux. Ainda caído no corredor do hotel, antes de ficar inconsciente, pede que não avisem a mulher: "Há quarenta anos me mato", diz ele então, "não suporto minha mulher!" Mulher que acabam por conhecer no hospital, pessoa amargurada, de expressão dura, que lhes fala sobre as infidelidades e os inúmeros abandonos do marido: "Eu nem preciso da presença dele. Só preciso saber que está vivo... em algum lugar, seja onde for... em qualquer lugar. Isso me basta. Ele me deixou. Era um homem volúvel. Ele ia atrás de outras mulheres... aquelas putinhas... Não quero mal a ele, jamais fiz mal a ele. Eu sabia que ele sempre voltava para mim. E agora... ele está indo embora. Não vai mais voltar. E isso eu não suporto. É duro demais. Vocês não sabem o que é isso. Espero que um dia saibam, pois é importante. É duro... você sacrifica sua vida por alguém... e quando essa pessoa não está mais entre nós, você não tem mais nada. Só o que lhe resta é se matar! Não vou ter medo... o difícil vai ser ficar sem ele, mesmo que por algumas horas. Vai ser duro. Não vou temer. Vou ter que fazer logo".

No próximo encontro, enquanto o aguarda lendo os jornais, toma conhecimento da morte de Mme. Lignaux. Talvez por isso lhe diga depois, que não deseja ir ao hotel, não conseguiria transar. Logo acrescenta: "mas quero ficar com você". Após um intervalo de silêncio pergunta-lhe se já fez, um dia, alguma declaração de amor, uma verdadeira declaração de amor. Ante sua resposta negativa e seu argumento de que não o fizera por não lhe parecer um método adequado de paquera, ela se surpreende: "Mas uma declaração de amor não é um ato de paquera! Às vezes você está tão apaixonado que não pode deixar de fazer uma declaração de amor. É um sentimento tão forte que você não tem escolha", "Talvez" – ele retruca – e complementa confessando: "mas eu não ousei fazer isso. Tive medo", "De quê?" – ela quer saber – "Do ridículo, do fracasso", essa é a resposta. Depois de um breve instante, olhando-o diretamente, ela revela: "Amo você. Amo você como nunca amei ninguém antes. É um sentimento tão forte que tem que ser verdadeiro, você entende? Quero me casar e envelhecer com você, usar dentadura com você". Atrapalhada com suas próprias palavras ela tenta fazer humor, mas completa: "Amo você, e pronto!". Ele se mostra comovido e chora. Ao entrevistador consegue confessar: "Uma declaração de amor! Era a primeira vez que uma mulher me dizia aquilo tudo. Foi muito bom. Caramba... É bom quando alguém lhe diz isso tudo".

Ainda emocionado, constrangido por estarem em um lugar público, propõe irem ao quarto do hotel, e ante a afirmação de que ela não tem desejo de transar, esclarece que há outras coisas que se pode fazer dentro de um quarto. A cena seguinte os mostra em uma banheira, trocando confidências e revelando seus medos e manias, como se cada um estivesse se dando a conhecer. Devagar, sensual e sutilmente ele brinca com ela e, inferimos, a conduz ao gozo. Depois lhe diz: "Você era uma mulher. Você me deu tudo. Por um segundo, você me deu tudo". Mais tarde, na cama, nus e abraçados, acariciando-se, confessam seus medos, em um diálogo, na realidade sempre iniciado por ela: "Estou com medo. Eu também estou. O que vamos fazer? Não sei. Tenho que pensar. Eu também".

A jura secreta que o amor não fez

Frente a frente, no café de sempre, silenciosos, olham e cautelosamente se examinam, possivelmente buscando adivinhar o pensamento do outro, pensamentos que nós, espectadores afortunados das confidências ao entrevistador, conhecemos:

Ela: "Todas as grandes decisões eu tomei impulsivamente. Eu tinha pesado prós e contras. Mas, na hora de escolher, de escolher realmente, foi como se pulasse no vazio... foi instintivo, puro instinto".

Ele: "Eu tinha dito que ia pensar... que nos veríamos na quinta-feira seguinte. Mas para mim estava claro. Eu... eu estava apaixonado. Era a mulher da minha vida. Eu queria apostar nela, em nós. Só se vive uma vez".

De repente, não mais que de repente, diria o poeta, ela desvia o olhar do rosto dele e, um tanto ansiosa, olha à sua volta.

Ele: "E aí eu soube... soube que ela não queria. Queria acabar com tudo. Ela não tinha dito nada, mas era óbvio. Dava para ler em seu rosto. Queria terminar. Ela tinha medo de dizer. Não ousava. Eu tinha de ousar por ela". E finalmente diz: "Não vai dar certo. Entre nós não vai dar certo".

Ela "Não", responde em voz sumida, mas tempos depois pode dizer ao entrevistador: "Eu tinha decidido ficar com ele. Tinha até decidido lutar até o fim se ele dissesse que não. E aí... quando ele disse que entre nós dois não daria certo... logo pareceu óbvio que ele tinha razão. Tínhamos de nos separar".

Ele: "Vamos acabar nos detestando. E só nos restarão lembranças. Lembranças de agora. Então vamos parar por aqui".

Ela: "Adivinhava cada pensamento dele. Lia cada movimento de seu rosto. E pude ver que ele queria terminar. Então eu também quis". "Uma última vez?" – ela convida, de fato sua única frase durante esse encontro. Seguem para o hotel, agora de ombros curvados, passo pesado, sérios e calados. A porta mais uma vez se fecha sob nosso olhar.

"Tem certeza de que ela queria terminar?", pergunta a ele o entrevistador. "Sim". "E se fosse um erro? E se nenhum dos dois quisesse terminar?" "Talvez tivéssemos nos entendido mal. Mas... não, não creio. Alguma coisa teria acontecido. Algo nos teria dito que estávamos no caminho errado. Mas não... não houve nada. Não estávamos no caminho errado".

"Tentou vê-lo de novo?" pergunta a ela, o entrevistador. "Não. Podia ter tentado, sei lá. Sempre tem um jeito, mas não tentei. Mas eu o revi. Isto é, apenas o vi. De longe. Ele não me viu. Estacionava seu carro. Continuava bonito. Continuava me agradando". "Você não falou com ele? Não o chamou, não tentou atrair sua atenção?". "Não. Tinha acabado".

O filme termina como começara – como uma bela imagem impressionista de vultos coloridos que lentamente, anonimamente, caminham na multidão.

Breve reflexão sobre o medo de amar

Ante a insistência do entrevistador, ao final do filme, em tentar desvendar a fantasia sexual que deu origem à história, define ela: "Era um ato de amor. Na minha idade, não tenho constrangimento em falar sobre sexo", já dissera anteriormente, "que importa saber o que era?", acrescenta mais tarde, "podia ser qualquer coisa. Mas era sempre a mesma coisa. Era um ato de amor". Também ele se recusa a falar do assunto, "não por pudor", esclarece. "Não. Mesmo que me torturassem... eu preferiria morrer". Quando a câmera nos levava pelo corredor até a porta que se fechava, deixando-nos de fora, sabíamos já do espaço de intimidade que naquele quarto se criava. Agora, diante da recusa definitiva em revelar o que ali se passava, aprendemos também que importava aos dois o segredo repartido.

As regiões de intimidade, diz Bachelard em sua Poética do Espaço, exercem sobre nós um poder de atração. No espaço íntimo nos reconfortamos ao reviver lembranças de proteção, como o calor do fogo quando o vento e a tempestade rugem lá fora. Seria esse o motivo pelo qual a história transcorre em uma Paris sombria de inverno, com chuva, neve, cabelos e roupas molhadas, sugerindo, assim, o quarto de hotel como um refúgio onde o nosso casal encontraria abrigo para sua fantasia? Em uma atmosfera de intimidade a confidência tem lugar – aprendemos nós no próprio *settting* analítico. E se aquilo que existe de mais secreto em alguém, como uma fantasia de natureza sexual, é respeitada, aceita, compartilhada e guardada, a confiança – herdeira da confidência – pode começar. Por isso, após se sentir tão à vontade que lhe parecia conhecê-lo desde sempre, ela lhe diz, sentindo sorte por tê-lo encontrado: "Você é um homem íntegro". E, porque agora existe confiança, a entrega pode acontecer. Desde então, eles passam a "fazer amor".

Esse amor, porém, é feito em uma condição muito especial, inconscientemente buscada pelos dois quando se desnudam dos atributos que, no dia a dia, lá fora, lhes ofereciam a segurança de uma identidade já estabelecida – nome, história pessoal, idade, profissão, endereço. "Não foi uma decisão consciente... simplesmente aconteceu... deixamos tudo isso de lado", informa ele, "nada disso importava muito", e entendemos que o importante, mesmo, seria o momento presente que os dois viviam, e nada mais, pois só assim aconteceria a entrega absoluta – o instante perfeito – quando, nas palavras dela, ocorreu a osmose total, onde os dois se tornam um só, na bela dança debaixo dos lençóis.

Mas é também a partir desse momento mágico que o medo se insinua entre os dois e começa a crescer, provocando um primeiro recuo da parte dele: "Foi isso que me fez brochar" – ele reconhece – "estava agradável demais, estava me sentindo bem demais". Sentiria ele o medo da entrega e da osmose pelo risco de perder a própria identidade? Seria por isso que ela, em uma atitude intuitiva e terapêutica, se põe a delinear carinhosamente as linhas do rosto e do corpo dele, como que lhe assegurando de seus próprios contornos como pessoa? Logo depois, porém, será ela quem irá se defrontar com o perigo e recuará na comoção de se separar dele: "O choro... veio de repente... na hora eu não sabia por que estava chorando. Nem mesmo estava triste". Mas, consegue concluir: "Eu me sentia... perdida. Aí, de repente, eu não sabia mais o que iria sentir. Eu estava perdida".

E, assim, se o amor se torna perigoso com suas delicadezas, com o interesse cuidadoso do parceiro – porque o amor aproxima demais e leva a sofrer a dor da separação ou ao risco de se perder no outro – o ser humano usa, como defesa desastrada, a rudeza, o mau humor, a irritação. É esse o clima do reencontro seguinte que pretende eliminar a dor cortando o mal pela raiz: "Vamos nos separar?".

Entretanto, não se entra nesse jogo sem pagar um alto preço, é o que podemos constatar quando, desesperado, angustiado, ele corre atrás dela após sua partida: "Foi, então, que percebi que não sabia o nome dela, o endereço, o número do telefone. Nada! Se ela não voltasse eu iria perdê-la".

O reencontro é sôfrego, mas interrompido pelo imprevisto invadindo a redoma que haviam criado: "Pela primeira vez acontecia algo sem que tivéssemos decidido. Algo tinha que acontecer. Não podíamos ficar afastados de tudo". Ambos atribuem um significado especial ao incidente. "Para mim não era um fato fortuito", diz ela. "É um sinal", diz ele mostrando ao entrevistador a aliança que M. Lignaux lhe entregara, antes de ser hospitalizado, para que não soubessem que era casado e não chamassem sua mulher. O que precisaria guardar e lembrar com esse sinal? A história de um casal infeliz que não se suportava, mas não conseguia se separar? Vaticínio ou advertência, o sinal certamente apontava para os perigos do amor que já os rondava e que o leva depois desse acontecimento, dizer a ela: "Não nos conhecemos. Você não me conhece. Há coisas com relação a mim que você não sabe. Você vai acabar me odiando". Entretanto, não obstante os perigos e os sinais, os dois se enamoram para sucumbirem, mais adiante, ao que parece ser um risco ainda maior – o de declarar o próprio amor.

Por que ele jamais lhe dissera da angústia e desespero que sofrera ante a ameaça de perdê-la para sempre? Por que não lhe contara que a perseguira no metrô e, apreensivo, a aguardara no encontro seguinte? Por que esperava sempre que ela tomasse a iniciativa de expressar o afeto que os envolvia? E, por que ela tantas vezes espontânea se calou nos momentos finais, deixando que ele os conduzisse a tão triste desenlace?

Medo do ridículo, medo do fracasso, como sugeriu ele para justificar sua inibição? Não, medo mais precisamente de não ser correspondido, de não ser retribuído no que alguém teria a oferecer de mais precioso que é o próprio amor. Tal medo é, para Fairbairn, a essência do problema esquizoide. Revendo as ideias de Fairbairn, acrescentando o conhecimento adquirido com Winnicott, Guntrip nos legou um tratado sobre o fenômeno esquizoide que, partindo das patologias mais graves, muito nos ensina sobre as defesas contra o sentimento amoroso e, em consequência, sobre a perturbação no estabelecimento das relações de objeto que, podemos pensar, representa um dos males da atualidade. Assim é que as personalidades esquizoides são suscetíveis de temer mais as relações boas e amorosas do que as relações hostis, pois evitam viver uma condição de dependência onde sentiriam a extrema necessidade do objeto e a ameaça de serem abandonados como algo sem valor. Essa necessidade pode ser transportada, tão somente, para um anseio sexual, como aconteceu com a nossa personagem que se revela quando diz: "Era uma fantasia que eu queria realizar", para depois se corrigir... "que eu precisava realizar". A sexualidade, nesse contexto, pode ser uma forma disfarçada e mais segura de viver contato e intimidade mas, como ela mesma conclui, seria na verdade uma busca de amor.

Ao longo de nossa história a insegurança dele estava evidente em suas reações desde o primeiro encontro, quando ela se surpreende por tê-lo imaginado mais alto: "Incomoda a você que eu seja baixo?" "Não, e você não *é baixo*!" – e essa é a resposta tranquilizadora que ela na ocasião lhe dá. De maneira semelhante, quando chora no instante em que recebe a declaração de amor, diante da surpresa dela, reage em um tom brusco: "Incomoda a você que um homem chore?" – e novamente ele é assegurado pelo que ouve – "Não, é comovente". Entretanto, no encontro final – provavelmente porque após ter se exposto dando-lhe "tudo que uma mulher pode dar", ela também precisava da confirmação do amor que em nenhum momento ele ousou diretamente expressar – ela trai a decisão que tomara, secretamente, de lutar até o fim. O sentimento de não ser amado pode levar ao retraimento do próprio afeto, como aconteceu e, a partir de então, perdidos de si mesmos, eles se desencontram porque sinais como a intensidade, a ternura, a expectativa ou a tristeza que existem no olhar do outro não mais são entendidos.

"E se fosse um erro?" – pergunta o entrevistador – "e se nenhum dos dois quisesse terminar?" Os dois, porém, estão encerrados em uma falsa certeza, evitando, talvez, a dor de reconhecer o que o medo lhes teria roubado na vida. Assim, se o desfecho dessa história nos deixa o mesmo travo de tristeza e nostalgia que, ao final do filme, percebemos em nossos personagens, seria porque cada um de nós já viveu desencontro semelhante com um alguém querido. Quando, por orgulho, não podemos um dia ser generosos e evitamos a rica e complexa sutileza do contato humano, nosso *self* empobrecido, diria então, com os versos da canção *Jura Secreta*: "Só uma palavra me devora, aquela que meu coração não diz. Só o que me cega, o que me faz infeliz, é o brilho do olhar que não sofri".

Bibliografia

1. BACHELARD, G. (1957) *A poética do espaço*, Martins Fontes, São Paulo, 1989.

2. FAIRBAIRN, W.R.D. (1952) *Psychoanalytic Studies of the Personality*, London, Tavistock.

3. GUNTRIP, H. (1968) *Schizoid Phenomena, Object Relations and the Self*, Karnac Books, London, 1992.

4. COSTA , Sueli, SILVA, Abel, *Jura secreta*.

8. A Bela do Palco – o feminino, de Freud a Winnicott

I - A Bela do Palco

Baseado em uma peça de Jeffrey Hetcher, o diretor Richard Eyre cria um filme instigante que nos ajuda a compreender as ideias que aqui serão expostas. Sua trama se inicia dizendo-nos que, em 1660, a mais bela atriz dos palcos londrinos chamava-se Kynaston e, de acordo com a tradição e as leis da época, em que somente os homens tinham licença para representar, essa atriz era, na verdade, um homem. Tão belo era esse rapaz, tão delicados seus traços faciais, tão verossímil sua caracterização feminina, que Kynaston era com frequência aplaudido em cena aberta, e dúvidas circulavam sobre a realidade de ser ele, de fato, homem ou mulher.

Kynaston era ajudado no vestiário por uma jovem, Maria, camareira devotada que o amava em segredo e acompanhava fascinada cada representação sua, seguindo e repetindo suas falas com viva emoção. A trama insinua mesmo uma atração entre os dois porque, por duas vezes, quase se beijaram. Kynaston faz confidências a Maria sobre sua arte, contando que fora retirado das ruas junto a outros jovens, por um tutor que lhes ensinara a representar. Assim, sentindo-se entendido por ela, declara: "Maria, somos almas gêmeas", e Maria, do mesmo modo devia se sentir, pois, com desejo intenso de também representar, secretamente se apresenta em uma taberna, desafiando a lei, repetindo o papel de Desdêmona, em *Otelo*, com o qual Kynaston alcançava tanto sucesso. Pela primeira vez uma mulher se apresentava publicamente e a representação de Maria é aclamada com interesse e surpresa. Ela, no entanto, logo depois sofre uma profunda decepção, pois surpreende o ator tendo um encontro sexual com seu amante, no palco vazio e escuro após um espetáculo.

A novidade da atuação de Maria traz repercussões, pois o rei, Charles II, sabedor do episódio e enfadado com o teatro da época, bem como instigado por sua amante, decide conceder o direito de representar às mulheres.

Desde então, a rivalidade se estabelece entre os dois jovens. Maria, ferida e enciumada com a descoberta da homossexualidade de Kynaston, defende seu propósito de representar, enquanto ele, ameaçado pelas novas rivais que com entusiasmo acorrem à nova possibilidade de trabalho, mostra-se enfurecido e arrogante, arrogância pela qual pagará um alto preço; ao contrariar a amante do rei, que também nutria ambições de atriz, consegue transformá-la em inimiga poderosa. Com artimanhas sedutoras ela obtém do rei uma nova lei: "Considerando que papéis femininos têm sido representados por homens em vestes femininas, fato com o qual muitos se ofendem, permitiremos que todo papel feminino seja representado por mulher. Nenhum homem, doravante em palco inglês, representará mulher".

A proibição deixa Kynaston perdido. Não consegue representar papéis masculinos – a possibilidade de trabalho que lhe resta – e é ainda rechaçado pelo amante que se casará em breve com uma jovem da corte. Termina por se apresentar, embriagado, em um teatro de categoria inferior, travestido de mulher em um espetáculo decadente com diálogos obscenos. É desse cenário que Maria o resgata, levando-o para um albergue tranquilo onde, de maneira maternal, lhe oferece cuidados para que possa se recuperar. Da intimidade que surge entre os dois e dos sentimentos que conseguem agora expressar, muito se pode pensar sobre a polaridade de masculino e feminino; mas, é mais adiante, quando chamado a ajudar Maria a compor a personagem de Desdêmona que toma então a decisão de formar um par com ela, assumindo o papel de Otelo, que teremos as mais significativas revelações a nos inspirar sobre o tema aqui abordado.

II - O feminino, de Freud a Winnicott

É fácil reconhecer a importância que a ideia de feminilidade teve para Freud, pois a investigou em inúmeros trabalhos ao longo de sua obra. Com frequência, entretanto, refere a respeito um sentimento de insatisfação, como se algo sempre lhe escapasse e o conceito permanecesse incompleto. Assim, já em 1915, acrescenta aos três ensaios sobre uma teoria da sexualidade (1905, p. 196) uma extensa nota de rodapé, expondo a dificuldade em encontrar uma significação psicológica entre "masculino" e "feminino". Bem mais adiante, em 1930, em outra nota de rodapé, ao final do capítulo IV de *O mal-estar na civilização* (p.126), ele reconhece sua dificuldade quanto à questão da bissexualidade: "... a teoria da bissexualidade contém, ainda, numerosas obscuridades, e não poderíamos deixar de estar seriamente embaraçados em psicanálise por não termos podido encontrar sua ligação com a teoria das pulsões".

Assim, o feminino, em sua essência, mostrou-se um mistério até o fim, pois Freud declara na conferência sobre o tema em 1933: "... o que tinha a dizer sobre feminilidade está incompleto e fragmentário... estive apenas descrevendo as mulheres na medida em que sua natureza é determinada por sua função sexual" (Feminilidade, p. 165). Reconhecendo a insuficiência de suas descobertas, faz ele, então, o convite – "se desejarem saber mais a respeito, indaguem da própria experiência de vida dos senhores, consultem os poetas ou aguardem até que a ciência possa dar-lhes informações mais profundas e mais coerentes".

O precário conhecimento sobre o feminino não trouxe prejuízo somente ao entendimento das mulheres, já que em um de seus últimos trabalhos estritamente psicanalíticos – *Análise terminável e interminável*, de 1937 – Freud constata que dentre as mais fortes resistências transferenciais no trabalho analítico, estaria no caso dos homens, seu repúdio à feminilidade, ou seja, a dificuldade ou a reação em aceitar uma atitude passiva com outros homens, por confundi-la com castração. Nesse mesmo texto ele apresenta, como contrapartida, a resistência na mulher: "Em nenhum ponto de nosso trabalho analítico se sofre mais da sensação opressiva de que todos os nossos repetidos esforços foram em vão, e da suspeita de que estivemos 'pregando ao vento', do que quando estamos tentando persuadir uma mulher a abandonar seu desejo de um pênis, com fundamento de que é irrealizável..." (p. 286).

A partir das ideias acima expostas podemos supor que as dificuldades referentes ao tema existissem em consequência de relaciona-lo à teoria das pulsões ou à afirmação da preponderância do fato. Entretanto, em sua genialidade, nesse como em outros assuntos que desenvolveu, Freud deixa um caminho em aberto, quando conclui na conferência citada: "Em suma, fica-nos a impressão de que não conseguimos entender as mulheres, a menos que valorizemos essa fase de vinculação pré-edipiana à mãe" (p. 139). Ele se volta, assim, para o desenvolvimento primitivo, para o tempo inicial da vida e à relação estabelecida com o primeiro objeto. Tudo isso, porém, que vislumbrou e não pode desenvolver, ele resume em uma entrevista concedida a um jornalista americano, ao completar setenta anos: "Consegui desencavar monumentos soterrados nos substratos da mente. Mas ali onde eu descobri alguns templos, outros poderão descobrir continentes" (Entrevista, junho 2006, Boletim de Notícias, NPA, p. 3). Assim, dentre os que se aventuraram nesse território ainda inexplorado, escolho ressaltar as ideias desenvolvidas por Winnicott, em virtude de sua originalidade.

Durante o atendimento de um paciente, Winnicott se viu surpreendido por uma interpretação que lhe deu. Tratava-se de um homem de meia-idade, com várias análises anteriores e um longo trabalho já realizado com o próprio Winnicott. Porém, como o próprio paciente afirmava, ainda existia algo que o impedia de terminar seu tratamento, pois sabia que não havia encontrado aquilo que o levara à análise. Se fosse embora, tudo que alcançara teria sido em vão. Aproveitando, então, as próprias palavras de Winnicott:

> Certa sexta-feira, o paciente falava da maneira usual, quando me impressionou o que ele dizia sobre *inveja do pênis*. Utilizo esse termo de caso pensado e devo aquiescer ao fato de que o termo era apropriado ali, em vista do material e de sua apresentação. Evidentemente, a expressão *inveja do pênis*, geralmente não se aplica na descrição de um homem". Logo em seguida ocorreu o fato novo, quando Winnicott lhe diz: "Estou ouvindo uma moça. Sei perfeitamente que você é homem, mas estou ouvindo e falando com uma moça. Estou dizendo a ela: você está falando sobre inveja do pênis. Quero enfatizar que isso nada tem a ver com homossexualidade". Após uma pausa o paciente responde: "Se eu falasse a alguém sobre essa moça seria chamado de louco". Winnicott, então, esclarece: "Foi minha observação seguinte que me surpreendeu,

> pois falei: 'Não é que você tenha contado isso a alguém; sou *eu* que vejo a moça e ouço uma moça falar quando, na realidade, em meu divã acha-se um homem. O louco sou *eu*'..."; o paciente disse que agora se sentia são, num ambiente louco... aquela loucura que era minha, capacitou-o a ver--se como uma moça, *a partir de minha posição.* Sabia-se homem, nunca duvidara que o fosse. (Winnicott, 1975, p. 105)

Diante dessa compreensão singular e, em função de um trabalho de elaboração, puderam concluir que sua mãe, tendo já um primeiro filho, vira uma menina quando ele era um bebê, antes de aceita-lo como menino. "Em outras palavras", conclui Winnicott, "esse homem teve de ajustar-se à ideia da mãe de que seu bebê seria e era uma menina". Ele saiu profundamente comovido dessa sessão, convencido de que tinha atingido a primeira mudança significativa em sua análise desde um longo tempo.

Tal experiência clínica e a continuação da análise com esse paciente conduziram Winnicott a uma nova compreensão da bissexualidade, pois embora tenha ela a qualidade de unidade dentro do *self* total, poderia, em determinadas distorções do desenvolvimento, estar dissociada. A propósito ele diz: "A primeira coisa que eu notei foi que antes eu nunca aceitara integralmente a dissociação completa entre o homem (ou mulher) e o aspecto da personalidade que tem o sexo oposto. No caso desse paciente, a dissociação era quase completa" (p. 108). Estudando essa dissociação Winnicott percebeu que estava lidando com o que ele chamou de elemento feminino puro, sentindo-se surpreso que pudesse chegar a isso pela observação do material apresentado por um paciente masculino. O progresso que o paciente pode apresentar a partir de então, levou-o a entender porque suas interpretações nunca puderam ser mutativas, embora tivessem bons fundamentos dentro do conhecimento teórico clássico. Entretanto, agora, o paciente vivia uma relação intensa com Winnicott, com o elemento feminino puro dissociado encontrando uma unidade primária com ele, como analista, e essa nova condição proporcionava ao paciente um sentimento básico de identidade com a sensação de que começava a viver. Esse pormenor influenciou a teoria de Winnicott, aproveitando e ampliando suas ideias sobre a constituição do verdadeiro *self*, e consolidando seu conceito de criatividade como o resultado da relação com o objeto original.

Vendo-se no campo transferencial como a mãe desse paciente-bebê, Winnicott entendeu que o elemento feminino puro se relaciona com o seio (ou com a mãe) no sentido de o bebê tornar-se o seio (ou a mãe), ou no sentido de que o objeto é o sujeito. Ele, em trabalhos antigos, lançara já o conceito de objeto subjetivo, a área em que o sujeito e o objeto são um só, entendendo o fenômeno como uma condição de identificação primária, a primeira experiência de identificação, de importância vital porque representa o início de todas as experiências posteriores de identificação. Agora ele entendia que a relação de objeto do elemento feminino puro estabelece o que é, talvez, a mais simples de todas as experiências humanas, ou seja, a experiência de *ser*. Entretanto, anteriormente ele ressaltara a necessidade de que a mãe estivesse inteiramente absorvida pelo seu bebê para que tal fenômeno ocorresse. No trabalho citado ele redefine essa condição dizendo: "Ou a mãe possui um seio que *é*, de maneira que o bebê também pode *ser*, quando bebê e mãe ainda não estão separados na mente rudimentar daquele, ou então a mãe é incapaz de efetuar essa contribuição, caso em que o bebê tem de se desenvolver sem a capacidade de ser, ou com uma capacidade mutilada de ser" (p. 116). De fato, o paciente descrito acima sofrera uma mutilação quando a mãe, cedendo ao seu desejo de ter uma filha (assim podemos supor), deixara de refletir o que ele era em sua masculinidade e o vira como uma menina. O olhar distorcido da mãe representou uma invasão que rompeu a unidade com seu bebê, a identificação que fazendo nascer o elemento feminino puro daria origem ao sentimento de existir e à capacidade de se autodescobrir. Winnicott relaciona a criatividade, inicialmente, a essa qualidade de estar vivo e que, quando alcançada por seu paciente, na experiência clínica compartilhada, permitiu-lhe aproveitar todo o trabalho feito até então.

Voltando à ideia de uma predisposição humana para a bissexualidade, Winnicott inclui na criatividade primária também um elemento masculino puro que diria respeito à relação de objeto apoiada pelo impulso instintivo. A relação de objeto do elemento masculino pressupõe, porém, a existência de uma separação entre o *eu* e o *não eu*, estando, portanto, em um momento posterior do desenvolvimento. Aqui, os processos de identificação baseiam-se em mecanismos mentais complexos que necessitam de tempo para surgirem e se estabelecerem como recursos do bebê. Ao contrário o elemento feminino puro faria parte de uma identidade primária, como vimos, em uma estrutura mental rudimentar, onde os alicerces do ser estariam alojados. A respeito, Winnicott comenta que a psicanálise talvez tenha concedido atenção especial a esse elemento masculino ou aspecto impulsivo da relação de objeto, e negligenciado a identidade sujeito-objeto que se encontra na base da capacidade de ser. Sintetizando ele conclui: "O elemento masculino *faz*, ao passo que o elemento feminino (em homens e mulheres) *é*" (p. 115).

III - Voltando à Bela do Palco

Já no início do filme, fazendo confidências à Maria e lembrando das palavras de seu tutor, o homem que desde a infância o iniciou na arte de representar, Kynaston revela seu problema de identidade: "Nenhum personagem pertence ao ator. O ator é que pertence ao personagem. Não esqueça jamais. Você é um homem em pele de mulher". Entretanto, pensativo, Kynaston se pergunta: "Ou seria o contrário?", "Ele já morreu. Mas é difícil saber", diz, voltando-se para Maria que de pronto lhe responde tranquilizadora: "Acho que você será sempre bom, homem ou mulher".

Kynaston, entretanto, apesar de aplaudido, aclamado, vive em permanente dúvida, saindo do palco insatisfeito com sua apresentação: "Não fui bem hoje. É monótono. Felizmente a plateia é sempre nova". Sua incerteza o leva mesmo a se perguntar: "O que significa atuar?". A insatisfação exige que ele ensaie, uma vez mais, a cena da morte de Desdêmona, a de que ele menos gosta, pois a considera curta demais, embora a razão principal de sua crítica esteja no comentário que acaba por formular: "Tem de tudo nela, menos emoção". É bem provável que a emoção seja suprimida pelos gestos impostados com que Kynaston expressa os trejeitos femininos. Embora pressinta o que de falso existe em sua forma de representar, ele nada pode mudar, pois defende mesmo seu aprendizado quando arrogante e agressivo interpela Maria quanto às suas pretensões de atriz: "Você conhece as cinco poses da submissão feminina? Talvez conheça a pose de resignação trágica? Ou da boa conduta, a do pavor, a de súplica, a da prostração? Eu trabalhei a vida toda para isso. Quatorze meninos num porão. Para me preparar eu não pude usar vestes femininas por três anos, não pude usar peruca por outros quatro, até eu provar ter eliminado todo gesto masculino e entonação viril do meu ser. Onde a senhora aprendeu? Em que porão?". Ao que Maria retruca, com ironia: "Eu não tive mestre. Nem mesmo aulas. Por isso precisei de menos treinamento". Só mais adiante, porém, quando no albergue a que leva Kynaston para se recuperar, decepcionada porque ele, curioso, pergunta sobre sua maneira de morrer como Desdêmona, interrompendo assim, um momento de intimidade física entre os dois, ela irritada irá responder a essas questões: "Seu tutor lhe prestou um grande desserviço! Ele o ensinou a falar, a desfalecer, a fazer gestos, mas ele nunca lhe ensinou a sofrer como uma mulher, ou a amar como uma mulher. Ele o encerrou em uma forma feminina e o deixou lá... para morrer". E, referindo-se à atitude passiva e suplicante de Kynaston na peça, acrescenta: "Eu sempre o detestei em Desdêmona. Você nunca lutou! Você apenas morreu lindamente. Mulher alguma morreria assim, por mais que amasse o marido. Uma mulher lutaria!".

As palavras de Maria denunciam a artificialidade da interpretação de Kynaston, travestido de mulher, e justificam o sentimento de tédio do rei que, a certa altura da trama, sugere mudanças porque deseja surpresas. A propósito, a expressão *surpreenda-me* é, várias vezes, repetida no filme, como que à espera de uma atitude espontânea e criativa. Essa criatividade só irá surgir nos momentos finais quando Kynaston é solicitado e aceita dirigir Maria no papel de Desdêmona. Antes ele perguntara como era ela no palco, pois nunca a vira representar e lhe respondem: "Como ela é? Você! Em cada inflexão, cada expressão, gesto, entonação. Mas não funciona!". Assim alertado, ele se dirige para um ensaio com Maria que, insegura, não deseja se apresentar, pois não acredita em seu próprio talento.

Kynaston ordena que ela se dispa das roupas luxuosas que compõem seu personagem e use uma camisola branca e simples; retira sua maquiagem, pois seus lábios devem estar pálidos, a pele branca. Desalinha seus cabelos. Maria protesta: "Acaso pensa ensinar-me a ser mulher? "Não a ensinarei a ser mulher, mas a ser Desdêmona". É categórico: "Você não deve ser insinuante". De fato, estimula sua espontaneidade ao ver que ela copia seus trejeitos e sua voz em falsete: "Não, isso é como eu..., não atue com o que não existe... guarde algo para o momento... faça diferente do planejado... improvise um pouco. Surpreenda-me!".

Porém, é Maria quem primeiro tem a surpresa, pois Kynaston decide representar Otelo e o par então se forma. Apoiada por ele, Maria se entrega à emoção do momento e a cena da morte ganha intensidade dramática. "Realista até demais", define o rei ao final da peça. Refere-se ele à comoção que tomou conta dos espectadores, levando-os, mesmo, a temer que Kynaston tivesse realmente sufocado Maria, suspirando, aliviados, quando ela, em meio à cena, mexe-se e geme enquanto agoniza. Aplaudem, em seguida, chamando seu nome e é Kynaston quem lhe dá a mão para que ela se levante do solo e agradeça a homenagem. Ao se retirar, no fim do espetáculo, a plateia se mostra entusiasmada e não poupa elogios: "Essa foi a melhor noite que já passei no teatro! Que interpretações!". "Decerto, foi o mais extraordinário espetáculo de minha vida!". "Foi maravilhoso!".

Kynaston e Maria, também excitados, mas afastados do público, comentam a récita: "Por pouco você não me matou!". "Eu a matei, mas você não morreu" diz ele e acrescenta: "Finalmente acertei a cena da morte".

IV - *De novo, o masculino e o feminino*

Durante a crise que viveu, quando foi proibido de representar papéis femininos, Kynaston é consolado por um crítico amigo que busca animá-lo dizendo: "Sempre o preferi em papéis masculinos, como em *Rosalinda*. Seu desempenho masculino foi tão correto, tão autêntico! Foi o papel mais autêntico da peça". Irritado e inconformado, Kynaston replica dizendo uma verdade que, em seu sarcasmo, não consegue perceber e, assim, só mais adiante se tornará evidente: "Sabe por que pareceu tão real? Porque eu fingia. Vê-se o homem pelo espelho da mulher espelhada no homem. Na falta de um deles nada se vê. Só se vê o homem em contraste com a mulher que ele é. O homem sem a mulher não é visível a ninguém!".

O espelhamento de que Kynaston fala aparece concretamente no filme, quando estão os dois a sós no albergue. Ali, deitados, lado a lado na cama – ambos vivendo a primeira experiência de contato físico com o sexo oposto – iniciam um jogo erótico desencadeado por uma pergunta de Maria: "Como vocês, homens, fazem?" – referindo-se ao ato sexual. "Homem com homem", esclarece ela. À resposta de Kynaston: "Depende. Depende de quem é o homem e de quem é a mulher", põem-se a ensaiar posições onde, estando de costas, o homem é sempre aquele que está por cima. Quando, afinal, ficam frente a frente na brincadeira que fazem, isso se modifica e eles se definem em sua própria identidade de gênero, independente de quem monta ou de quem é montado. Nesse momento, atraídos e excitados, beijam-se com sofreguidão. De súbito, olham-se atentamente e Kynaston começa a fazer gestos cariciosos em Maria, que os retribui, refletindo-os em uma igualdade de espelho, o que reacende a paixão e reinicia o ato sexual. Como vimos anteriormente, Kynaston interrompe esse clima apaixonado com suas perguntas: "Diga-me uma coisa. Como você morre... como Desdêmona... como você morre?". "Vê-se o homem pelo espelho da mulher espelhada no homem". Por essa afirmação entendemos a ira de Maria, pois Kynaston desperdiça o momento pretendendo, ainda uma vez, tal como aprendera, copiar tão somente a forma feminina, sem alcançar seu segredo, o que poderia ter ocorrido no espelhamento da paixão de que estavam possuídos. No estado de enamoramento, absorvidos um pelo outro, os amantes repetem a primitiva fusão ocorrida entre a mãe e seu bebê, proporcionando, assim, uma nova oportunidade de identificação oferecida pelo elemento feminino puro relacionado ao sentimento de ser. Podemos, porém, pensar que tudo o que, desde então acontece na história, teve como precursora essa experiência no albergue, pois a atração entre os dois vai ser retomada logo em seguida quando Kynaston e Maria ensaiam a peça.

"Só se vê o homem em contraste com a mulher que ele é". No ensaio Kynaston aparece transformado, firme, definido, viril, seguindo os conselhos da amante do rei: "E se você a tomasse pelas mãos?", "Um homem não é seu caminhar ou suas palavras... mas seus atos!", o que nos conduz de volta ao elemento masculino puro que está relacionado ao fazer. O crescimento alcançado por Kynaston, semelhante ao processo vivido pelo paciente descrito anteriormente, inclui a bissexualidade dentro do *self* total, traduzido na frase final de Winnicott: "Após ser – fazer e deixar-se fazer. Mas, antes de tudo, ser".

Assim, integrado, Kynaston começa o ensaio dizendo:

Você é a mulher,
Eu sou o homem.
Comece na cama.

V - Criatividade e morte

O texto em que Winnicott apresenta seus conceitos sobre os elementos feminino e masculino, diz respeito às origens da criatividade, que ele entende como um colorido de toda a atitude com relação à realidade externa. A partir do sentimento de ser, de estar vivo, o verdadeiro *self* com sua espontaneidade pode se constituir e se expressar. Ao contrário, qualquer perturbação dessa identidade primária, básica, pode conduzir ao estabelecimento de um falso *self* ou, no caso, um falso feminino, com sentimentos de futilidade, de tédio, vazio e insegurança. Nosso personagem, submetido a um treinamento que o transformara em uma caricatura de mulher, experimentava a falsidade de sua atuação com insatisfação e monotonia. De forma semelhante, o rei assistia à peça, o que se evidencia em sua opinião: "Quanto ao Otelo que vi... é ótimo, mas requer mudanças". Mudanças que só ocorreram porque Maria, preocupada e devotada a Kynaston, vendo nele um homem por quem se apaixonou, favoreceu a integração do elemento masculino dissociado.

"Somente o *self* verdadeiro pode ser criativo" e o "o gesto espontâneo é o *self* verdadeiro em ação" (Winnicott, *O ambiente e os processos de maturação*, p. 135). O artista de talento, por sua vez, é o espelho do homem, capaz de refletir o que ele sente e, quando isso ocorre, a emoção se apossa do espectador. Para tanto o artista cria e oferece um espaço de ilusão onde "a brincadeira, na verdade, não é uma questão de realidade psíquica interna, nem tampouco de realidade externa", mas uma superposição das duas (Winnicott, *O brincar e a realidade*, p. 134). Os atores de nosso filme, ainda envolvidos em sua interpretação, traduzem esse paradoxo, dizendo: "Por pouco você não me matou!", "Eu matei, mas você não morreu". Do outro lado, na plateia, o rei, em tom jocoso, comenta, em contrapartida: "Emocionante! E o novo final... muito realista. Quase demais, até. Mas assaz revigorante. Assim são as tragédias, após tanto horror ainda podemos jantar!".

O percurso que vai do elemento feminino puro ao elemento masculino no desenvolvimento, pressupõe sofrimento e perda, pois a criança irá se separar da mãe como um objeto subjetivo seu – uma parte de si mesma – e alcançará a consciência do *não eu*, ou seja, da realidade da mãe como algo objetivamente percebido. Curiosamente, no filme, enquanto se recusa a renunciar à sua condição e papel de atriz, Kynaston sofre um violento ataque de inimigos, que dele se vingam, espancando-o e quase o levando à morte, deixando-o com uma invalidez de que demora a se recuperar. A morte representa para ele um mistério durante todo o drama, morrendo "lindamente", falsamente, o que Maria denuncia e ele próprio admite: "Homens não são belos, nem seus atos são belos... Mulheres fazem tudo lindamente, principalmente ao morrerem... Nunca pude deixar a beleza morrer. Talvez por isso eu nunca acertei a cena da morte".

Após o ensaio, enquanto se prepara para entrar em cena, Kynaston tem um diálogo com Maria que talvez esclareça esses seus sentimentos e nos encaminhe na compreensão do desfecho da trama. Ele a orienta na profissão recomendando que interprete Cleópatra morrendo pela picada de uma serpente: "Aqueles que morrem jamais se recobram" – e complementa: "Eu a culpo por minha morte". Intrigada, Maria lhe pergunta, sem ter resposta: "De que peça é essa fala?". Estaria Kynaston culpando Maria por sua morte como mulher ao lhe ceder o lugar? Teria, entretanto, acertado a cena da morte exatamente por ter feito essa renúncia, apresentando-a ao público com um sorriso emocionado para que seja aplaudida? Só assim podemos entender o que eles dizem depois nos bastidores:

"Por que você não acabou comigo?" E Kynaston simplesmente conclui: "Finalmente acertei a cena da morte".

Deixando de ser a mãe, porque reconhece sua realidade externa, a criança cura a dor de sua perda ingressando em um espaço potencial que ao mesmo tempo une e separa, e onde o brincar é a ponte que liga realidade e fantasia.

Morrendo como mulher, Kynaston pode encontrar em Maria o que lhe faltava. Assim, na última cena do filme, Maria com um jeito malicioso pergunta: "Quem é você agora", repetindo o jogo homem-mulher com que brincaram no albergue. Olhos nos olhos, beijando-a com paixão, Kynaston responde: "Eu não sei... eu não sei...", porque na atração que os unia, no contato de seu corpo fundido com o dela, ele finalmente podia viver a ilusão de serem dois em um só.

Bibliografia

1. FREUD, S. (1972) *Três ensaios sobre a teoria da sexualidade*. Em S. Freud, Edição standard brasileira das obras psicológicas completas de Sigmund Freud (tradução de J. Salomão, vol. VII, p. 146. Rio de Janeiro, Imago. (Trabalho original publicado em 1905).

2. FREUD, S. (1974) *O mal-estar na civilização*, vol. XXI, pp. 75-171. Rio de Janeiro, Imago (Trabalho original publicado em 1930).

3. FREUD, S. (1976) *Novas conferências introdutórias sobre Psicanálise*, vol. XXII, pp. 13-220. Rio de Janeiro, Imago. (Trabalho original publicado em 1933).

4. FREUD, S. (1975) *Análise terminável e interminável,* vol. XXIII, pp. 241-287. Rio de Janeiro: Imago. (Trabalho original publicado em 1937).

5. FREUD, S. (junho 1906). *O valor da vida* (entrevista com o jornalista George Silvester Viereck em 1926) tradução de Paulo César Souza. Boletim de notícias, Núcleo Psicanalítico de Aracaju, p. 3.

6. WINNICOTT, D. (1975) *O brincar e a realidade*, cap. V, A criatividade e suas origens, pp. 95-120. Rio de Janeiro: Imago. (Trabalho original publicado em 1977).

7. WINNICOTT, D. (1982) *O ambiente e os processos de maturação*, cap. 12, Distorção do ego em termos do falso e verdadeiro *self,* pp. 128-139. Porto Alegre, Martins Fontes (Trabalho original publicado em 1960).

III. Psicanálise e Literatura

1. O Corpo e os Demônios da Loucura

Em seu livro *The Devils of Loudun*, traduzido por *Demônios da loucura* em uma edição brasileira de 1973, Aldous Huxley compõe um misto de romance histórico e ensaio científico, onde ele descreve o processo de endemoninhamento de dezessete freiras ursulinas lideradas por Soeur Jeanne des Anges. Muitas são as personagens de suas páginas, mas ninguém me pareceu tão comovente, transparente pela descrição de Huxley e digno de um estudo psicanalítico quanto Jean-Joseph Surin, o exorcista encarregado de Joana dos Anjos, e que adoeceu ao livrá-la de seus demônios.

I

Surin nasceu em uma família rica, de costumes rigorosos e voltada com tanta devoção para a religião que, ao morrer seu pai, parte de sua fortuna foi deixada para a Companhia de Jesus, enquanto a mãe ingressava em um convento Carmelita, realizando, assim, um velho sonho seu. A criança foi educada com tal severidade que guardou, como única lembrança de um tempo feliz, o período que passara no campo, aos oito anos, fugindo de uma doença contagiosa em casa, lá permanecendo por todo o verão. A governanta tinha ordem de deixá-la divertir-se e ele descreve 50 anos depois: "Passava meus dias brincando e correndo, sem ter medo de ninguém". Porém, após transcorrida a quarentena, foi posto na escola com os jesuítas de Bordeaux para ser alfabetizado e, não obstante tenha também escrito que a partir de então "meus maus dias começaram a uma ordem de Nosso Senhor", foi para a Companhia que se voltou quando chegou a hora de definir uma vocação. Os religiosos que cercavam Surin, durante sua infância e adolescência, viviam afastados do mundo em um ambiente de austeridade semelhante ao que tivera na casa de seus pais. Dentre eles, Surin se sentiu especialmente atraído pela prioresa do convento Carmelita, uma freira espanhola – madre Isabel dos Anjos – companheira e discípula de Santa Tereza. Aos doze anos Surin passava seus dias de folga ouvindo fascinado, por trás das grades do locutório, a voz dessa freira falando do amor e da felicidade da união com Deus e da purificação do coração através da humildade e da autonegação. O menino se sentia, então, "tomado da heróica ambição de combater a carne, o mundo, principados e poderes, de lutar e vencer para que fosse digno finalmente de se entregar a Deus".

Mais tarde, ao completar seu noviciado, tem como instrutor um grande contemplativo jesuíta – o padre Lallemant – que em suas conferências diárias pregava não haver caminho algum para a união com Deus senão a mortificação levada aos extremos da resistência humana. "O homem natural, dizia Lallemant, tem que ser mortificado". Recomendava por isso, uma vigilância interior sem tréguas, uma autoanálise constante, cujo objetivo seria descobrir e mortificar qualquer impulso no sentido da sensualidade, orgulho e amor próprio. Jejuns, noites insones, a dor física pela autoflagelação – a severidade com o corpo – ajudariam a obter graças extraordinárias.

Lallemant hostilizava não somente a natureza em seu interior, mas também a que estava em volta, pois condenava a admiração e o amor à beleza do mundo e das criaturas, ou o espírito inquiridor sobre os mistérios da vida e da matéria, considerando-as distrações perigosas que afastavam o homem de Deus.

Sob esses preceitos Surin cresceu e obedientemente se formou. Embora apreciado por seus colegas jesuítas em virtude de seu zelo, da austeridade de sua vida e do fervor com que procurava alcançar a perfeição cristã, era por outro lado, olhado com certa apreensão pelo extremo a que chegavam essas características, tornando-o excessivamente virtuoso e afastado de seus companheiros. Dizia ele então: "Devemos deplorar nossas vaidades como sacrilégios, punir com a maior severidade nossas ignorâncias e inadvertências". Ou ainda: "As consolações e prazeres da oração vão junto com as mortificações corporais. Corpos que não sofreram punições, mal são capazes de receber a visita de anjos. Para ser amado, acariciado por Deus, deve-se ou sofrer muito interiormente ou então maltratar o próprio corpo".

Seu rigor, seu exagero tinha, portanto, como propósito principal, atingir um estado de graça que representava a presença viva de Deus. "O homem que não tem ideias excessivas a respeito de Deus nunca se aproximará Dele", afirmava. Parecia-lhe mesmo já ter recebido um sinal, um presságio da aceitação divina quando, aos treze anos, ao rezar na igreja dos Carmelitas, percebeu uma luz sobrenatural e a lembrança dessa iluminação, da felicidade extraterrena que viveu nunca mais o abandonou, e tinha se tornado o escudo que o protegia das tentações da vida. Essas eram muito poderosas porque "Surin era um desses seres nervosos e frágeis, nos quais o impulso sexual é tão forte que chega a causar loucuras". Entretanto, morreu virgem.

Escritor de muito talento chegou mesmo a pensar em se dedicar profissionalmente a essa atividade, tratando, sobretudo, de assuntos ligados à estética. Certamente lhe teria agradado a fama, o reconhecimento dos críticos e dos leitores, mas considerando todos esses sentimentos como luxúria, ambição e vaidade, acabou queimando a maior parte de sua produção literária.

Quando, aos 34 anos, foi chamado a Loudun, Surin já era um homem doente, apresentando distúrbios psicossomáticos que o enfraquecia e o limitava, como dores de cabeça, cansaço muscular, além de angústia e opressão.

II

Vários foram os religiosos que antes de Surin haviam tentado exorcizar os demônios de Loudun. Tinham transformado os exorcismos, por razões políticas e vaidade pessoal, em espetáculos públicos onde exibiam seus talentos e disputavam a curiosidade e o assombro de uma multidão. As freiras se contorciam, tinham convulsões, rolavam pelo chão, rilhavam os dentes, sopravam, uivavam, grunhiam e gritavam obscenidades e blasfêmias. Examinadas por médicos, nada foi descoberto que levasse à suspeita de possessão, de acordo com os critérios que prevaleciam então no século XVII. Essa opinião era partilhada pelos juízes que acompanharam o processo, bem como pela maioria dos colegas jesuítas de Surin. Este, porém, convencido de que o mundo estava sempre interpenetrado pelo sobrenatural, acreditava sem crítica alguma em santos, anjos ou demônios. Culto e inteligente, era, entretanto, extremamente crédulo. Com relação ao assunto faltava--lhe, sempre, discernimento e bom senso. Sua credulidade tornava-o alguém fácil de enganar à mercê dos embusteiros. Inicialmente, Madre Joana dos Anjos temera ficar sob os cuidados de Surin, por achar que ele "descobriria seus segredos, saberia quando estava realmente possessa, apenas representando ou colaborando com os demônios". Por isso, durante as semanas que precederam a chegada do novo exorcista, sondou os jesuítas locais, escreveu para amigos em outros conventos, pediu informações, procurando descobrir tudo o que pudesse sobre ele. Foi-lhe então fácil fazer referências a detalhes particulares da vida de Surin e, em diferentes ocasiões – como ele próprio revelou – foi capaz de ler seus pensamentos antes mesmo que ele chegasse a expressá-los. Diante dessa evidência, a convicção de Surin transformou-se em uma grande certeza; os diabos, agora sabia, eram absolutamente genuínos. Vendo, pela primeira vez, um exorcismo público oficiado pelos exorcistas anteriores, Surin se condoeu tanto do estado das possessas, que lágrimas lhe vieram aos olhos e a compaixão despertou-lhe uma ideia original, uma inspiração em seu entender; complementaria a prática do exorcismo com uma espécie de treinamento espiritual. Conduziria madre Joana em um caminho de purificação e docilidade ao Espírito Santo, transmitindo-lhe os ensinamentos que recebera de madre Isabel e do padre Lallemant.

 Durante dez meses dedicou-se à tarefa de corpo e alma. A prioresa tentou escapar, os demônios escarneceram de suas pregações, mas, infatigável, Surin prosseguiu com as orações e os sermões. Um dia, após uma sessão de exorcismo em que mais uma vez viu fracassados seus esforços, Surin rezou pedindo que lhe fosse permitido sofrer no lugar da prioresa. Queria sentir o que os demônios a tinham feito sentir, ofereceu-se para ser possuído em seu lugar a fim de curá-la, de levá-la a prática da virtude. Alguns dias depois começou a ficar obsedado.

No início a perturbação se manifestava apenas em seu íntimo, por exemplo, através de sentimentos ambivalentes: "Sinto uma grande paz como se estivesse sob a influência divina, e, por outro lado, uma raiva dominadora, um grande ódio a Deus". Mas havia também uma espécie de cisão que o próprio Surin descreve: "Como se eu tivesse duas almas, uma despojada de meu corpo e do uso de meus órgãos, que se esconde, vendo o outro, o intruso, fazer o que quer. Esses dois espíritos lutam dentro de um campo que é o meu corpo". E, três meses depois, Surin se sentia assaltado exatamente em seu corpo, jogado ao chão, em convulsões e rolando como as outras endemoninhadas, tornando-se, também ele, motivo de diversão para a plateia e de escândalo para os jesuítas.

Entre os assaltos a seu corpo Surin pode, entretanto, realizar sua missão – a santificação de Joana dos Anjos. Embora durante longo tempo tenha se oposto aos seus propósitos, ela acabou por se submeter. Em parte, porque se via envolvida por sentimentos amorosos e sexuais com relação ao exorcista, ou porque o ardor de Surin fosse contagioso, mas principalmente porque percebia sua sinceridade, o quanto ele realmente acreditava em tudo o que dizia e credulamente aceitaria sua conversão. Assim como tinha sido a rainha das endemoninhadas, desejava agora ser conhecida como santa, ser invocada em orações e realizar milagres que, de fato, não tardaram a acontecer como, por exemplo, entre outros, os nomes de santos surgidos em letras vermelhas sobre sua pele. Madre Joana dos Anjos passa a ser objeto de devoção do povo e, após uma peregrinação, chega mesmo a auxiliar o parto de Luis XIV. Retorna ao convento de Loudun cercada de uma aura de santidade, da qual estava plenamente convencida.

Enquanto isso Surin, responsável pela expulsão de cada um de seus demônios, via-se afligido por uma mudez que considerava obra do diabo. Esse sintoma era parte de um longo processo de aniquilamento que estava apenas começando.

III

Durante o ano de 1638, Surin apresentava intervalos de saúde que lhe permitiam realizar pequenas tarefas, escrever ou subir ao púlpito para pregar.

Aos poucos, porém, seus sofrimentos físicos se acentuaram e duraram quase 20 anos. Durante todo esse tempo ele dormiu vestido, pois os menores movimentos lhe exigiam um enorme esforço, era impossível desamarrar suas botas, vestir-se ou tirar suas roupas. Comer era um sacrifício semelhante, não só por ser difícil levar o garfo ou o copo à boca, mas também por não ter apetite algum, pois sentia dores intensas após as refeições ou, com frequência, vomitava tudo o que comia.

Diz Huxley que os doutores se esforçaram ao máximo por ele. Foi sangrado, purgado, fizeram-no tomar banhos quentes, e nada adiantou, porque a causa de seus sintomas estava, não no corpo, mas em sua mente perturbada.

Surin já não se sentia possesso, mas se acreditava amaldiçoado, sem merecer o amor ou a piedade divina. Vivia sob ameaça; se entrava em alguma igreja e alguma frase era falada sobre a justiça de Deus, ou alguma denúncia feita aos impuros, eram, certamente, dirigidas a ele; se sentasse perto do fogo, uma brasa – o símbolo da danação eterna – cairia sobre ele; se rezasse à cabeceira de um moribundo, seria responsável pela perdição de sua alma. Tinha visões de Cristo, da Virgem e dos Santos olhando-o com indignação e raiva, fulminando-o com raios. Sentia-se perdido, nada mais lhe restava senão a espera angustiada de uma terrível morte. Muito embora perseguido por todos esses pensamentos, Surin mantinha sua lucidez, "pois existia uma parte de sua mente que nunca estava doente, e estar louco com lucidez", constatou Huxley, "deve ser uma experiência das mais terríveis". Inatingida, a razão de Surin olhava impotentemente, enquanto sua imaginação, suas emoções e seu sistema nervoso autônomo se comportavam como uma aliança de criminosos maníacos que tinham como objetivo a sua destruição.

No início ele corria atrás dos superiores e colegas, agarrava-os pela manga e tentava explicar o que lhe estava acontecendo. Tudo era inútil, nada entendia do que lhes dizia, impacientes se afastavam dele, sem ter sequer uma atitude de simpatia. "Reconheci a verdade do que disse Santa Tereza: não há dor mais insuportável do que cair nas mãos de um confessor que é demasiado prudente".

Sorriam com desprezo, batiam na cabeça, o homem estava louco e ele próprio causara sua loucura. Deus, asseguravam-lhe, estava punindo-o por seu orgulho, por querer ser mais espiritual do que as outras pessoas, por imaginar que poderia atingir a perfeição.

O julgamento e a atitude deles aumentou a desgraça de Surin e o levou ao desespero. Durante dias lutou contra a tentação do suicídio. Afinal, uma noite, encontrando uma janela aberta sobre um rochedo, sentiu-se projetado sobre o precipício.

Seu corpo se chocou contra a projeção de uma rocha, fraturando-lhe o fêmur e deixando-o para sempre coxo.

Sua miséria permaneceu agravada pela culpa, pela convicção de seu pecado. Sentiu que Deus lhe enviara a doença como purgação e, por isso não devia favorecer sua cura; não podia se alimentar melhor, como pediam os médicos ou buscar qualquer alívio, fosse com recreação ou com seus próprios afazeres. Devia lutar "contra o lado animal e sensual de sua natureza"; contra desejos frívolos de diversão, contra o orgulho, o amor próprio e a ambição. Mas devia também dar fim "aos produtos brilhantes do seu talento e cultura" – os sermões, os trabalhos teológicos, os poemas de devoção nos quais trabalhou tão duramente e dos quais ainda é vaidosamente orgulhoso. Depois de longas e torturantes indecisões, sente um impulso de destruir tudo que escreveu. Os manuscritos de vários livros, juntamente com outros papéis, são queimados e rasgados. Traduzindo o que se passou com ele – está agora despojado de tudo e abandonado, inteiramente nu, ao seu sofrimento. Está no vazio da morte. Não pode pensar, ler ou escrever e, em certos momentos, era até difícil falar.

Como conclui Huxley, mais adiante, o instrumento de cura de Surin foi a bondade de uma outra pessoa. O padre Bastide, o único de seus colegas que insistentemente argumentava não estar ele inteiramente louco, é nomeado reitor em um colégio, e pede permissão para levar o inválido com ele. Pela primeira vez, em dez anos, Surin sente-se tratado com simpatia e consideração, e foram físicas as primeiras respostas ao tratamento que recebeu. Durante anos a ansiedade crônica tinha mantido sua respiração tão baixa, pela contração do diafragma, que ele parecia estar vivendo à beira da asfixia. "Todos os meus músculos estavam presos como que por grampos e, agora, um se abriu, depois o outro, provocando um alívio extraordinário".

Respirava livremente, enchia os pulmões com um ar revigorante, experimentava em seu corpo algo como liberdade espiritual. Entretanto, embora pudesse respirar de novo, ainda durante muitos anos lhe foi impossível ler, escrever ou dizer a missa, caminhar, comer ou se despir sem desconforto ou dores agudas. O próprio Surin percebia que para se sentir melhor mentalmente tinha que se sentir pior fisicamente.

Um dia, porém, durante uma confissão, deixou evidente para seu confessor, um homem bondoso e sensível, que o único pecado de que se acusava era o de não ter agido de modo suficientemente pecador, de não ser tão mau quanto deveria, já que era uma alma perdida e sem perdão. O confessor – sabendo da inclinação de Surin pelo extraordinário – lhe revelou sua impressão, uma espécie de inspiração, de que tudo terminaria bem, garantindo que ele voltaria a pensar e agir como os outros homens e que morreria em paz.

Surin sentiu, assim, que Deus não o havia abandonado e que ainda havia esperança de salvação. Com a esperança, a saúde voltou lentamente, e uma a uma, as paralisias e inibições físicas desapareceram. "Depois de dezoito anos de analfabetismo forçado pegou uma caneta e pôde rabiscar três páginas de pensamentos sobre a vida espiritual. Os caracteres eram tão confusos que mal pareciam humanos, mas isso não importava. O que importava era que sua mão podia cooperar, embora de forma tosca, com sua mente".

Três anos depois recuperou sua capacidade de andar, pois descreve ele: "até então não podia dar um passo sem grandes dores. Essas dores não eram como as dos paralíticos, eram dores que tendiam a um encolhimento e contração do estômago e, ao mesmo tempo, uma forte pontada no intestino. Um dia, porém, ao se despedir de um parente que o visitara, dolorosamente arrastou-se até a porta para dizer-lhe adeus. Em pé, após a partida do visitante, olhou para o jardim e começou a estudar, com certa minúcia, os objetos que ali estavam, coisa que em razão de uma extrema debilidade dos nervos não pudera fazer por quinze anos.

Sentindo, ao invés das dores familiares "um certo bem-estar", desceu os cinco ou seis degraus até o jardim e reparou em volta por algum tempo.

Olhou o negro e o verde brilhante das cercas, olhou o gramado e as margaridas das festas de São Miguel e a aleia de troncos entrelaçados. Observou as colinas com suas madeiras outonais, com uma cor marrom de raposa sob o céu pálido, na luz quase dourada do sol. Não havia vento e o silêncio era como um enorme cristal e tudo era um mistério de cores se misturando, de formas distintas e separadas, do inumerável e único, do tempo que passa e da presença de eternidade.

No dia seguinte Surin se aventurou, de novo, no universo que tinha quase esquecido e então sua viagem de redescoberta o levou até o poço, e não o convidou ao suicídio. Deixou até mesmo o jardim e andou, os calcanhares afundados nas folhas mortas, através do pequeno bosque que estava por trás dos muros. Estava curado".

IV

Perdoem essa demorada, mas indispensável descrição, pois no estudo de um texto literário, parte do trabalho já está feito pelo autor e a nós, leitores afortunados, cabe a tarefa mais humilde de soltar o pensamento e refletir. É o que gostaria de fazer aqui, procurando aprender mais a respeito de nossa teoria e técnica, partindo das ideias do escritor e de Winnicott. Sobre a história de Surin, um relato dramático de angústias, inibições, humilhação e sofrimento, Huxley inscreve, indignado, a prescrição de um importante educador jesuíta da época: "Do mesmo modo como amarramos as pernas das crianças ao berço para que fiquem do tamanho certo, é necessário amarrar, por assim dizer, desde a primeira juventude, sua vontade, para que a criança possa manter através de sua vida, uma feliz e salutar submissão".

Nem feliz, nem salutar, como vimos, mas intensa e traumática a submissão de Surin às exigências severas dos pais e, em seguida de seus educadores, o que acarretou distorções na organização de seu ego, que se estruturou com graves características esquizoides.

Não temos registro de como foi o início da vida de Surin, mas podemos recorrer à observação de outro menino, um bebê de um mês e meio para entender o que seria a invasão do ambiente e a reação de submissão deste, constatando que é possível satisfazer um impulso oral e, ao fazê-lo, violar seu *self* original (Winncott, 1962, p. 55).

"O bebê tem tido prisão de ventre e o pediatra receitou supositórios. O bebê se contorce tentando evacuar. A mãe, buscando ajudar, segura e prende suas perninhas. O bebê tenta esticar as pernas, apesar de continuarem fletidas pela mãe. Mais adiante, durante o banho, se põe a chorar, talvez de fome, pois é hora da mamada. No princípio choraminga, depois chora forte enquanto a mãe o seca e troca suas roupas. A mãe acaba por se impacientar e lhe diz em voz alta, zangada, autoritária, que não a apresse, que pare de chorar. O bebê estanca abruptamente e fica olhando para a mãe. Não chora mais até chegar a mamadeira que é sugada avidamente. Ao terminar é posto para arrotar e permanece quietinho aninhado ao pescoço da mãe. Em seguida vem uma segunda mamadeira que o bebê suga sem entusiasmo, e sem a mãe perceber que o leite introduzido é posto para fora pelos cantos da boca. Ela insiste, o bebê continua a sugar e a entornar o leite até que seu babador esteja todo molhado.

Adormece depois. Sua musculatura está toda contraída, as mãozinhas cerradas, seu semblante intranquilo. Durante o sono por vezes se mostra relaxado, mas logo se contrai num sobressalto.

O leite dado em excesso, a recepção passiva pelo bebê após um débil protesto, o entornar pelos cantos da boca ou o vômito em jato após a mamada, é um padrão a se repetir durante outras observações. Junto a isso, o sono do bebê é, em diversas ocasiões, perturbado pelos barulhos que, sem cuidado algum, fazem à sua volta.

Enquanto dorme uma ruga franze suas sobrancelhas, os sobressaltos e os pequenos tremores são frequentes. Não tem mais o sono tranquilo e relaxado dos primeiros dias".

O que teria ocorrido com esse bebê?

Acredito que o grito impaciente e irritado da mãe bruscamente rompeu a ilusão de uma unidade, a união sem fronteiras entre ela e o bebê, o estado de não integração conceituado por Winnicott, condição necessária para o ser humano atingir a vivência de relaxamento e paz. Ao contrário, ao viver uma invasão ambiental, o bebê vive em uma fração de segundo, uma ansiedade inimaginável contra a qual se estabelece uma reação somática como defesa. A contração muscular surgiu, assim, como que formando uma barreira de proteção, um escudo, substituindo aquele que a mãe não foi capaz de oferecer, por não perceber as necessidades do bebê e não atender sua vontade e, ao invés disso, impor a sua própria.

Ao enrijecer seus músculos nos sobressaltos, porém, o bebê delineia as fronteiras de seu corpo, passando a ter uma prematura consciência de seu ego corporal e, portanto, de si mesmo. Ao mesmo tempo, ele se dá conta, prematuramente, da existência de um mundo "não eu", que se mostra hostil e provoca expectativas continuadas de perseguição.

Podemos supor, assim, a violência que Surin sofreu toda sua vida, por ter a vontade amarrada, vontade que seria expressão de seu ser, de sua individualidade, e o mundo persecutório em que passou a viver, amaldiçoado e ameaçado por santos com olhares raivosos que o fulminavam. Mas foi, sobretudo, em seu corpo que Surin sentiu a expressão de sua doença, desde os assaltos pelos demônios, quando começa sua história e adiante, nos dezoito anos mais penosos, cuja descrição eu fiz. Nesse período, o sintoma que sobressai e perdura é, exatamente, o enrijecimento muscular, impedindo Surin de se movimentar, caminhar, trocar roupas ou mesmo engolir e até respirar.

Dois sintomas opostos poderíamos pensar: de um lado o corpo aberto à invasão dos demônios de madre Joana dos Anjos; do outro, o corpo que se fecha, com músculos que se contraem impedindo a entrada e saída do ar, dificultando a deglutição ou provocando vômitos intensos. Ambos os sintomas, porém, revelam o precário estabelecimento das fronteiras do ego corporal, ou seja, o fracasso do processo de personalização, expressão criada por Winnicott para traduzir a conquista de uma psique que passa a residir no soma, que tem, assim, o corpo como morada.

Winnicott ressalta, entretanto, o valor positivo do transtorno psicossomático como uma proteção do psique-soma contra a fuga para uma vida espiritual ou intelectualizada como ocorreu com Surin. De acordo com essas ideias podemos supor que Surin, através de seus sintomas físicos, fechando seu corpo com o enrijecimento muscular, por exemplo, estivesse tentando reencontrar, nos momentos de perigo, de risco de aniquilamento, um primitivo sentido de entidade – a consciência de existir, de possuir uma vida própria, de se sentir, ainda que através da dor. Talvez, por isso, ele próprio dissesse: "Para me sentir melhor mentalmente, tenho que estar mal fisicamente. Só a dor ou uma doença aguda me distraem do constante terror e desespero".

Surin era um homem de seu tempo. A violação que sofreu foi determinada pela educação severa que recebeu, por uma idealização do ascetismo e a mortificação de sua natureza. Nos tempos atuais, de sensualidade e sexualidade livres, a violência pode, entretanto, continuar a existir e assumir outras feições, como na observação que descrevi, onde a mãe, em suas dificuldades pessoais, submete o bebê, por não ser capaz de reconhecer seu gesto espontâneo.

Pessoas assim submetidas podem se tornar adultos semelhantes a Surin. Sem acreditar em demônios, estão igualmente sujeitas ao sobrenatural, por exemplo, em versões modernas de crenças aos duendes, mães de santo e rituais de proteção mágica. São, muitas vezes, pacientes que vêm até nós em permanente dúvida sobre si mesmos, sem saber o que realmente sentem, pensam ou querem. São pessoas crédulas, influenciáveis, que se deixam enganar pelos outros, presas fáceis e alvo da vontade e acusações alheias, pois mais facilmente dão razão aos demais do que a si mesmos. Como reação, podem construir defesas de natureza somática, primitivas, como as que o bebê de nossa observação empregou. Tensão muscular, doenças de pele, obesidade ou mesmo a versão saudável de um corpo "sarado", demarcam um território que é pessoal, como que impedindo invasões.

Pele, músculos e gordura dão "ênfase à membrana limitadora do corpo, e, portanto, da personalidade", diz Winncott (1969, p. 91). Pois "por trás disso acha-se a ameaça de despersonalização e de uma perda das fronteiras corporais, bem como da impensável ansiedade quase física que pertence ao processo inverso do que é chamado integração". Winnicott compara essa ansiedade impensável a um estado no qual não existe moldura no quadro, ou seja, nada para conter o entrelaçamento de forças na realidade psíquica interna e, diz ele ainda, em termos práticos nada para sustentar o bebê.

Por tudo isso, no processo analítico, nas situações de regressão, inevitáveis, necessárias, quando perdem as molduras que criaram, os pacientes vivem uma sensação de se esparramar que se acompanha como que de um extravasamento dos líquidos corporais, aparecendo, então, entre outros, quadros clínicos como as diarreias, polaciúria, sudorese e hipermenorreia.

Na minha experiência, a sensação angustiante de se esparramar, cede aos poucos, dando lugar a sintomas corporais localizados que podem trazer a marca do funcionamento orgânico infantil, como os engasgos e sufocações, refluxo gástrico, batimentos cardíacos acelerados, e assim, ao reviver as situações traumáticas do início da vida, o paciente estaria buscando resgatar fragmentos de um ego (*self*) que é "primeiro e acima de tudo, um ego corporal".

Para esses pacientes, como para Surin, a doença psicossomática seria, então, a tentativa de encontrar sua verdade, ou seja, o núcleo verdadeiro do seu eu, impedido de se desenvolver, de desabrochar, mesmo que, para isso, tivesse que se desfazer de tudo, viver no vazio e recomeçar do nada – sem saber ler, escrever ou falar. A propósito Huxley comenta, ao ler as suas cartas: "Nós o conhecemos como ele se conhece, de dentro e sem disfarces". A doença de Surin foi, pois, sua corajosa reação à submissão, à anulação e passividade em que, até então, vivera. Podemos pensar que, por esse significado de rebeldia que seus sintomas possuíam, Surin se sentia amaldiçoado e em pecado. Curiosamente, para São Tomás de Aquino, o pecado de Lúcifer teria sido, não a tentativa de se igualar a Deus, mas o de se rebelar buscando uma beatitude natural com seus próprios poderes.

A consciência de "eu sou", foi o que, afinal, Surin conquistou depois de sua penosa doença e, desde então, encontrou prazer em escrever seus ensaios e em apreciar a natureza – as aves e os insetos, o vento, a luz do sol e o colorido das folhas.

Em um determinado momento do livro, Huxley faz uma crítica à Psicanálise quando diz: "os psicólogos freudianos prestam mais atenção ao pecado que à virtude, examinam os ratos e os besouros negros, mas relutam em ver a luz interior".

De pecados e de culpas, da agressividade de nossos pacientes talvez saibamos mesmo mais, desde os primeiros tempos da Psicanálise, do que da necessidade e da importância que o objeto amado – o objeto subjetivo, na concepção de Winnicott – possa ter para alguém, em Surin, tão manifesta quando nos lembramos de sua fascinação ao ouvir Isabel dos Anjos. Para ele a suprema graça estava representada em sua união com Deus – o estado necessitado de não integração – para tanto oferecendo seu corpo em sacrifício e chegando até a anulação de si mesmo. Todos nós temos bons exemplos de pessoas que, em seu dia a dia, pagam um preço semelhante pelo amor que necessitam receber.

Para Huxley o instrumento de cura de Surin foi a bondade de outra pessoa. Sua sorte foi ter encontrado um confessor bondoso e sensível que acreditou nele. Que lições de técnicas podemos aqui aprender? Será que quando interpretamos os sintomas como resistência, não estaríamos deixando de ver a luz interior buscando expressão? Quando acreditamos em uma destrutividade inata e assim trabalhamos, não podemos reforçar no paciente a crença em sua própria maldade? Quando nos mantemos em um rigor de neutralidade, deixando de usar o manejo de que o paciente necessita, não estaríamos sendo demasiado prudentes, e pouco empáticos com seu sofrimento, como foram os primeiros confessores de Surin? A propósito, chamou-me atenção a conduta que o confessor bondoso tivera, revelando a Surin sua impressão de que tudo terminaria bem e de que ele voltaria a pensar e agir como os outros homens, provocando com essas palavras uma chama de esperança que conduziu à cura. Lembrei-me, e só então entendi a afirmação instigante de Winnicott referindo-se aos pacientes que padecem de uma angústia de desintegração. Diz ele: "... esses pacientes necessitam absolutamente de que o analista seja onipotente [...]. Acrescentamos a explicação de que é a própria onipotência e onisciência do paciente que o analista deve assumir de modo a permitir ao paciente entrar em colapso aliviado" (Winnicott, 1963, p. 214).

Winnicott acredita, ao tratar de um paciente psicossomático que, concedendo-se tempo e circunstâncias favoráveis, as forças de integração que nele existe, acabam por conduzir a um estado de organização interna e unificação do *self*. Tais ideias estão baseadas em sua própria teoria do amadurecimento humano, onde ele vê, em cada bebê, uma centelha vital e um ímpeto inato para a vida, um potencial herdado que depende, entretanto, de um ambiente favorecedor para se desenvolver. Por isso afirma: "... os distúrbios mais insanos ou psicóticos se formam na base de falhas da provisão ambiental e podem ser tratados, muitas vezes com êxito, por nova provisão ambiental..." (Winnicott, 1963, p. 205), tal como aconteceu com o personagem de Huxley. Podemos, então, deduzir que na situação analítica, dentre as circunstâncias favoráveis de que o paciente necessita, Winnicott incluía um analista com uma atitude esperançosa, pois recomenda: "É preciso que haja, no analista, uma crença na natureza humana e nos processos de desenvolvimento, e isso é rapidamente percebido pelo paciente" (Winnicott,1954, p. 90). Na verdade, o analista faz parte de um *setting* que provê uma situação adaptativa à extrema dependência que esse tipo de paciente apresenta. Cria, assim, uma área de ilusão onde ele, analista, enquanto houver necessidade, será sentido, pelo paciente, como um objeto subjetivo seu.

Em seus últimos anos, refletindo sobre sua sofrida experiência e observando a subida calma e irresistível das marés do Atlântico, Surin escreveu um texto onde seu pensamento em muito se assemelha ao de Winnicott, sobre a espontaneidade, o gesto impulsivo e as forças agressivas, como a expressão do amor primitivo, condições básicas para a saúde mental.

"Descobrimos que no Apocalipse, o Espírito de Deus faz menção a uma música de harpas e alaúdes que soa como um trovão. Do mesmo modo, quem jamais acreditaria que possa haver torrentes de paz que derrubam diques, derrubam muralhas do mar? E, no entanto, é isso o que acontece, pois pertence à natureza de Deus fazer assaltos de paz e silêncios de amor... Essa paz invasora faz coisas que não parecem próprias à natureza da paz, porque vem de um golpe, com impetuosidade... vem como o barulho da maré enchente quando se aproxima, não para destruir a terra, mas para ocupar a cama preparada para ela por Deus. Vem como que, ferozmente, como barulho de um rugido, mesmo que o mar esteja calmo. Esse rugido é causado somente pela abundância das águas e não por sua fúria, porque o movimento das águas não é provocado por uma tempestade, mas por elas próprias em toda sua calma nativa, quando não há um sopro de vento. O mar em sua plenitude vem visitar a terra e beijar as praias assinaladas como seus limites. Vem em majestade e magnificência. Assim também sucede à alma... Essa abundância não comete violências a não ser para os obstáculos no caminho de sua benção".

Se o mar em sua plenitude vem beijar as praias assinaladas como seus limites, podemos concluir que ao final do processo que passou, Surin tomou conhecimento e posse de seu corpo finito e, libertando seu espírito, sentiu-se parte integrante da natureza e de um projeto eterno.

Por isso, termina Huxley, "quando na primavera de 1665 a morte o surpreendeu, não havia necessidade de ir para lugar algum, pois ele já estava lá".

Bibliografia

1. HUXLEY, A. (1952). *Demônios da loucura*. Rio de Janeiro (1973) Companhia Editora Americana.

2. WINNICOTT, D. (1954) *Aspectos clínicos e metapsicológicos da regressão no* setting *analítico em explorações psicanalíticas*. Rio de Janeiro (2000) Imago Editora.

3. WINNICOTT, D.(1962). A integração do ego no desenvolvimento da criança em *O ambiente e os processos de maturação*. Porto Alegre (1990) Artes Médicas.

4. WINNICOTT, D. (1963) Os doentes mentais na prática clínica em *O ambiente e os processos de maturação*. Porto Alegre (1990) Artes Médicas.

5. WINNICOTT, D. (1963). Distúrbios psiquiátricos e processos de maturação infantil em *O ambiente e os processos de maturação*. Porto Alegre (1990) Artes Médicas.

6. WINNICOTT, D. (1969). *Transtorno psicossomático em explorações psicanalíticas.* Porto Alegre (1994) Artes Médicas.

2. A caverna de Jean-Baptiste

Há cerca de dez ou quinze anos atrás o personagem Jean-Baptiste Grenouille, de Patrick Süskind em seu romance *O Perfume*, atraiu minha atenção e sobre ele escrevi (Vilete, 1991). Em rápidas pinceladas, para aqueles que não conhecem a história, trata-se, inicialmente, de um bebê, filho de uma vendedora de peixe, que é abandonado por ela logo após nascer. É deixado como um excremento ou um pedaço de carne ensanguentada sobre o lixo para que morresse, como acontecera com os irmãos que nasceram antes dele. Jean-Baptiste, entretanto, é salvo pelo dom que lhe foi concedido. Dotado de hipersensibilidade olfativa o odor forte das vísceras de peixe com as quais se misturava, desperta-o e o põe a chorar, sendo então encontrado.

Sua infância é de miséria, privações, desamor e maus tratos. Aos oito anos ele é entregue ao dono de um curtume e Jean-Baptiste sente, de imediato, que esse homem era capaz de surrá-lo até a morte ante a menor desobediência. Sua vida valia tanto quanto o trabalho que fosse capaz de realizar, e assim trabalhava quatorze, quinze, dezesseis horas por dia em meio a um ambiente fétido e úmido. Nessa vida, mais animal do que humana, ele adoece gravemente de esplenite, mas consegue sobreviver. Sua sobrevivência depende, porém, de um estado de retraimento e submissão, a retirada para o isolamento como a única condição que lhe permitiria a existência como indivíduo. Nele, nada se notava – nenhum sorriso, nenhum gesto, nenhum brilho nos olhos, nem sequer um cheiro próprio. Bem a propósito, por esse estado de retraimento, por viver encapsulado em si mesmo, o autor compara Jean-Baptiste a um carrapato, de pele lisa e dura, resistente e autossuficiente, vivendo de uma gotinha de sangue, precisando de um mínimo para sobreviver. Para a alma, diz ele, não precisava de nada – nem calor humano, dedicação, delicadeza ou amor. Mas, talvez, tudo isso se tornasse dispensável para que ele pudesse exatamente sobreviver, pois se tudo desejasse, provavelmente teria perecido. Süskind expressa, de forma primorosa, um dos dilemas sofridos pela personalidade esquizoide, e que aqui já introduzo, ou seja, o ter que permanentemente escolher entre a vida e o amor.

Essa narrativa alegórica mostra as consequências que as invasões, imposição e a violência do ambiente trazem para o desenvolvimento de uma criança. A imprevisibilidade, a destruição da confiança, a ameaça de aniquilamento, que então surge, levam à construção de defesas para que nunca mais a angústia de desamparo vivida possa retornar. São defesas que visam, portanto, a invulnerabilidade – a couraça dura e resistente do carrapato.

Na situação de Jean-Baptiste fica também evidente que o retraimento tem o objetivo de protegê-lo da exploração do ambiente, escondendo e guardando o que é precioso e poderia lhe ser roubado. Eu me refiro ao seu dom, sua capacidade rara de apreender, discriminar e memorizar cheiros – um faro agudo e preciso que lhe permite como que ver a distância e através das paredes. Foi assim que ele aprendeu a captar com o olfato todas as redondezas de onde morava, brincando com os odores como uma criança brinca com seus jogos, mas sempre em uma atividade secreta, realizada apenas em seu interior, escondida dos demais.

Muito embora seja necessário se retrair para proteger-se do mundo externo hostil, é igualmente necessário entrar em contato com este mundo para sobreviver e se desenvolver. É o que faz nosso personagem quando, atraído pelo mundo dos perfumes, consegue se introduzir na loja de Baldini – um dos importantes perfumistas de Paris – e ali se determina ficar. Com atitude dissimulada, aparentando humildade e temor, consegue ser admitido como aprendiz, pois deixa entrever ao velho mestre seu talento incomum, sua genialidade, criando apenas em minutos um perfume de aroma "genialmente bom". Mantém, porém, sua postura defensiva, pois se utiliza de disfarces para encobrir seu gênio. Basta, por exemplo, o erro propositado em uma fórmula para evitar a suspeita, o temor e a vaidade ferida de Baldini.

Enquanto confeccionava perfumes e cremes, enriquecendo Baldini, Jean-Baptiste aprendia os processos artesanais de perfumaria e fazia projetos. Desejava adquirir a capacidade de se apoderar fisicamente dos cheiros para criar, um dia, um perfume realmente grandioso. Para isso ele necessitava do manto de uma existência burguesa e do grau de auxiliar-perfumista. Consegue os dois ao final de três anos, traduzindo dessa maneira a possibilidade que uma personalidade esquizoide tem de, em determinadas condições, apesar de seu retraimento, ser uma pessoa produtiva e aparentemente bem sucedida, quando em sintonia e aceito pela cultura a qual pertence.

O prosseguimento da história introduz para nós, porém, uma importante questão, o tema central desse trabalho. Por que após conseguir o que planejara e ser dispensado por Baldini, ao se dirigir para Grasse, o grande centro onde pretendia aprender e dominar a técnica refinada que lhe faltava, por que, então, se desvia de seu caminho e busca a solidão de uma alta, árida, distante e isolada montanha? De fato, nesse momento, Jean-Baptiste já não queria ir para lugar algum, só queria ir embora para longe das pessoas. Podemos supor que ele se ressentisse, agora, da relação de falsidade que vivera com mestre Baldini, da hipocrisia deste, desejando tão somente se apoderar de suas fórmulas, enriquecer, e depois vê-lo com alívio pelas costas.

Desejei retomar o romance de Süskind porque ele também nos encaminha para estabelecer um diagnóstico diferencial e psicodinâmico entre um falso *self* e uma personalidade esquizoide. Winnicott admirava a honestidade das pessoas esquizoides. Dizia ele: "Sinto-me humilde na presença delas... Passam toda a vida não sendo, num esforço desesperado, para encontrar uma base para ser... Para elas pernicioso significa qualquer coisa falsa, como o fato de manter-se vivo por consentimento" (Winnicott, 1966). Essas frases de Winnicott e as atitudes de Jean-Baptiste traduzem o outro importante dilema do esquizoide, entre viver no mundo externo para se reabastecer, quando então será necessário estar em alerta, fingir e fazer concessões, ou se retrair para um mundo isolado, onde sentem que podem ser espontâneos, em contato com seus verdadeiros sentimentos. A retirada de Jean-Baptiste para a montanha isolada retrata bem o alívio no retraimento para um mundo interno, quando o autor descreve: "pela primeira vez na vida não precisava estar, a cada inspiração, preparado para farejar algo novo, inesperado, hostil ou para perder alguma coisa agradável.

Pela primeira vez podia respirar quase livremente sem ter de estar atento a tudo que viesse de fora e pudesse penetrá-lo".

Podemos então, inferir que onde o falso *self* se submete e é deformado e moldado, o esquizoide tão somente concede e dissimula, retirando-se para repouso em uma rica vida interior.

O retraimento, a retirada completa das relações de objeto, quando a pessoa se torna abertamente esquizoide e emocionalmente inacessível, envolve, contudo, sérios riscos, podendo conduzir a uma situação de regressão e de colapso que no livro de Süskind é construída e descrita de maneira sensível e criativa: chegando ao ponto mais alto da montanha isolada que buscara, Jean-Baptiste encontra uma estreita caverna, um espaço tão reduzido que sequer podia ficar de pé e onde só cabia deitado, encolhido e enroscado. Nesse espaço estreito, escuro e silencioso, ele, pleno de felicidade, pela primeira vez chorou. "Jamais se sentira tão seguro na vida, nem mesmo na barriga de sua mãe", conclui apropriadamente o autor. Nesse reduto isolado, alimentando-se de líquen e lambendo a umidade que gotejava de suas paredes, vive a experiência de um bebê bem atendido – era o seu reino, onde nada valia, senão, sua vontade, a vontade do Grande, do maravilhoso Grenouille – o Único. Contido pelas paredes rochosas da caverna, assegurado pelo holding que ela lhe oferecia, durante sete anos pôde se entregar às suas orgias, relembrando os cheiros guardados dentro de si, vivendo o clímax das sensações de ódio e amor sem se desintegrar.

De seu esconderijo tão protegido, entretanto, ele foge um dia, após viver uma experiência terrível, um sonho mau que vale a pena descrever: Ele se via parado no meio de um pântano, do qual subia lentamente uma névoa, cada vez mais alta, envolvendo-o até que ele se visse todo impregnado de nuvens de névoa, sem que houvesse nem um pouco mais de ar livre. Mas a névoa era um cheiro, seu próprio cheiro, sabia ele, e o que experimentava como terrível era que embora soubesse que a névoa era seu cheiro, Jean-Baptiste não conseguia cheirá-lo. Sente-se sufocado em névoa, afogado em si mesmo – uma morte atroz. Trêmulo de angústia foge de dentro da caverna e lá fora encontra o sol da manhã e a brisa fresca. "Até que é bom que esse mundo externo ainda exista, mesmo que seja um ponto de fuga. Que horror seria sair do túnel e nada encontrar!".

Esse horror descrito se assemelha aos episódios de despersonalização vividos e contados por tantos pacientes que nos procuram, em um resto de esperança como a que levou Jean-Baptiste de volta ao mundo das pessoas. O retraimento, o recolhimento em si mesmo fracassa quando conduz à realidade de um mundo interno vazio de significados e de boas relações objetais. A consequência é a perda do sentido de identidade, a perda de si mesmo, um sentimento de não existir – de não ter cheiro – de não ter consistência, de não ter contornos, levando à sensação angustiante de se esparramar, de flutuar, de se dissolver no espaço, como névoa que se espalha pelo ar, poderíamos dizer recorrendo à bela alegoria que acabei de descrever.

Hoje em dia, muitas são as pessoas que mantêm um funcionamento mental na base de mecanismos de cisão. Seria mesmo a cisão, podemos supor, a defesa predominante, substituindo a repressão dos primórdios da Psicanálise. Não haveria, assim, um conflito isolado entre as instâncias psíquicas, mas a personalidade cindida em partes alheias umas às outras, onde um ego libidinal – a sede dos sentimentos amorosos e de necessidade do objeto – se encontra apartado da consciência, com o objetivo de evitar reviver a dependência extrema e não atendida dos primeiros tempos de vida. Em consequência temos as características que nos lembram Jean-Baptiste – a introversão, o desapego, a autossuficiência, a anestesia afetiva, a solidão que podem acabar por conduzir à regressão e à despersonalização. Recordando, ainda, as palavras do escritor, alguém duro e resistente que de nada, aparentemente, precisaria para a alma – nem calor humano, dedicação, delicadeza ou amor. Mas isso, na verdade, seria um alheamento de si mesmo e tão somente uma técnica de sobrevivência, pois, ao contrário, como nos diz Fairbairn, o amor faminto é o real problema do esquizoide. Fairbairn localiza a origem dos problemas esquizoides na recusa da mãe aos anseios e à necessidade intensa do bebê. A recusa da mãe leva o bebê a uma necessidade aumentada. A fome se transforma, então, em voracidade, que é fome acrescida pelo medo de perder o que é necessitado.

No romance, a intensidade e o apetite de Jean-Baptiste fez com que ele fosse criado por amas sucessivas que o recusaram após alguns dias, porque era faminto demais, diziam, mamava por dois e diminuía o lucro dessas mulheres que o cuidavam. Quando finalmente é mantido por um convento e entregue a uma única ama, com quem permanece por algumas semanas, torna-se gordo e rosado, mas outra vez é devolvido porque, diz ela: "Encheu a pança à minha custa. Me sugou toda, me esvaziou até os ossos. Mas agora acabou".

"Não é bom ficar empurrando uma criança por aí", argumenta o padre. "Quem sabe se ela vai se desenvolver com o leite de outra tão bem quanto com o seu? Está acostumado ao aroma de seu peito, sabe, e à batida do seu coração".

Nenhuma palavra a demove, e enojada, afasta o bebê de si, dessa maneira, Jean-Baptiste inicia a vida como depositário de projeções alheias, pois é considerado voraz por amas mercenárias que trocavam leite por dinheiro. Faltou-lhe, portanto, a mãe devotada que aceitasse, como uma corte, seu amor primitivo e cruel, e ficasse envaidecida e honrada com o vigor e a vivacidade com que buscasse seu peito. Winnicott nos esclarece que apesar do impulso amoroso primitivo ter uma qualidade destrutiva, o objetivo do bebê não é a destruição. "O objetivo do bebê", diz Winnicott, "é a satisfação, a paz do corpo e do espírito" (Winnicott,1949).

Em decorrência das experiências vividas, não é essa, porém, a imagem que um esquizoide faz de si mesmo e o paciente que nos procura sente que seu amor é perigoso e pode devorar e esgotar o analista com suas demandas exigentes. Ainda na situação analítica, por uma situação projetiva, ele também teme ser explorado e subjugado.

Assim, são muitas e específicas as dificuldades no trabalho com esses pacientes. Os que chegam vem quase sempre em situações extremas, ameaçados por um colapso, ou sentindo a vida vazia com o empobrecimento a que seu mundo interno chegou, pelo longo afastamento de relações verdadeiramente afetivas. Entretanto, embora famintos, não sentem sua necessidade, como vimos lá atrás, porque ela está dissociada e perdida dentro deles. Dizia-me, há muito tempo, um paciente sintetizando seu problema maior: "Sou um ignorante emocional". O analista, nessa condição, não será mais o intérprete que traduz e soluciona o mistério reprimido do neurótico, mas o ego auxiliar que identifica os sentimentos desconhecidos pelo paciente e promove a comunicação entre as partes clivadas de seu self. Com certeza não é tarefa fácil, pois ele trará para a transferência os movimentos de aproximação e recuo com que funciona no mundo, deixando o analista sensível "pisando em ovos", buscando a distância ideal na relação que estabelecem. Porém, esse é um cuidado destinado ao fracasso, pois o trabalho irá necessariamente se fazendo através dos sentimentos, e mais raramente de queixas, de que o analista é indiferente, frio, impessoal, desinteressado e mesmo rejeitador, ou ao contrário, intrusivo e dominador. Os referenciais do *setting* são, com frequência, os elementos que desencadeiam essas reações no paciente – os horários marcados, as separações das férias, os honorários cobrados, os silêncios de espera do analista, ou os momentos espontâneos de empatia e aproximação afetiva tão caros, mas tão ameaçadores. O paciente se debate entre os dois temores que fazem parte de seu dilema – o medo de ficar aprisionado na relação amorosa quando atraído, podendo então se ver absorvido e perdido em sua identidade, ou a ameaça do vazio e do colapso em que acaba resultando a regressão a um estado extremo de retraimento, como vimos acontecer com Jean-Baptiste na caverna.

A compreensão dos estados internos de um esquizoide é sutil e se faz dentro de uma comunicação silenciosa, como nos ensina Winnicott, dentro da experiência dos sentidos corporais, ou seja, em suas palavras, na base da anatomia e fisiologia de corpos vivos (Winnicott, 1969). É, portanto, na própria pele, que o analista experimenta a reserva de um contato mais próximo e aprende a esperar pelo paciente.

Nos últimos anos de sua vida Winnicott se dedicou ao estudo da comunicação, reconhecendo que no centro de cada pessoa há um elemento não comunicável, o núcleo do self verdadeiro, um território sagrado, que precisa ser preservado e não influenciado pela realidade externa. Isso é uma conquista do desenvolvimento sadio e, assim, embora as pessoas normais se comuniquem e apreciem se comunicar, existe outro fato igualmente válido de que cada indivíduo é um ser isolado, permanentemente, incomunicável, eternamente desconhecido, na realidade, nunca encontrado. Tais afirmações, porém, abrem espaço para uma indagação que se encontra no âmago da problemática esquizoide: como ser isolado, sem ter que estar solitário? (Winnicott, 1963).

Se voltarmos à montanha e à caverna de Jean-Baptiste podemos achar a resposta adequada, pois foi naquele espaço isolado, seguro e contido que ele viveu a experiência de onipotência de um bebê bem atendido, um estado de não integração, momentos preciosos onde pode devanear e existir sem ter que reagir às contingências externas, nem ter que possuir uma direção de movimento ou interesse para sobreviver. É isso, afinal, o que um esquizoide busca em suas regressões – a condição de uma intimidade primordial que se estabeleceu no paradoxo de estar só na presença da mãe.

Nesses estados de não integração estão as sementes do ser, da capacidade de relaxar, de se concentrar e de criar. Por isso entendemos bem a devastação a que Winnicott se refere quando diz: "estupro, ser devorado por canibais, são bagatelas comparados com a violação do self" (Winnicott, 1963). É essa ameaça de violação que o esquizoide teme ver repetida no processo analítico.

Entretanto, outro paradoxo nos apresenta Winnicott, acentuando a complexidade da tarefa do analista, ao acrescentar que se é uma alegria estar escondido, seria um desastre não ser encontrado (Winnicott, 1963). Podemos refletir sobre essa afirmação dividindo-a inicialmente em suas duas partes. Mais do que uma alegria, é uma questão de sobrevivência, como vimos, permanecer oculto e retraído. Isso repercute na técnica e modifica o trabalho clássico com as resistências, significando que o silêncio necessita de espera e o segredo deve ser respeitado, como um direito à privacidade do self. Masud Kahn, que estudou o tema, tem um belo trabalho sobre O Espaço do Segredo, onde ele nos apresenta uma paciente com as características que estive descrevendo e que, a cada sexta-feira, durante determinado período de sua análise, esquecia um objeto na sala de espera – um guarda-chuva, um livro, chocolates... Ele encarregou os funcionários de devolvê-los na segunda-feira seguinte. O trabalho com essa paciente prosseguiu com sucesso até que, um dia, ela lhe pergunta:

"Por que o senhor nunca interpretou o fato de que, há dois meses, quase todas as sextas-feiras, eu esqueço alguma coisa em sua sala de espera? Ou talvez o senhor não soubesse disso?"

Masud Khan responde que sabia perfeitamente porque fora informado por seu pessoal.

"Por que o senhor nunca disse nada?"

"Porque você nunca me falou sobre isso, e eu respeitei o seu jogo secreto com a sala de espera e o meu pessoal."

Masud Kahn lhe diz, ainda, que ela não havia utilizado a sala de consulta para tal esquecimento porque ele poderia notar imediatamente o objeto esquecido, e ela teria que levá-lo consigo, ou ele poderia sabotar seu segredo fazendo uma interpretação. E ela não podia correr esse risco.

Afinal, ele conclui que o importante era o próprio ato de deixar o objeto e de manter um segredo, e não qualquer conteúdo de interpretação a respeito. A criação e a manutenção de um segredo tinha um significado especial na história dessa paciente, que não posso abordar no momento, mas o exemplo nos serve para entender que com os pacientes silenciosos, retraídos, escondidos em seus sintomas, o *setting* analítico é utilizado como um precioso esconderijo no qual o self se vê resguardado.

Para esses mesmos pacientes seria, entretanto, um desastre não serem encontrados, contrapõe Winnicott em seu paradoxo, mas a vinheta citada nos vale como esclarecimento de que esse jogo de esconder só pode terminar quando o paciente aceita ser encontrado pelo analista, ou seja, quando ele está pronto para encontrar a si mesmo.

Bibliografia

1. FAIRBAIRN, W.R.D. (1952) *Psychoanalytic Studies of the Personality*, London, Tavistock.

2. GUNTRIP, Harry (1968) *Schizoid Phenomena, Object Relations and the* Self, Karnac Books, London, 1992.

3. KAHN, Masud. *L'Espace du Secret*, Nouvelle Revue de Psychanalyse.

4. SÜSKIND, Patrick (1949) *O perfume*, Record, Rio de Janeiro, 1985.

5. VILETE, Edna (1991) *Sobre O Perfume e a teoria do self e do falso* self *em Winnicott*, em Winnicott 24 anos Depois, Revinter, Rio de Janeiro, 1995.

6. 1949 – *A criança e seu mundo.*

7. 1963 – *Comunicação e falta de comunicação levando ao estudo de certos opostos.*

8. 1966 – *The Absence of a Sense of Guilt.*

9. 1969 – *A experiência mãe-bebê de mutualidade.*

3. *Por que foges de mim? O mito do amor não correspondido*

I

Conta-nos o mito que Eco, ninfa das montanhas, era famosa por sua habilidade: a arte de conversar. Pertencendo ao séquito de Juno, foi procurada por Júpiter que lhe pediu para distrair a deusa, enquanto ele vivia suas aventuras amorosas. Um pedido de Júpiter não podia ser recusado e Eco se põe a contar infindáveis histórias de ninfas e mortais à rainha do Olimpo.

Sua narrativa e seu canto conseguem, de fato, entreter a ciumenta esposa de Júpiter que, durante longo tempo, não mais se lembra de seguir os passos do marido.

Um dia, entretanto, fosse porque a narrativa de Eco falhasse em interesse, fosse porque alguém a prevenisse, a deusa desconfiou de que algo havia por trás daquela insistente tagarelice e, investigando, descobriu a artimanha. Furiosa, Juno castigou a pobre ninfa, privando-a daquilo que era seu maior atrativo. Não mais poderia contar suas histórias ou comunicar seus sentimentos, mas tão somente repetiria as frases pronunciadas pelos outros, limitada a imitar o que dissessem.

Desde então, muda e solitária, Eco passeia pelos campos, até que um dia, subitamente, encontra Narciso e, fascinada por sua beleza, por ele se apaixona. Ao se ver notado, Narciso foge, mas Eco o persegue, conseguindo chegar perto do amado, sem palavras, contudo, para expressar seu afeto.

Tempos depois, durante uma caçada, Narciso se distancia de seus companheiros e, tentando encontrá-los, grita, dando início a um "diálogo" com Eco que tem sido repetido por prosadores e poetas:

"Olá! Ninguém me escuta?"

"Escuta..." – responde a ninfa.

Narciso se espanta, surpreso olha para todos os lados, e ninguém vê.

"Vem cá!" – grita então, e o convite igual parte dela. Procura entre arbustos, flores, corre de um canto a outro e se desespera.

"Por que foges de mim?"

E, de dentro do bosque, Eco responde:

"Por que foges de mim?"

Nesse desencontro de sons, os dois jovens continuam vagando pela floresta sombria, até que chega o cansaço. Numa última tentativa para encontrar os companheiros, Narciso propõe:

"Juntemo-nos aqui."

Repetindo o convite, que julga ser para si, Eco, finalmente, sai de seu esconderijo, e se aproxima do amado que descansa sobre a relva, tentando envolvê-lo em um carinhoso abraço. Narciso a repele, porém, e dela se desvencilhando, afasta-se, dizendo:

"Antes eu morra do que o amor nos una!"

Eco, imóvel, o segue com o olhar e, ao que escuta, simplesmente responde:

"Que o amor nos una!"

Envergonhada, desesperada, a ninfa se esconde entre a vegetação e se fecha em uma imensa solidão. A dor e o sofrimento tomam conta de seu corpo, não se alimenta e definha cada vez mais enrugado e triste. Os ossos tomam a aparência de pedra e ela se transforma em um rochedo, restando somente a voz que continuará pela eternidade, a repetir os derradeiros sons do que se diz.

II

Mitos e sonhos provêm do mesmo lugar. São lampejos de consciência, e, simbolicamente, expressam tudo aquilo que o homem, internamente, é capaz de conhecer e experimentar. Muitos são os caminhos de interpretação que deles podem partir. Como psicanalista, porém, a história de Eco me chama atenção por traduzir a necessidade tão básica, tão fundamental, que dela, como nos diz o mito, depende sua vida. Mas, mais do que isso, nos dizem os poetas, por um contato de amor se troca a própria vida.

A literatura psicanalítica traz um exemplo comovente disso, como o caso narrado por René Spitz em um importante trabalho, por ele curiosamente chamado de "O descarrilhamento do diálogo" (4). Trata-se da história de Jerry, um bebê de oito meses, levado ao hospital por apresentar distúrbios alimentares (ele regurgitava a mamada e ruminava o que expelia), chegando, por isso, a pesar menos de cinco quilos. Nada de anormal se encontrou, organicamente, nesse bebê, além do extremo emagrecimento, mas se observou nele o hábito de pôr dois dedos na boca, ló no fundo da garganta, o que deveria estar sendo a causa dos vômitos que apresentava. Os cuidados carinhosos de uma enfermeira fizeram Jerry ganhar um quilo e meio em um mês, mas de volta à casa, os problemas retomaram. Pôde-se, então, constatar que o bebê era deixado muito tempo no berço sendo tomado ao colo somente para mamar, o que era feito, porém, muito rapidamente, com o bico da mamadeira colocado no fundo da garganta.

Jerry imitava, assim, o que a própria mãe fazia, e esta, preocupada e culpada pelo baixo peso do bebê, dava-lhe várias mamadeiras durante o dia.

Em consequência, Spitz interpretou que, ao mamar, esse bebê não pretendia, na verdade, encher o estômago ou se satisfazer, mas o mais importante era o contato prolongado com a mãe, que só dessa maneira ele podia obter. E eu lhes conto essa história verídica, como um exemplo de que a necessidade de um contato emocional pode ser mais importante do que sobreviver.

Nem sempre, porém, a morte real sobrevém. O mais comum, e a deixar histórias para serem contadas, seria a morte psíquica, a perda da própria individualidade, da própria espontaneidade, da capacidade de se expressar criativamente, como um ser único a se distinguir de todos os demais. Como a ninfa Eco, muitos são os pacientes que nos chegam transformados em rocha, endurecidos em seus afetos, mas ainda à espera de que um gesto, ou uma palavra, possam lhe devolver a humanidade perdida.

O castigo de Eco provém de uma mulher, a esposa ciumenta de um marido infiel. O mito, ao configurar um triângulo, aponta, contudo, para a relação dual – Juno e Eco – ou, podemos inferir, mãe e filha, revelando um conflito que termina em drama, tendo como pano de fundo um casamento infeliz. A maternidade pode se transformar em carga pesada para uma mulher insatisfeita e menosprezada, que se torna, assim, impaciente, incapaz de acolher e responder às solicitações e necessidades de uma filha. A tagarelice de Eco facilmente faz lembrar a um observador do desenvolvimento infantil, a insistência de uma menininha envolvendo a mãe com suas perguntas e histórias, perseguindo-a por todos os cantos, evidenciando aí uma paixão, matriz e modelo de todas as outras que poderá ter pela vida afora.

Pois isso, a evolução da teoria psicanalítica já nos ensinou – a paixão edípica, a paixão da menina pelo pai, tem como precursora a relação que ela viveu, anteriormente, com a mãe. Dessa relação vai depender, ainda, a estruturação da identidade feminina, processo onde está incluída, nós sabemos, uma importante fase de imitação, quando a menina copia desde o sorriso até os trejeitos e as expressões da mãe, vestindo, nas brincadeiras, suas roupas, calçando seus sapatos e pintando seu rosto com blush e batom. Dentro desse molde, no qual a menina agradavelmente se encaixa, deve, entretanto, desabrochar sua própria singularidade, mas que só pode ocorrer, na medida em que sua mãe retribuir o investimento afetivo da filha, encantando-se, ela também, e desde que a levou em seus braços, com sua maneira particular de ser. As características narcísicas da personalidade de uma mulher, levando-a a centrar-se em si mesma, ou conflitos que ela tenha com sua feminilidade, são elementos, por exemplo, que perturbam sua relação com a filha, determinando uma reação em cadeia nessa área de dificuldades que podem passar de geração em geração.

O mito de Eco nos permite pensar sobre a necessidade da mulher em buscar um parceiro amoroso tão fugidio e narcísico quanto sua mãe o foi um dia para ela, expressando, de maneira entrecortada, seu anseio:

"Escuta, vem cá, por que foges de mim? Juntemo-nos aqui. Que o amor nos uma!".

A união desejada é aquela que a paixão amorosa pode oferecer, a perda dos limites entre o self e o mundo, entre o eu e o outro, repetindo a condição inicial da vida, para que, quem sabe, ocorra finalmente agora, o que poderia ter sido e não foi.

A beleza invulgar de Narciso o torna como que um ser perfeito. Amada por ele, poderia Eco partilhar dessa perfeição e, iluminada por seu fulgor, apagaria os vestígios da ferida causada por Juno no castigo que lhe aplicou. Esse é, todavia, seu equívoco, pois Narciso foi, também, um filho repelido e indesejado, somente aceito pela mãe, Liríope, em virtude da extrema beleza de que foi dotado. Tal atributo passa a ser, por toda a vida, sua maldição; cobiçado e perseguido por deusas e mortais, delas foge, pois seria, ainda uma vez, desejado e usado como o instrumento que satisfaz a necessidade e a vaidade de alguém, jamais sendo, pois, verdadeiramente amado.

Não tem ele o que dar, portanto, já que, de fato, nada recebeu. Ao se aproximar de uma mulher – como nos ensina a vida de tantos narcisos atuais – repete e inverte aquilo por que ele próprio passou. Da mulher que o ama, espera que seja, apenas, o espelho que o reflete, sem existência própria, cumprindo tão somente a missão de acentuar e sustentar a imagem idealizada dele mesmo. É a história de Eco, repetindo as palavras do amado, ou de uma mulher qualquer, que enamorada por um parceiro ideal, investido de prestígio, beleza ou poder, a ele se junta, imaginando escapar a um destino de insuficiência e desamor. Tentando salvar-se, ela acaba por se perder, pois que esse amor vai lhe exigir a anulação total em proveito de um senhor.

III

Gostaria, agora, de transportar o mito da Antiguidade Clássica para tempos mais recentes, com personagens vivos a ilustrar e completar as ideias que aqui esbocei.

O mito de Eco e Narciso é, acima de tudo, o mito do talento mutilado, da expressão criadora malograda e, por isso, em meio a tantos exemplos, ressalta o caso amoroso de Rodin e Camille Claudel, a escultora que, em sua história infeliz, repete a desventura da ninfa.

Com talento promissor, apaixonada por sua arte, Camille Claudel mudou o rumo de sua vida ao se enamorar de Rodin. Os documentos a apresentam como uma personalidade forte e determinada, uma artista com estilo pessoal, imaginação rica e execução apurada já aos dezenove anos de idade. Não obstante todos esses atributos, durante dez anos permaneceu apenas como assistente do amante, executando suas obras e pouco ou nada de seu criando em todo esse período. Cumpria-se a advertência do pai: "Você é uma grande escultora", dizia ele. "Por que vai trabalhar com Rodin? Você vai sacrificar sua originalidade. Cuidado! Vai deixar lá tudo o que tem" (2).

Ao romper com Rodin, surge um tempo fértil de criação que, embora fugaz, foi suficiente o bastante para deixar esculturas que atestam seu gênio. Esculturas delicadas, dotadas de movimento, captando como que instantâneos de vida, e definidas por um crítico importante da época como poemas que, com maestria, ela criara. Em suas palavras, Camille Claudel iniciou uma forma moderna de expressão, sem a menor semelhança, o menor parentesco com o que quer se conhecia até então (2). Apesar desse depoimento, Camille enfrentou os preconceitos e maledicências das muitas que o viam como imitadora do mestre, usando os restos de seus trabalhos para esculpir.

Apesar de seu imenso talento e da aprovação que seu trabalho já encontrava, o afastamento de Rodin lhe foi fatal. A ruptura havia se seguido ao aborto de um bebê, filho dos dois, e da recusa do amante em casar-se com ela, abandonando a antiga companheira. Sua obra teve o mesmo destino, pois, em uma crise, destruiu os moldes e as peças que com ela estavam, e só uma escultura assinou em toda sua vida, uma das primeiras que havia produzido, antes mesmo de encontrar Rodin.

Sua força criadora definhou e se esgotou, provavelmente porque ela já trazia dentro de si, com a falta do reconhecimento de um ser amado, o cansaço da luta por se expressar. Reproduzindo o mito, Camille viu seu dom amaldiçoado pela mãe, que a acusava dos sacrifícios feitos por seu pai, para que ela exercesse sua arte. O apoio do pai não lhe bastou, pois provocava ciúmes e acentuava a hostilidade da mãe.

A doença, que já se insinuava, aos poucos se acentuou. Camille se descuida, embriaga-se, veste-se de maneira bizarra e desenvolve um delírio centrado em torno de Rodin. Acredita que ele conspira contra ela, que a prejudica e que a roubou. Sua degradação provoca a internação em um asilo de loucos, onde permanecerá por trinta anos até sua morte, sem nada mais produzir. Ela atribui, ainda a Rodin, esse infortúnio, como o atesta uma carta sua escrita já depois da morte do escultor:

"... é realmente forte demais! E me condenar à prisão perpétua para que não reclame!"

"Tudo isso, no fundo, sai do cérebro diabólico de Rodin. Ele só tinha uma ideia, a de que ele, morrendo, eu tomasse impulso como artista e me tornasse maior do que ele; ele precisava manter-me em suas garras depois de morto, como em vida."

"Eu me aborreço muito com essa escravidão" (2).

Até o fim de sua vida, ele tomará conta de seus pensamentos e de seus dias.

IV

Narciso e Eco padecem do mesmo mal, da injúria que o desamor causou e, só na aparência, diferem. No diálogo descrito, um e outro confessam o mesmo desejo e as mesmas queixas: "Ninguém me escuta, vem cá, por que foges de mim". Ao final, porém, enquanto Eco, vencendo seu medo, se aproxima, Narciso, assustado, foge.

Na situação analítica, o cuidado consistiria em evitar que tal desencontro aconteça, e o mito nos ensina o caminho a seguir. Ao tratar de uma personalidade narcísica, o psicanalista, ocupando o lugar de Eco, vai ter que conviver com a atitude indiferente, a frieza e o desapego de seu paciente, sabendo que, por trás dessa aparente falta de relação emocional, existe dentro dele, uma história anterior de sentimentos intensos e ameaçadores que ele teme repetir. O psicanalista terá, então, de esperar com paciência sua aproximação temerosa, respeitando a distância que ele considera ideal entre os dois e que estabelece, por exemplo, quando falta com frequência ou chega atrasado às sessões. Uma aproximação afetiva, embora desejada, pode levar a um retraimento pelo medo de ser invadido, manipulado ou espoliado. A recusa de um narcísico em se entregar, deixa o analista ou o parceiro com os sentimentos de abandono e frustração que ele poderia sofrer, se vivesse um maior envolvimento emocional.

Na última década, principalmente, muito se tem escrito e aprendido sobre os distúrbios do narcisismo. Pouca atenção, entretanto, tem sido dada aos pacientes que, em sua patologia, se assemelham ao comportamento de Eco na relação com Narciso. São pessoas que se deixam levar pelos outros, influenciáveis, crédulas e que adotam ou repetem as opiniões alheias, pois não sabem o que realmente sentem, pensam ou querem. Em sua necessidade de serem amados, ficam à mercê dos demais e são depositários de suas projeções ou alvo de depreciação e humilhações. Precisam, pois, de alguém que venha em sua defesa e os ajude a resgatar uma autoestima há muito tempo perdida; precisam de alguém que seja o porta-voz dos sentimentos que, impossibilitados como Eco, não conseguem expressar, para que, sendo assim reconhecidos, possam se conhecer, desabrochar e libertar sua força criadora. Que seja essa também uma tarefa de psicanalistas.

Bibliografia

1. BRANDÃO, J. (1993) *Mitologia grega,* Ed. Vozes, Petrópolis.

2. DELBÉE, A. (1998) *Camille Claudel, uma mulher,* Ed. Martins Fontes, São Paulo.

3. *Mitologia*, Publicação Abril Cultural.

4. SPITZ. R. *The Derailment of Dialogue*, JAPA, 1994, vol. XII.

5. VILETE, E. *O mal da lua,* trabalho apresentado no XII Congresso Brasileiro de Psicanálise, RJ.

4. Clarice, Winnicott e Macabéa

Em seu texto "A amamentação como forma de comunicação" Winnicott nos diz: "... existem 'os que têm' e 'os que não têm', e isso nada tem a ver com finanças; tem a ver com aqueles que começaram muito bem suas vidas, e com aqueles que não tiveram a mesma sorte". Nesse mesmo livro *Os bebês e suas mães*, em outro trabalho sobre a comunicação, e onde volta a ressaltar a importância das condições ambientais ele acrescenta: "Há, de fato, uma diferença muito grande entre ter nascido filho de um beduíno que vive nas areias escaldantes, de um prisioneiro político na Sibéria ou da esposa de um comerciante da úmida, porém bela, parte ocidental da Inglaterra. Posso ser uma pessoa convencionalmente suburbana, ou um bastardo. Posso também ser filho único, filho mais velho, o do meio entre cinco filhos, ou ainda o terceiro de uma série de quatro meninos. Tudo isso tem importância e faz parte de mim".

Macabéa, personagem criada por Clarice Lispector em *A hora da estrela,* não foi abençoada pela sorte. Nordestina, nascida inteiramente raquítica, na miséria dos que têm fome, com "dois anos de idade já lhe haviam morrido os pais de febres ruins no sertão de Alagoas, lá onde o diabo perdera as botas". Clarice inicia, assim, a história da infância de Macabéa resumindo sua tragédia em frases que a fazem comungar com Winnicott, como que a ecoar suas palavras quando diz: "Há os que têm. E há os que não têm. É muito simples: a moça não tinha. Não tinha o quê? É apenas isso mesmo: não tinha. Se der para me entenderem, está bem. Se não também está bem". No romance Clarice se oculta por trás de um narrador – Rodrigo S. M., um suposto escritor – que assim define sua tarefa: "... preciso falar dessa nordestina senão sufoco" e, ao fazê-la, curiosamente repete, de novo, palavras que o próprio Winnicott usou ao traduzir seu ofício como clínico: "Eu não sou um intelectual, trabalho (escrevo) com meu corpo".

Vamos, então, começar pelo final, pelo efeito dos anos de privação e pobreza, com a descrição que o narrador faz de uma Macabéa aos dezenove anos: "... limito-me a contar as fracas aventuras de uma moça numa cidade toda feita contra ela. Ela que deveria ter ficado no sertão de Alagoas com vestido de chita e sem nenhuma datilografia, já que escrevia tão mal, só tinha até o terceiro ano primário. Por ser ignorante era obrigada na datilografia a copiar lentamente letra por letra – a tia é que lhe dera um curso ralo de como bater à máquina. E a moça ganhara uma dignidade: era enfim datilógrafa".

"Quanto à moça", continua o narrador, "ela vive num limbo impessoal, sem alcançar o pior nem o melhor. Ela somente vive, inspirando e expirando. Na verdade – para que mais que isso? O seu viver é ralo... moça essa que dormia de combinação de brim com manchas bastante suspeitas de sangue pálido. Para adormecer nas frígidas noites de inverno enroscava-se em si mesma, recebendo-se e dando-se o próprio pouco calor. Dormia de boca aberta por causa do nariz entupido, dormia exausta, dormia até o nunca".

"Ela toda era um pouco encardida, pois raramente se lavava. De dia usava saia e blusa, de noite dormia de combinação. Uma colega de quarto não sabia como avisar-lhe que seu cheiro era murrinhento...".

Desde recém-nascido, e pela infância afora, as necessidades de um bebê principiam pelo seu corpo – a dor da fome, as cólicas, o desconforto da permanência no berço ou das fraldas sujas, a sensação de frio ou calor fazem parte do desprazer que a mãe devotada consegue aliviar trazendo o bem-estar que acalma. E, se o amor no estágio inicial da vida, como afirma Winnicott, só pode ser demonstrado através dos cuidados corporais, aí se situa, podemos inferir, a base da autoestima, do amor a si mesmo. Assim, podemos supor, a aparência desleixada de Macabéa traduzia a falta de cuidados que, por não ter recebido, não teria em consequência aprendido Ao contrário, a falta de cuidados causaria como pano de fundo uma narrativa de vida "acompanhada do princípio ao fim por uma levíssima e constante dor de dentes, coisa de dentina exposta". A própria Macabéa vivia tomando aspirinas e, indagada por Glória – a colega de trabalho – por que fazia isso, respondeu-lhe:

É para eu não me doer.
"Como é que é? Hein? Você se dói?"
Eu me doo o tempo todo.
"Aonde?"
Dentro, não sei explicar.

Talvez por todo esse mal-estar, em determinado momento, o narrador exclama condoído: "Ah pudesse eu pegar Macabéa, dar-lhe um bom banho, um prato de sopa quente, um beijo na testa enquanto a cobria com um cobertor. E fazer que quando ela acordasse encontrasse simplesmente o grande luxo de viver". A essa altura da história, Rodrigo, diante de tanto desamparo, tal como a mãe de um recém-nascido, já se descobria enamorado de sua criação. Ele que no início se irritava com sua incompetência, com sua cara de tola, vivendo a se desculpar por ocupar espaço, conclui: "Ninguém olhava para ela na rua, ela era café frio..."; "essa moça que assoava o nariz na barra da combinação... não tinha aquela coisa delicada que se chama encanto. Só eu a vejo encantadora. Só eu, seu autor, a amo. Sofro por ela". "Sim, estou apaixonado por Macabéa, a minha querida Maca, apaixonado por sua feiura e anonimato total, pois ela não é para ninguém. Apaixonado por seus pulmões frágeis, a magricela". Exausto de escrever, interrompe a história por três dias. Nesse período, sozinho, sem personagens, sente que se "despersonaliza a ponto de adormecer". Ao acordar, porém, sente falta de Macabéa.

A descrição de seu estado pode nos levar a outra descrição, agora em Winnicott "Algo acontece às pessoas quando elas se veem confrontadas com o desamparo que supostamente caracteriza o bebê. É terrível deixar um bebê à porta de vocês, pois suas reações ao desamparo do bebê modificam suas vidas e talvez atrapalhem os planos que tenham feito... Poderíamos quase dizer que as pessoas que cuidam de um bebê são tão desamparadas em relação ao desamparo do bebê quanto o bebê o é. Talvez haja até mesmo um confronto de desamparos" (A comunicação entre o bebê e a mãe – *Os bebês e suas mães*). Prosseguindo no tema e se referindo à preocupação materna primária ele acrescenta: "É provável que nessa circunstância as mães se tornem capazes, em uma forma especializada, de se colocar na situação do bebê – quero dizer, de quase se perderem em uma identificação com ele, de tal maneira que saibam aquilo de que o bebê precisa naquele exato momento". E, de novo, como um contraponto, as palavras de Rodrigo: "Pareço conhecer nos menores detalhes essa nordestina, pois se vivo com ela. E como muito adivinhei a seu respeito, ela me grudou na pele qual melado pegajoso ou lama negra". "Agora, não é confortável: para falar da moça tenho que não fazer a barba durante dias... adquirir olheiras escuras por dormir pouco... além de vestir-me com roupa velha e rasgada. Tudo isso para me por no nível da nordestina".

Ao descrever o trabalho analítico como sendo não um fazer interpretações argutas, mas sim, simplesmente refletir, devolver ao paciente, a longo prazo, aquilo que ele traz, Winnicott esclarece que não lhe agradaria deixar a impressão de que seja um trabalho fácil. "Não é", afirma ele, "emocionalmente é exaustivo. Mas temos nossas recompensas".

E assim, novamente os pensamentos de Winnicott e Clarice se reaproximam, não apenas quanto às dificuldades de seus ofícios, mas também em sua natureza de comunhão e espelhamento como as palavras do narrador confirmam: "Vejo a nordestina se olhando no espelho... e no espelho aparece o meu rosto cansado e barbudo. Tanto nós nos intertrocamos". "Será que o meu ofício doloroso é o adivinhar na carne a verdade que ninguém quer enxergar? Se sei quase tudo de Macabéa é que já peguei uma vez de relance o olhar de uma nordestina amarelada. Esse relance me deu ela de corpo inteiro". Se para Clarice, Rodrigo se oferece como um espelho – na mais pura tradição do conceito de Winnicott – seria para preencher o que faltava à Macabéa, ou seja, a imagem de si mesma, pois a ela parecia que no espelho baço e escurecido não se via. "Sumira por acaso a sua existência física?". E, mais ainda faltava-lhe junto a uma integração de sua imagem corporal o sentimento de ser, pois "nunca pensara em 'eu sou eu'. Acho que julgava não ter direito, ela era um acaso. Um feto jogado na lata de lixo embrulhado em jornal".

Entretanto, embebido da jovem "como um pano de chão todo encharcado", Rodrigo, em seu trabalho de criação, se apresenta como a metáfora de um ambiente sustentador permitindo que o potencial herdado de Macabéa desabrochasse em singularidades que ele passa a descrever:

"Tinha o que se chama de vida interior e não sabia que tinha".

"Todas as madrugadas escutava a Rádio Relógio que dava 'hora certa e cultura'. Era a rádio perfeita para ela e sua curiosidade porque, entre os pingos do tempo, dava curtos ensinamentos".

"Um dia viu algo que por um leve instante cobiçou: um livro que o patrão – Seu Raimundo – deixara sobre a mesa. Humilhados e ofendidos. Ficou pensativa. Talvez tivesse pela primeira vez se definindo numa classe social".

"Vez por outra ia para a Zona Sul e ficava olhando as vitrines faiscantes de joias e roupas acetinadas – só para se mortificar um pouco. É que ela sentia falta de encontrar-se consigo mesma, e sofrer um pouco é um encontro... Também podia ocasionalmente lembrar-se de coisa esquecida como, por exemplo, a tia lhe dando cascudos no alto da cabeça porque o cocuruto de uma cabeça devia ser, imaginava a tia, um ponto vital... Mas uma coisa descobriu inquieta: já não sabia mais ter tido pai e mãe, tinha esquecido o sabor... Não tinha nem mesmo a lembrança de seus nomes, nunca mencionados por essa tia que a criara... Do contato com a tia ficara-lhe a cabeça baixa".

"Quando acordava não sabia mais quem era. Só depois é que pensava com satisfação: sou datilógrafa e virgem, e gosto de *Coca-Cola*. Só então vestia-se de si mesma, passava o resto do dia representando com obediência o papel de ser". "Só uma vez se fez uma trágica pergunta: quem sou eu? Assustou-se tanto que parou completamente de pensar". Entretanto, como que aceitando o falso *self* submisso, "vagamente pensava de muito longe e sem palavras o seguinte: já que sou, o jeito é ser". A existência de um falso *self*, porém, resulta em uma sensação de inutilidade, e "a maior parte do tempo tinha, sem o saber, o vazio que enche a alma dos santos. Não sabia que meditava, pois não conhecia o que queria dizer a palavra. Mas parece-me que sua vida era uma longa meditação sobre o nada". O pior momento de sua vida era domingo, ao final da tarde: "caia em meditação inquieta, o vazio do seco domingo. Suspirava. Tinha saudade de quando era pequena... e pensava que fora feliz" embora, de fato, Macabéa recordasse as meninas brincando de roda, cantando cantigas, de mãos dadas, enquanto ela apenas ouvia sem poder participar, porque a tia a queria para varrer o chão. Clarice conclui com o comentário: "Na verdade, por pior que seja a infância ela é sempre encantada".

Ao falar da saudade e do vazio da nordestina, mais uma vez Clarice se conjuga com o pensamento de Winnicott. Diz ele referindo-se a determinados pacientes: "Para entender isso (o vazio), é necessário pensar não em traumas, mas em nada acontecendo, quando algo poderia, proveitosamente, ter acontecido". E, assim, ao se lembrar das cantigas de roda, Macabéa, na verdade "sentia saudade do que poderia ter sido e não foi". Ainda em sua teoria, Winnicott com uma visão bastante original, refere-se a pacientes que por terem horror ao vazio organizam, como defesa, um vazio controlado, por exemplo não comendo ou nada aprendendo. Tal concepção de Winnicott nos conduz e traduz um trecho do romance em que Clarice apresenta Macabéa supersticiosa, temendo sentir um gosto bem bom de viver, pois achava que cairia em grave castigo e até risco de morrer se sentisse gosto. Então defendia-se da morte por intermédio de um viver de menos, gastando pouco de sua vida para esta não acabar. "Teria ela a sensação de que vivia para nada?", pergunta-se o narrador em sua descrença no destino de Macabéa diante da rigidez de tal defesa. E mais ainda: "Conheceria ela, algum dia, do amor o seu adeus? Conheceria algum dia do amor os seus desmaios? Teria a seu modo o doce voo?".

Como que respondendo a essas perguntas o narrador formula outra pergunta e nos conta um episódio surpreendente: "pois não é que (ela) quis descansar as costas por um dia?" Assim Rodrigo introduz o artifício empregado por Macabéa para se ausentar um dia no trabalho, mentindo ao chefe que precisava arrancar um dente. "E a mentira pegou. Às vezes só a mentira salva", opinou Clarice. "Então, no dia seguinte" prossegue a narração, "quando as quatro Marias cansadas (as companheiras de quarto) foram trabalhar, ela teve pela primeira vez na vida uma coisa, a mais preciosa: a solidão. Tinha um quarto só para ela. Mal acreditava que usufruía o espaço. E nem uma palavra era ouvida. Então dançou num ato de absoluta coragem, pois a tia não a entenderia. Dançava e rodopiava porque ao estar sozinha se tornava: l-i-v--r-e! Usufruía de tudo, da arduamente conseguida solidão, do rádio de pilha tocando o mais alto possível, da vastidão do quarto sem as Marias.

Arrumou, como pedido de favor, um pouco de café solúvel com a dona dos quartos e, ainda como favor, pediu-lhe água fervendo, tomou tudo se lambendo e diante do espelho para nada perder de si mesma. Encontrar-se consigo própria era um bem que até então ela não conhecia. Acho que nunca fui tão contente na vida, pensou".

O talento e a sensibilidade de Clarice ilumina um dos trabalhos mais criativos de Winnicott "A capacidade para estar só" de 1958, inserido como um estágio no processo de amadurecimento da criança, na sequência: 1) eu, o indivíduo se estabeleceu como uma unidade; 2) eu sou, o indivíduo tem não só forma mas também vida; 3) eu estou só.; "e somente quando só, a criança é capaz de fazer o equivalente ao que no adulto chamamos relaxar. A criança tem a capacidade de se tornar não integrada, de devanear... a cena está armada para uma experiência do *id*. Com o passar do tempo surge uma sensação ou um impulso. Nesse estado a sensação ou o impulso será sentido como real e será uma experiência verdadeiramente pessoal".

A capacidade alcançada por Macabéa para viver, agora, suas experiências pessoais se manifestam em um outro momento da história ao ouvir no rádio Caruso cantando *Una Furtiva Lacrima*. "A voz era tão macia" – comenta ela – "que até doía ouvir". "A música fora a única coisa belíssima em sua vida... quando ouviu começara a chorar. Era a primeira vez que chorava, não sabia que tinha tanta água nos olhos. Chorava, assoava o nariz sem saber mais por que chorava. Não chorava por causa da vida que levava, porque não tendo conhecido outros modos de viver, aceitara que com ela era 'assim'. Creio que chorava porque, através da música, adivinhava talvez que havia outros modos de sentir, havia existências mais delicadas e até com um certo luxo de alma".

Ao descrever a história de uma paciente com potencial suicida e que se tornara extremamente dependente dele (Dependência no cuidado do lactente, no cuidado da criança...), Winnicott, que precisara se afastar por uma viagem ao exterior, conclui: "ela estava sendo mantida em existência por ter uma realidade como objeto de minha preocupação". Os estudiosos da obra de Clarice levantam conjecturas sobre a criação do narrador, chamados por alguns de um falso autor por trás do qual ela se esconderia. Essa ideia não faz justiça à autora que durante tantos anos como cronista do Jornal do Brasil expôs seu íntimo a ponto de temer que seu texto estivesse se tornando excessivamente pessoal. É bem possível que Clarice tivesse emprestado a Rodrigo o mistério e segredos de seu processo de criação para que ele exercesse a função acima assinalada por Winnicott, ou seja, aquele que, em sua preocupação sustentasse a existência de sua personagem, uma nordestina como ela própria, até que Macabéa pudesse desenvolver a capacidade de estar só. "Eu não inventei essa moça" explica Rodrigo. "Ela forçou dentro de mim sua existência. Ela não era nem de longe débil mental, era à mercê e crente como uma idiota".

Conquistando a liberdade de ser, Macabéa agora se apaixona. No meio de uma chuva abundante de fim de tarde o rapaz e ela se olharam e se reconheceram como dois nordestinos, bichos da mesma espécie. "E a moça, bastou-lhe vê-lo para torná-lo imediatamente sua goiabada com queijo" – a sobremesa preferida. Olímpico era rude, indelicado, "mas ela já o amava tanto que não sabia mais como se livrar dele, estava em desespero de amor", e "nunca esqueceria que no primeiro encontro ele a chamara de 'senhorinha', ele fizera dela um alguém". Olímpico, na verdade, não mostrava satisfação nenhuma em namorar Macabéa porque talvez visse que ela não tinha força de raça, mas quando viu Glória logo adivinhou que, apesar de feia ela era bem alimentada e isso fazia dela material de boa qualidade. Esperto, ambicioso, logo descobriu que "Glória tinha mãe, pai e comida quente em hora certa e isso a tornava material de primeira qualidade. Olímpico caiu em êxtase quando soube que o pai dela trabalhava num açougue. Glória era toda contente consigo mesma, dava-se grande valor", confirmando, assim, que os bons cuidados também alimentam a autoestima.

Enquanto isso, ingênua e crédula, Macabéa só pensava no dia em que o namorado quisesse ficar noivo e casar. Mas, ao contrário, Olímpico desmanchou o namoro, e embora querendo ser gentil se despediu dizendo: "Você, Macabéa, é um cabelo na sopa. Não dá vontade de comer".

"Depois que Olímpico a dispensou, ela que não era pessoa triste, procurou continuar como se nada tivesse perdido... também que é que ela podia fazer? Pois ela era crônica. E mesmo tristeza também era coisa de rico, era para quem podia, para quem não tinha o que fazer.

Tristeza era luxo. Depois tudo passou e Macabéa continuou a gostar de não pensar em nada. Vazia, vazia."

Entretanto, lembrando de Winnicott, acreditamos que uma psicanálise bem sucedida tão somente desata os nós do desenvolvimento e libera os processos evolutivos e as tendências herdadas do paciente. Em outras palavras, havendo o suporte do ambiente, o progresso do paciente é um caminho sem volta, pois o impulso à integração o levará sempre adiante. Assim entendemos porque Macabéa, depois que se tornou capaz de encontrar a si mesma, aceitou o oferecimento de Glória (culpada por lhe ter roubado o namorado) de pagar uma consulta com a cartomante que a ajudara a conquistá-lo: "Olímpico é meu, mas na certa você arranja outro namorado". A audácia de aceitar o dinheiro emprestado deu-lhe um ânimo inesperado e assim, pela primeira vez na vida, tomou um táxi e foi para Olaria.

A própria Madame Carlota, antiga prostituta e cafetina, a acolheu com simpatia – "Aceita um cafezinho enquanto espera, minha florzinha?" – "Macabéa sentou-se um pouco assustada porque faltavam-lhe antecedentes de tanto carinho". Ao lhe pôr as cartas, a madame de repente arregalou os olhos: "Mas Macabeazinha, que vida horrível a sua, que horror!". Macabéa empalideceu – nunca lhe ocorrera que sua vida fosse tão ruim. Mas, de repente, o rosto de madame se acendeu todo iluminado, dizendo que tinha grandes notícias – "Faz tempo que não boto cartas tão boas" – e assim lhe prometeu muito dinheiro, um namorado estrangeiro rico e alourado chamado Hans que a amaria muito. "Macabéa nunca tinha tido coragem de ter esperança, mas agora ouvia a madame como se ouvisse uma trombeta vinda dos céus". Ao se despedir, madame lhe diz: "Agora vá embora para encontrar seu maravilhoso destino" e Macabéa "num súbito ímpeto de vivo impulso, entre feroz e desajeitada, deu um estalado beijo em seu rosto. E sentiu de novo que sua vida já estava melhorando ali mesmo, pois era bom beijar. Quando ela era pequena, como não tinha a quem beijar, beijava a parede. Ao acariciar, ela se acariciava a si própria". Saíra da casa da cartomante "uma pessoa grávida de futuro" tomada de intensa esperança e então, ao dar o passo de descida da calçada para atravessar a rua, o Destino através de um Mercedes amarelo pegou-a, jogando-a ao chão e deixando-a inerte na sarjeta. Da cabeça, que batera na quina da calçada corria 'um fio de sangue inesperadamente vermelho e rico'...; 'e ela se agarrava a um fiapo de consciência, repetindo mentalmente sem cessar: eu sou, eu sou, eu sou'...; 'Fora buscar no próprio profundo e negro âmago de si mesma o sopro de vida que Deus nos dá'. 'Então, ali deitada (debaixo da garoa que caia) teve uma úmida felicidade suprema, pois ela nascera para o abraço da morte".

Algumas pessoas brotaram de um beco e se agruparam em torno dela "sem nada fazer, assim como antes, pessoas nada haviam feito por ela, só que agora pelo menos a espiavam, o que lhe dava uma existência".

Rodrigo que, nos últimos episódios se limitara a descrever os fatos, volta a se pronunciar, cogitando se poderia voltar atrás aos minutos passados e recomeçar com alegria no ponto em que Macabéa estava de pé na calçada. "Mas", constata, "não dependeu de mim fazer que o homem alourado e estrangeiro a olhasse". "Vou fazer o possível para que ela não morra". "Macabéa vai morrer? Como posso saber?". "Eu poderia deixá-la na rua e simplesmente não acabar a história. Mas não: irei até onde o ar termina, irei até onde a grande ventania se solta uivando, irei até onde o vácuo faz uma curva, irei aonde meu fôlego me levar".

"Desculpai-me essa morte. É que não pude evitá-la, a gente aceita tudo porque já beijou a parede".

"Morta, os sinos badalavam, mas sem que seus bronzes lhes dessem som. Agora entendo essa história. Ela é a iminência que há nos sinos que quase-quase badalam".

"No fundo ela não passara de uma caixinha de música meio desafinada".

Transpondo a situação de Rodrigo e Macabéa para o *setting* analítico, relembro os comentários de Winnicott em "O uso do objeto" sobre pacientes que por sua gravidade não conseguem aproveitar a situação analítica. Diz ele: "Sempre esperamos que nossos pacientes terminem a análise e nos esqueçam: e descubram que o próprio viver é a terapia que faz sentido. Embora escrevamos artigos sobre esses casos fronteiriços, sentimo-nos interiormente perturbados quando a loucura que neles existe permanece irrevelada e não enfrentada". São pacientes que por suas precárias experiências não conseguem desenvolver uma confiança básica que permitam a entrega ao analista e ao processo analítico. São pacientes que, por medo da dependência extrema, nos abandonam e desistem de si mesmos, tornando-se eles os sinos que quase-quase badalam, deixando-nos, muitas vezes a dor da incomunicabilidade humana.

5. Pai contra Mãe

I

Em um período de férias prolongadas e incentivada pela celebração do centenário da morte de Machado de Assis, pus-me a reler sua obra. Primeiro os romances, depois os contos, escolhidos ao acaso ou, talvez, ao sabor da minha vontade. Na ocasião, acabei por perceber que saltava as páginas de Pai contra Mãe, rodeando-as, como que atraída por elas, para afastá-las em seguida. Pouco depois recebi o convite honroso e tão grato para estar aqui com vocês nesse dia especial, e vi-me diante da condição privilegiada de escolher, dentre os textos de Machado, o assunto que mais me interessasse. Durante semanas hesitei, sem conseguir chegar a uma decisão, mas constatei, curiosa, que estava repetindo o mesmo processo de quando, em minhas releituras, rodeava Pai contra Mãe, entrevendo agora, porém, um temor desconhecido. Afinal, solicitada pela organização para que titulasse o meu trabalho, pensei – por que não? – assumindo o risco do percurso. É possível que o próprio Machado me oferecesse, para essa decisão, seu braço protetor, dizendo: "Eu gosto de catar o mínimo e o escondido. Onde ninguém mete o nariz, aí entra o meu, com a curiosidade estreita e aguda que descobre o encoberto" (Crônica de 11/11/1897).

"A escravidão levou consigo ofícios e aparelhos... Um deles era o ferro ao pescoço, outro o ferro ao pé, havia também a máscara de folha de flandres. A máscara fazia perder o vício da embriaguez aos escravos, por lhes tapar a boca. Tinha só três buracos, dois para ver, um para respirar, e era fechada atrás da cabeça por um cadeado. Com o vício de beber, perdiam a tentação de furtar, porque geralmente era dos vinténs do senhor que eles tiravam com que matar a sede, e aí ficavam dois pecados extintos, e a sobriedade e a honestidade certas".

Assim Machado inicia seu conto, descrevendo com aparente distanciamento e frieza os costumes ligados à escravidão – "Era grotesca tal máscara, mas a ordem social e humana nem sempre se alcança sem o grotesco, e alguma vez o cruel". "O ferro ao pescoço", continua ele, "era aplicado aos escravos fujões. Imaginai uma coleira grossa, com a haste grossa também à direita ou à esquerda, até ao alto da cabeça e fechada atrás com chave. Pesava, naturalmente, mas era menos castigo que sinal. Escravo que fugia assim, onde quer que andasse, mostrava um reincidente, e com pouco era pegado".

No parágrafo seguinte, porém, Machado se utiliza, sutilmente, de seu estilo irônico para nos lembrar a humanidade dos escravos. Diz ele: "Há meio século, os escravos fugiam com frequência. Eram muitos. E nem todos gostavam da escravidão. Sucedia ocasionalmente apanharem pancada, e nem todos gostavam de apanhar pancada".

"Quem perdia um escravo por fuga dava algum dinheiro a quem lhe levasse. Punha anúncio nas folhas públicas, com os sinais do fugido, o nome, a roupa, o defeito físico, se o tinha, o bairro por onde andava e a quantia da gratificação... Muitas vezes o anúncio trazia em cima ou ao lado uma vinheta, figura de preto, descalço, correndo, vara ao ombro, e na ponta uma trouxa. Protestava-se com todo o rigor da lei contra quem o acoutasse."

Machado prossegue informando ao leitor: "Ora, pegar escravos fugidos era um ofício do tempo". Não seria nobre, mas por ser instrumento da força com que se mantém a lei e a propriedade, trazia essa outra, nobreza implícita das ações reivindicadoras.

"Ninguém se metia em tal ofício por desfastio ou estudo; a pobreza, a necessidade de uma achega, a inaptidão para outros trabalhos... davam o impulso ao homem que se sentia bastante rijo para por ordem à desordem". Tais esclarecimentos serviram para que o autor nos apresentasse o seu personagem – Cândido Neves – o Candinho, em família. "Candinho", conta Machado, "cedeu à pobreza, quando adquiriu o ofício de pegar escravos fugidos". "Tinha um defeito grave esse homem", acrescenta Machado, "não aguentava emprego nem ofício, carecia de estabilidade". Candinho passara por diferentes atividades, e de todas desgostava ou para elas se mostrara inapto. Entretanto queria ter em que trabalhar, pois contava já trinta anos e pensava em casar com Clara, moça órfã, de vinte e dois anos, que morava com sua tia Mônica e com quem cosia para sobreviver. Onze meses após o início do namoro o casamento acontece – a mais bela festa das relações dos noivos, pois, apesar da pobreza, eram dados a "patuscadas" e "a alegria era comum aos três".

Entretanto, depois do casamento, "na casa pobre onde eles foram se abrigar"; "tia Mônica falou-lhes uma vez nos filhos possíveis. Eles queriam um, um só, embora viesse agravar a necessidade".

"Vocês, se tiverem um filho, morrem de fome", disse a tia à sobrinha.
"Nossa Senhora nos dará de comer", acudiu Clara.

Apesar da advertência, não abriam mão do filho. E, nas palavras de Machado: "Um dia, deu sinal de si a criança, varão ou fêmea, era o fruto abençoado que viria trazer ao casal a suspirada ventura". Tia Mônica ficou desorientada e aconselha Candinho a pegar uma ocupação certa. Ele, porém, que já perdera ou abandonara outros ofícios, sentia até mesmo orgulho por sua habilidade em pegar escravos fugidos: "... preto fugido sabe que comigo não brinca; quase nenhum resiste, muitos entregam-se logo".

Com o tempo, entretanto, os lucros começaram a escassear porque a concorrência aumentou, outros desempregados se interessaram pela atividade, e "a vida fez-se difícil e dura. Comia-se fiado e mal; comia-se tarde. O senhorio mandava pelos aluguéis".

A natureza ia andando e o feto crescia. "Não, tia Mônica! – bradou Candinho, recusando um conselho que me custa escrever, quanto mais ao pai ouvi-lo: Isso nunca!", pois, continua Machado, foi "na última semana do derradeiro mês que a tia Mônica deu ao casal o conselho de levar a criança que nascesse à Roda dos enjeitados. Em verdade, não podia haver palavra mais dura de tolerar a dois jovens pais que espreitavam a criança, para beijá-la, guardá-la, vê-la rir, crescer, engordar, pular... Enjeitar o quê? Enjeitar como? Candinho arregalou os olhos para a tia, e acabou dando um murro na mesa de jantar". Apesar da reação do rapaz, tia Mônica insiste: "Vocês devem tudo: a carne e o feijão vão faltando. Se não aparecer algum dinheiro, como é que a família há de aumentar?" [...] "Lá (na Roda) não se mata ninguém, ninguém morre à toa, enquanto que aqui é certo morrer, se viver à mingua. Enfim...".

Tia Mônica tinha já insinuado aquela solução, "mas era a primeira vez que o fazia com tal franqueza e calor – crueldade, se preferes".

A situação se agrava quando, nesse momento, bate à porta o dono da casa, credor de três meses de aluguel, que vinha em pessoa ameaçar o inquilino. Vinha receber os aluguéis vencidos, não podia esperar mais; "se dentro de cinco dias não fosse pago, pô-lo-ia na rua" [...] "Cinco dias ou rua! – repetiu, metendo a mão no ferrolho da porta e saindo".

Candinho, nesses lances não costumava se desesperar, pois contava com algum empréstimo, "não sabia como nem onde, mas contava". Recorreu também a velhos anúncios de pretos fugidos, mas tudo em vão, ao fim de quatro dias não havia encontrado recursos.

Machado continua narrando a história em tensão dramática: "A situação era aguda. Não achavam casa, nem contavam com pessoa que lhes emprestasse alguma; era ir para a rua. Tia Mônica teve arte de alcançar aposento para os três na casa de uma senhora velha e rica, que lhe prometeu emprestar os quartos baixos da casa, ao fundo da cocheira, para os lados de um pátio. Teve ainda a arte maior de não dizer nada aos dois, para que Cândido Neves, no desespero da crise, começasse por enjeitar o filho e acabasse alcançando algum meio seguro e regular de obter dinheiro; emendar a vida, em suma".

"Assim sucedeu. Postos fora da casa, passaram ao aposento de favor, e dois dias depois nasceu a criança". A alegria do pai foi enorme e a tristeza também, pois tia Mônica insistiu em seu propósito, oferecendo-se, ela mesma, para levar a criança à Roda. Cândido Neves pediu que não, que esperasse, que ele mesmo a levaria. Como, porém, choveu, resolveu o pai levá-lo na noite seguinte. E, no tempo que lhe restou, reviu todas as suas notas de escravos fugidos ressaltando uma, referente a uma mulata, por quem pagavam alta gratificação. Levou todo o dia percorrendo as ruas por onde ela parecia andar, mas não a achou e voltou para a triste casa que lhe haviam emprestado, onde o menino estava pronto para ser levado. "O pai, não obstante o acordo feito, mal pôde esconder a dor do espetáculo... Cogitou mil modos de ficar com o filho: nenhum prestava". Assim que o menino adormeceu "pegou dele", e saiu em direção à Rua dos Barbonos.

"Que pensasse mais de uma vez em voltar para casa com ele, é certo; não menos certo é que o agasalhava muito, que o beijava, que lhe cobria o rosto para preservá-lo do sereno".

Ao se aproximar do local buscado, diminuiu o passo para retardar o momento da separação. Tem, também, a ideia de se demorar passando por becos próximos e foi então que, subitamente, viu do outro lado da rua um vulto de mulher – a mulata fugida! Tomado de intensa comoção, Cândido entra em uma farmácia, pede ao proprietário que guarde a criança por um instante; viria buscá-la sem falta. Parte atrás da escrava e, ao alcançá-la, chama-a pelo nome: "Arminda!". Desavisada, Arminda se volta e Cândido salta sobre ela, atando suas mãos com uma corda, ordenando que caminhasse. De nada adiantou se debater e suplicar: "Estou grávida, meu senhor!". "Quem passava ou estava à porta de uma loja compreendia o que era e naturalmente não acudia". "Você é quem tem culpa", acusa Candinho. "Quem lhe mandou fazer filhos e fugir depois?".

Arrastada, desesperada e arquejando, a escrava é entregue ao senhor que ali mesmo paga a gratificação. "No chão, onde jazia levada do medo e da dor, e após algum tempo de luta, a escrava abortou:

"O fruto de algum tempo entrou sem vida neste mundo, entre os gemidos da mãe e os gestos de desespero do dono". Cândido Neves viu todo esse espetáculo, mas urgia correr à Rua da Ajuda, o que ele fez sem querer conhecer as consequências do desastre. Ali se assusta, pois, ao chegar, não vê o bebê que estava com a família do farmacêutico. "O pai recebeu o filho com a mesma fúria com que pegara a escrava fujona de há pouco, fúria diversa, naturalmente, fúria de amor".

Cândido Neves saiu, às carreiras, com o filho e os cem mil réis de gratificação para a casa de empréstimo, onde explica o acontecido. "Beijando o filho, entre lágrimas verdadeiras, abençoava a fuga e não se lhe dava do aborto".

"Nem todas as crianças vingam, bateu-lhe o coração".

II

"O livro está nas mãos do leitor", diz Machado no prefácio a Papéis Avulsos, com seu tom irônico e ambíguo, defendendo-se, quem sabe, do julgamento aos seus contos como um gênero menor. Porém, em seu estilo, pleno de enigmas, charadas e paradoxos, por vezes conduzindo a becos sem saída, aquelas palavras poderiam melhor significar que o livro, agora pertence ao leitor, intérprete e por isso, participante e parceiro do que ele escreveu. É o caminho a que me proponho com esse conto, tendo como ponto de partida, a atração e o desconforto que me causou.

"Pai contra Mãe" foi considerado, por muitos, um conto que teria como temática central a escravidão e o jogo de poder entre um homem branco livre e uma negra escrava. Embora o próprio título possa assim sugerir, sabemos que a escrita machadiana pode conduzir o leitor a uma leitura superficial e apressada guardando nas sutilezas e pormenores, o significado profundo do texto. Este, ele inicia reconhecendo a escravidão como instituição social e, em um tom de aparente crueldade pouco visto em nosso autor, descreve os instrumentos e os métodos de tortura e controle dos escravos – o ferro ao pescoço, o ferro ao pé, a máscara de folha de flandres, os castigos físicos. Por entre as descrições dos aparelhos, o narrador acrescenta sua função e utilidade social: "Era grotesca tal máscara, mas a ordem social e humana nem sempre se alcança sem o grotesco e alguma vez o cruel". Ao comentar sobre as pancadas que sofriam os negros fujões diz, ainda: "Havia alguém em casa que servia de padrinho e o mesmo dono não era mau; além disso, o sentimento de propriedade moderava a ação, porque dinheiro também dói". Essa análise social, feita com tal distanciamento e aparente naturalidade, como que induz o leitor a inferir uma posição conservadora e aquiescente no narrador; entretanto o discurso é evidentemente irônico e a ironia desencadeia outras possíveis interpretações. Se lembrarmos que outros textos de Machado confirmam sua defesa pela liberdade humana e sua condenação ao sistema escravocrata, poderíamos pensar que a intenção do autor é, exatamente, despertar no leitor o horror que a escravidão representou.

Entretanto, não só da escravidão fala o conto, pois após o preâmbulo e até seu final, Machado se dedica às condições de pobreza na vida de Candinho e sua família: a falta de dinheiro, a incerteza de ter onde morar, a ameaça da fome e da miséria, e em meio a toda essa precariedade, o anseio do casal por ter um filho. "Eles queriam um, um só, embora viesse agravar a necessidade". Assim, Machado retorna à questão da paternidade, já abordada em sua crônica de 1895 – "O autor de si mesmo" – em que, a partir de um caso macabro em Porto Alegre (pais que matam seu bebê), e apoiado pela Metafísica do Amor de Schopenhauer, ele interpreta as pretensões amorosas de um casal como ilusão, parte de um estratagema inconsciente da natureza para perpetuar a existência, servindo, assim, ao bem da espécie. Aqui, porém, mais do que a atração entre Candinho e Clara, o escritor acentua diretamente a necessidade de um filho "o fruto abençoado que viria trazer ao casal a suspirada ventura". Ventura que ele define em esperar a criança "para beijá-la, guardá-la, vê-la rir, crescer, engordar, pular...".

"Notai que era um menino", ressalta Machado a tristeza por terem que deixá-lo na Roda, "e ambos os pais desejavam exatamente este sexo". Como enjeitar um ideal, a esperança que essa criança lhes trazia, as maravilhas que dariam redenção à miséria física e a pobreza de sonhos em suas vidas? Era um Messias, esse menino nascido ao fundo de uma cocheira, como Jesus, mas era também um bebê frágil que necessitava de cuidados. Nosso autor nos surpreende com a transformação de Candinho, com a dor da renúncia e o esquecimento de si mesmo: "Não quis comer o que tia Mônica lhe guardara; não tinha fome, disse, e era verdade". É também reveladora a "fúria de amor" que dele se apossou, o sentimento intenso de responsabilidade e proteção ao bebê: "certo é que o agasalhava muito, que o beijava, que lhe cobria o rosto para preservá-lo do sereno". Tal descrição de Machado me remeteu ao estado de "preocupação materna primária" conceituado por Winnicott e tão bem resumido no interessante trecho de *Os bebês e suas mães*: "Certamente algo acontece às pessoas quando elas se veem confrontadas com o desamparo que supostamente caracteriza o bebê. É terrível deixar um bebê à porta de vocês, pois suas reações ao desamparo do bebê modificam a sua vida e talvez atrapalhem os planos que tenham feito... poderíamos quase dizer que as pessoas que cuidam de um bebê são tão desamparadas em relação ao desamparo do bebê quanto o bebê o é. Talvez haja até mesmo um confronto de desamparos".

A partir desse ponto em minhas reflexões, comecei a entrever o desconforto que o conto me causara. Machado deixara não só um bebê à minha porta como também o seu desamparado pai. E, mais adiante, quando nos informa da gravidez de Arminda, de suas súplicas, da luta desesperada com Cândido, ele nos convoca para uma terrível escolha de Sofia, um beco cuja saída só encontrei no sentimento de compaixão que passei a experimentar, dentro de mim, pelos dois personagens, depois de um processo interno laborioso, demorado. Entendi, então, a afirmação de André Comte-Sponville, de que a compaixão é mal vista porque compadecer é participar do sofrimento de outro – sofrer com – e todo sofrimento é, em princípio, sentido como ruim e dele procuramos nos esquivar, como o fizeram tia Mônica e Candinho, acusando e culpando a escrava pelo que lhe acontecera. Entretanto, nem todo sofrimento é vão – a experiência nos ensina – mas, ao contrário, é o caminho que nos leva, muitas vezes, a uma revelação, como me sucedeu, então, ao constatar que o tema central desse conto seria, não apenas a escravidão e seus horrores, mas o próprio desamparo da condição humana. A figura principal no texto é um trabalhador miserável, levado pela pobreza e despreparo a um trabalho desumano e torpe, e que forma uma família também miserável, sem suporte social, vivendo num contexto em que as possibilidades de mudança são remotas.

Ao longo de sua obra, de forma sutil e escondida Machado nos apresentou um olhar compassivo para a miséria humana em suas infinitas variações. Os personagens de seus contos são pessoas sofrendo, por exemplo, decepções amorosas, perdendo as ilusões da juventude, vivendo a solidão de um fim de vida, o fracasso de um ideal ou da perfeição inatingível: "Celestina deixou cair uma lágrima, e foi a última que o amor lhe arrancou" (Uma Carta); "Luisa... consolou-se como se consolam os desgraçados. Viu ir-se o único sonho da vida, a melhor esperança do futuro" (Folha Rota); "A causa da melancolia de mestre Romão era não poder compor, não possuir o meio de traduzir o que sentia" (Cantiga de Esponsais); e ainda o Pestana um fazedor de polcas famoso que guardava dentro de si as harmonias de um Réquiem sem conseguir escrevê-las; "E aí voltaram as náuseas de si mesmo... e juntamente o esforço de compor alguma coisa ao sabor clássico, uma página que fosse, uma só, mas tal que pudesse ser encadernada entre Bach e Schumann. Vão estudo, inútil esforço... E ele ia andando, alucinado, mortificado, eterna peteca entre a ambição e a vocação" (*Um Homem Célebre*).

Enfim, em mais de uma centena de contos, é uma galeria de tipos com suas idiossincrasias, sentimentos, defeitos e virtudes em uma obra que está impregnada da humanidade dolorida e rica de Machado, pois já dizia a sabedoria medieval que "só o igual pode conhecer o igual", ou seja, só se pode conhecer no outro o que é próprio de si mesmo e reconhecido sem angústia ou rejeição. Ele, entretanto, é acusado por alguns críticos de pessimismo, de ser impiedoso com seus personagens, decompondo suas almas e satirizando as fraquezas da natureza humana. Penso, ao contrário, que Machado vai além da piedade – sentida de cima para baixo – e tem sabedoria e coragem de acolher o verdadeiro para chegar à compaixão, sentimento horizontal que realiza a igualdade entre aquele que sofre e aquele que compartilha de seu sofrimento. "Nesse sentido", sugere Comte-Sponville, "não há piedade sem uma parte de desprezo; não há compaixão sem respeito". E "a compaixão" continua o filósofo é um sentimento... e como Kant nos lembra, ela não pode ser um dever. Todavia os sentimentos não são um destino, que poderíamos apenas ter de suportar. O amor não se decide, mas se educa. O mesmo vale para a compaixão: não é um dever senti-la, mas sim, explica Kant, desenvolver em si a capacidade de senti-la. Nisso, a compaixão também é uma virtude, isto é, ao mesmo tempo um esforço, um poder e uma excelência". Não teria Machado alcançado essa condição, dentre outras conquistas, atravessando sua temporada no inferno (como chamam alguns), os meses de recolhimento em Friburgo ao final de 1878? Sentiu-se próximo da morte, foram seis meses de doença, de abatimento e melancolia, nos quais uma retinite prejudicou a sua visão, necessitando da devoção e dos cuidados de Carolina que para ele lia e a quem ditava seus escritos.

Retorna de Friburgo transformado: "... ainda hoje surpreende o salto mortal que Machado deu. Comparem 'Folha rota' (1878) com qualquer obra publicada depois de 1880, para que se dê conta da envergadura dessa mudança..."; "O mais extraordinário nessa mudança, normalmente chamada de "a crise dos quarenta anos", é que o poder da prosa de Machado ganha uma intensidade e uma confiança inéditas. É como se, de fato, tivesse dominado uma série de efeitos novos, uma música nova"(John Gledson). Em seu novo estilo Machado torna-se "o bruxo do Cosme Velho", oferece a sua obra para que o leitor realize sua própria travessia e, recriando o que lê, encontre a si mesmo.

Ele faz menção ao seu estilo e nos convida a segui-lo: "O melhor é afrouxar a rédea à pena e ela que vá andando até achar entrada. Há de haver alguma; tudo depende das circunstâncias, regra que tanto serve para o estilo como para a vida; palavra puxa palavra, uma ideia traz outra, e assim se faz um livro, um governo ou uma revolução". Essa esplêndida descrição de associação livre conduzindo ao inconsciente criador trouxe-me mais uma surpresa, por justificar, quem sabe, a atração inicial que o conto exerceu sobre mim. Subitamente, enquanto trabalhava esse texto, juntei a frase final de Candinho "Nem todas as crianças vingam" com "Não há jardineiros para os homens" de um outro mestre da Literatura, Antoine de Saint-Exupéry que, com seu livro *Terra dos Homens* encantou minha adolescência. Nas últimas páginas, o narrador-autor descreve uma longa viagem de estrada de ferro que fizera há anos. Pela madrugada resolve percorrer os carros e constata que os da terceira classe estavam cheios de operários despedidos na França e que voltavam para a sua Polônia. Era toda uma população de homens, mulheres e crianças amontoados e sacudidos pelos movimentos do trem em um sono intranquilo. Pareciam ter perdido um pouco a qualidade humana, levados pela pobreza de um extremo a outro da Europa, arrancados de tudo o que haviam acariciado e amado: a pequena casa com seus vasos de gerânios, o gato, o cachorro e o mais que tiveram de sacrificar. Percebe os homens embrutecidos, as mulheres esgotadas, eles que foram jovens, um dia, e faceiros, agora parecem um monte de barro. Saint-Exupéry se pergunta: "Por que a bela argila humana se estraga assim?"; "Que estranha máquina essa de entortar homens?". Ele senta-se diante de um casal e vê uma criança alojada entre eles, um bebê com um lindo rosto, uma espécie de fruto dourado, um pequeno prodígio de graça com sua fronte lisa e a pequena boca ingênua. Nas palavras do autor: "eis a face de um músico, eis Mozart criança, eis uma bela promessa de vida... Protegido, educado, cultivado, o que não seria ele? Quando nos jardins nasce uma rosa nova, os jardineiros se alvoroçam. A rosa é isolada, é cultivada, é favorecida. Mas não há jardineiros para os homens. Mozart criança irá para a estranha máquina de entortar homens. Mozart está condenado".

Voltando para seu lugar, o autor continua a pensar: "O que me atormenta aqui não é a caridade... não creio na piedade. O que me atormenta é o ponto de vista do jardineiro... o que me atormenta, as sopas populares não remedeiam. O que me atormenta não são essas faces escavadas nem essas feiuras. É Mozart assassinado, um pouco, em cada um desses homens".

Obrigada, Machado!

Bibliografia

1. AGUIAR, L. A. *Almanaque, Machado de Assis*, Ed. Record, Rio de Janeiro, 2008.

2. ASSIS, Machado de. *Obras completas*, Ed. Nova Aguilar, Rio de Janeiro, 1986.

3. COMTE-SPONVILLE, A. *Pequeno tratado das grandes virtudes,* Martins Fontes, São Paulo, 1995.

4. GLEDSON, J. *Por um novo Machado de Assis*, Cia. das Letras, São Paulo, 2006.

5. GOTLIB, N. *Teoria do conto*, Editora Ática, São Paulo, 2006.

6. PEREIRA, L. Miguel. *Machado de Assis*, Ed. Itatiaia, Belo Horizonte, 1988.

7. PIZA, D. *Machado de Assis, um gênio brasileiro*, Ed. Imprensa Oficial, São Paulo, 2008.

8. PRADO Lopes, L. *Machado de A a Z*, Ed. 34, São Paulo, 2008.

9. SAINT-ÉXUPÉRY, A. *Terra dos homens*, José Olympio, Rio de Janeiro, 1975.

10. WINNICOTT, D. *Os bebês e suas mães*, Martins Fontes, São Paulo, 1988.

6. Sobre a intimidade

A autora estuda a patologia do falso *self* de um personagem criado por Josephine Hart em seu romance *Perdas e danos*. Pela trama apresentada, analisa a queda das defesas na estrutura psíquica desse personagem, e o surgimento de um estado regressivo expressado por sentimentos de paixão e urgência sexual.

I

À porta, quem virá bater?
Em uma porta aberta se entra
Uma porta fechada um antro
O mundo bate do outro lado de minha porta

Com esses versos de Pierre Albert-Birot (Les Amusements Naturels, p. 217), Bachelard inicia um dos ensaios de sua Poética do espaço. Do porão ao sótão, ele se debruça sobre a casa, buscando os valores de intimidade do espaço interior. Numerosas imagens irá então descrever, construídas com lembranças que evocam a casa da infância de cada um, e onde estão os cheiros dos armários, a curiosidade e o medo dos cantos sombrios, os abrigos de solidão. As regiões de intimidade exercem sobre nós um poder de atração, define ele, e nós nos reconfortamos ao reviver lembranças de proteção: o calor do fogo quando o vento e a tempestade rugem lá fora, a lâmpada acesa que brilha no escuro e nos espera, o primeiro refúgio, a casinha, construída no desvão da escada ou em outro espaço reduzido qualquer, onde podíamos nos encolher, esconder e brincar. É este, pois, para Bachelard, o benefício mais precioso da casa: ela é uma força de integração para o pensamento, lembranças e os sonhos do homem. A casa abriga o devaneio, a casa protege o sonhador, a casa permite sonhar em paz (p. 26).

Uma psicanálise deveria, pois, atentar para essa simples localização de lembranças, recomenda Bachelard (p. 28). Ele chamaria essa análise, auxiliar da psicanálise, de Topoanálise: o estudo psicológico sistemático dos locais de nossa vida íntima. Mas ao nos dizer também que nossa alma é uma morada, e que ao lembrarmos das casas, dos aposentos, aprendemos a morar em nós mesmos (p. 20), ele deixa implícito que a experiência de intimidade é um aprendizado, uma conquista. Como psicanalistas, passa a nos interessar, então, as falhas nesse aprendizado, as pessoas que não têm na alma uma morada e não alcançaram um refúgio interior.

II

Josephine Hart, escritora irlandesa da atualidade, em seu romance de estreia *Perdas e Danos*, cria um personagem semelhante a muitos dos pacientes que buscam, hoje, os nossos consultórios. Este homem de cinquenta anos, anônimo em todo o livro, como que já anunciando seu precário sentimento de identidade, se apresenta dizendo:

"Existe uma paisagem interna, uma geografia da alma, cujos contornos buscamos durante toda a nossa vida. Aqueles que têm a sorte de encontrá-la correm tranquilos como a água sobre a pedra, acomodando-se aos seus contornos fluidos, e se sentem 'em casa' ".

"Podemos passar a vida inteira felizes ou infelizes, bem-sucedidos ou fracassados, amados ou não, sem jamais parar imobilizados pelo choque do reconhecimento, sem jamais sentir a agonia do momento em que o grilhão retorcido em nossa alma se desprende, e afinal encontramos o nosso lugar".

O romance foi levado para o cinema, com a direção de Louis Malle, que batizou o personagem como Stephen Fleming, provavelmente por uma facilidade narrativa, a que aqui também recorro.

Stephen, aos cinquenta anos, era um médico e político com uma carreira em evidente ascensão. Casado com uma bela mulher – Ingrid – dois filhos adultos – Martyn e Sally – também bonitos e talentosos, boa situação financeira, bem-sucedido em sua função de assistente no Ministério da Saúde, Stephen ganha notoriedade, nos jornais e televisão, com seu rosto preocupado e sua voz bem educada, declamando clichês vagamente liberais. "Eu representava os papéis que me eram solicitados, como um ator profissional", entretanto, acrescenta: "a paixão que transforma a vida e a arte não parecia me ser destinada".

A vida, que seguia seu curso sereno, é subitamente abalada com a entrada em cena de *Anna*, uma nova namorada de Martyn. Ele, que havia tido inúmeras e passageiras namoradas, pela primeira vez parece seriamente envolvido com essa mulher oito anos mais velha.

Stephen e Anna se conhecem em uma festa de Natal oferecida pelo editor de um jornal. Ela se apresenta a Stephen como a namorada de seu filho. Pouco falam, mas se olham longamente. Eis a descrição de Stephen: "Uma calma silenciosa pareceu se apoderar de mim. Dei um profundo suspiro, como se tivesse acabado, repentinamente, de me despir de uma pele. O choque do reconhecimento tinha passado através do meu corpo, como a corrente de uma violenta descarga elétrica. Apenas por um momento eu encontrara alguém de minha espécie, outro membro de minha raça. Reconhecêramos um ao outro. Eu me sentira em casa".

Muito embora se reencontrem na casa de Stephen, no almoço do domingo seguinte, quando então são formalmente apresentados, nada falam do encontro anterior, que permanece agora como um segredo, um elo que une os dois, a primeira mentira. Outras mais se seguirão, pois, daí por diante, vivem uma vida dupla.

A primeira visita à casa de Anna é marcada, logo depois, em poucas palavras. Basta um telefonema em que ela se anuncia: "Alô, aqui é Anna" para que Stephen, após um breve silêncio lhe diga: "Onde você está? Vá para casa. Estarei lá dentro de uma hora". Ele anota o endereço e nada mais é dito, mesmo quando recebido por ela no hall de entrada do apartamento. Ela, em seguida, se deita no carpete da sala de visitas, abre os braços em cruz, levanta e dobra as pernas e ele a penetra.

Esse misto de pedido e exigência, urgentes, e o atendimento pronto de Anna, é um padrão que caracteriza os encontros sexuais dos dois – na casa de Anna, a qualquer hora do dia ou da noite, em um umbral da porta de uma ruela em Paris (junto ao hotel em que se hospedava com Martyn), de madrugada, na casa de campo do sogro de Stephen, quando a família se reunira para um fim de semana, Anna cumpria a promessa que lhe fizera: "Tudo, sempre!".

É importante conhecer as sensações, os sentimentos de Stephen: "Sobre o corpo de Anna tenho pouco a dizer. Era simplesmente essencial. Não podia suportar a ausência dela. O prazer era incidental, um evento secundário. Jogava-me sobre ela como sobre a terra, e obrigava cada um dos membros de seu corpo a alimentar minha fome, minha carência...".

Enquanto isso, o namoro com Martyn progride, e decidem realizar o casamento em três semanas. Stephen se desespera. Já havia proposto, anteriormente, se separar de Ingrid para viver com Anna e esta recusa: "Nunca, nunca! Eu nunca farei isso", é a sua resposta definitiva. Em Martyn, em seu enamoramento e devoção, na liberdade que ele lhe concedia, sem nada jamais perguntar, Anna encontrara paz. Trazia ela, do passado, uma história que a marcara e que a levara a advertir Stephen: "Cuidado, as pessoas marcadas são perigosas, pois sabem que podem sobreviver". O irmão único de Anna, um pouco mais velho que ela, se suicidara na adolescência cortando os pulsos e a jugular, no quarto ao lado onde ela estava. Anna explica a Stephen: "Não foi um pedido de socorro. Na ocasião ninguém soube o motivo, mas vou lhe contar. Ele me amava apaixonadamente e não era correspondido. Tentei consolá-lo oferecendo-lhe o meu corpo..." Após uma pausa, falando, depois, em intervalos bruscos e tom seco: "O sofrimento dele, a minha tolice... a nossa confusão... ele se matou".

Anna encontra uma alternativa para uma vida com Stephen, oferecendo-lhe a chave de um pequeno apartamento que comprara. De imediato, Stephen chama um táxi e se dirige ao endereço indicado. Lá encontra um bilhete de Anna:

Este quarto não acomodará nada a não ser nós dois. Um mundo dentro de um outro mundo. Virei aqui para conhecer seus desejos. Pois aqui, neste mundo de minha criação, você é soberano e sou sua escrava. Esperarei nos horários que você determinar. Obediente aos seus desejos, estarei sempre aqui.

Ao lado do bilhete, um diário antigo, uma pena e um tinteiro, peças de época, onde passam a anotar as datas em que se encontrarão. Marcando o dia, uma longa fita de seda verde onde estava inscrito: "E ele chegou ao seu reino".

Após o primeiro encontro nesse apartamento, é marcada uma nova data, exatamente a tarde anterior ao casamento. Anna se despede de Stephen, acariciando seu rosto e dizendo: "Tudo. Sempre. Lembre-se!".

No dia marcado, Anna o espera com uma pequena valise, de onde tira o vestido de casamento e um minúsculo chapéu. "Isto é para amanhã", diz sorrindo. "Esta tarde e esta noite são para você".

"Abandonando o disfarce elegante", descreve Stephen, "tornei-me eu mesmo, e ela como uma deusa poderosa, sussurrou, sim, sim, durante as horas do seu cativeiro". Em um jogo amoroso, ele enrola sobre seus olhos uma fita bordada, encontrada na maleta, até que ela nada mais pudesse ver. E, depois, encontrando, também, pequenas mechas de algodão macio, joias de recolhimento, colocadas nos lugares exatos, passaram a mover-se em um mundo de absoluto silêncio. Por isso, não conseguem ouvir a porta se abrindo, e nada percebem, até que Stephen vê Martyn paralisado no portal. Stephen o vê levantando os braços e recuando, como que se protegendo do golpe terrível, até cair, silenciosamente sobre o corrimão, rumo à morte, lá embaixo, no piso de mármore do hall do edifício.

Despido, desce correndo a escadaria para abraçar o corpo do filho, e assim permanece até os enfermeiros chegarem. Uma mulher, compadecida, joga uma estola vermelha sobre ele, enquanto Anna, já vestida, penteada e hediondamente calma lhe diz: "*Acabou, acabou tudo*", desaparecendo, em seguida, para sempre.

Depois, o inquérito policial, o escândalo e, na narrativa comovente da autora, as horas seguintes à tragédia – a dor de Ingrid, o reconhecimento do corpo, o sepultamento. Na véspera, Ingrid dissera ao marido: "Depois do dia de amanhã nunca mais quero tornar a vê-lo". Stephen compreende, concorda e, depois de receber uma carta de despedida de Anna, se retira do mundo. Já havia pedido demissão do cargo público que ocupava e, com a ajuda de seu advogado, se isola em uma ruazinha de outra cidade, em um apartamento de paredes, teto e tapetes todos brancos. "As cores, por mais discretas que fossem, eram mais do que eu podia suportar".

III

Podemos usar as palavras de Freud em *A Gradiva*, para pensar a respeito de Josephine Hart: "Os escritores criativos são aliados muito valiosos, cujo testemunho deve ser levado em alta conta, pois conhecem uma vasta gama de coisas entre o céu e a terra com as quais a nossa filosofia ainda não nos deixou sonhar. Estão bem adiante de nós, gente comum, no conhecimento da mente, já que se nutrem de fontes que ainda não se tornaram acessíveis à ciência" (p. 18).

E, assim, avançamos um pouco mais no conhecimento de Stephen, quando a autora nos revela seus sentimentos: "Começar a existir por meio da mão de uma outra pessoa, como eu pela mão de Anna, tem como consequência estranhas e inimagináveis necessidades. Respirar se tornava mais difícil na ausência dela. Eu sentia, literalmente, que estava nascendo".

Até a chegada de Anna, Stephen era um estranho afetuoso entre a mulher e os filhos, sem conhecê-los e sem se conhecer, vivendo em um ambiente de beleza que não lhe satisfazia, um dissimulador eficiente, tentando ser o que esperavam que ele fosse: um bom marido, um bom pai, um bom filho. Mas após conhecer Anna ele se perguntava, ao visitar a casa de campo do sogro, local de tantas férias passadas com a família: "Quem era o rapaz que havia caminhado por aquelas mesmas campinas, fazendo a corte a Ingrid? Onde estava o pai que tinha fotografado Sally e Martyn, enquanto trotavam em seus pôneis, desajeitamos, mas cheios de orgulho? Afinal, pensa justificando a proposta de Anna de uma vida em adultério: "Eu levava uma vida que jamais havia sido real para mim. Agora ele continuaria mentindo, enganando, mas pelo menos tinha uma vida de verdade. A vida que Anna me dera".

Aceitara também a realidade de não viverem juntos, pois, ao imaginar Anna a seu lado, como marido e mulher, desjejuns a dois, jantares com amigos, férias, foi acometido de um grande mal-estar. "Não iria funcionar", conclui. "Éramos feitos para outras coisas... para desejos repentinos, urgentes". E ele se surpreende, então, de que houvesse entre eles uma estranha linguagem do corpo.

Louis Malle tenta reproduzir no filme, as imagens de seus encontros sexuais. Mais que um homem viril, possuído por um desejo pleno em erotismo genital, vemos Stephen agarrando Anna com sofreguidão, dispondo de seu corpo como uma criança disporia de uma boneca de trapo ou, recuando no tempo, como um bebê confiante disporia do corpo da mãe ao mamar em seu peito. A descrição da autora é sensível e definitiva a respeito: "Faminto, às vezes me mantinha a distância, segurando-a pelos cabelos ou por um seio, doente de raiva. Ela nunca gritava de dor. Pacientemente se submetia aos tormentos vagarosos de minha adoração. Às vezes, como se numa roda de tortura inventada por minha imaginação, estoicamente suportava o peso do meu corpo". E conclui, confirmando a semelhança e hipótese que acabei de formular: "Olhos escuros, figura materna, eterna criadora daquilo que a feria".

Que irresistível atração exerce Anna sobre Stephen?

Anna é um personagem misterioso. O foco da autora se dirige sobre Stephen, deixando na sombra os outros caracteres do romance, traçando, tão-somente, em esboço rápido, os seus perfis. Ao longo da história, porém, Stephen delineia a visão de Anna como alguém seguro de si, forte, como uma deusa, a quem se poderia entregar, em segurança, o próprio destino. É o que ele, de fato, faz. Em contrapartida, essa deusa poderosa lhe prometia um reino, onde, soberano, ele imporia seus desejos, e assim, sob o fascínio dessa ilusão, o cativo se tornaria senhor e teria a deusa como sua escrava.

Tal ilusão parece ser a garantia para que Stephen pudesse suportar sua vulnerabilidade, a extrema dependência em que estava da amante. Em um determinado momento do livro, ao ver Martyn olhando amorosamente para Anna e beijando sua mão, sente uma dor intensa que o despedaça e o impede de respirar. Stephen descreve seu desespero: "Eu queria gritar para ele: Não toque nela! Não toque nela! Não toque na mão da minha escrava!". E para Anna: "Escrava, vem já para junto de mim! Aqui! Na frente de todo mundo! Deixa-me adorar-te! Escrava, deixa que eu me ajoelhe diante de ti!".

Não obstante os tormentos por que Stephen passa, sente que não pode ficar sem Anna, pois teme voltar a ser o que era antes, um quase morto. Anna despertara, assim, a capacidade de sentir em Stephen, até então amortecida, e por isso ele sofre, com intensidade, a perda do filho. Nessa noite havia uma lua cheia no céu sem estrelas e ele pensa que, talvez por uma deficiência profunda do espírito, nunca fora tocado por tal beleza.

Anna assinala essa transformação de Stephen, quando lhe diz em sua carta de despedida: "Você precisava da dor. E era pela minha dor que ansiava, faminto!".

IV

Ao descrever determinadas patologias, Winnicott se refere a defesas que constituem uma organização no sentido da invulnerabilidade. O que é comum, a todas as pessoas assim defendidas, é que nunca mais devem experienciar a ansiedade impensável que se acha na raiz de sua enfermidade. Protegendo-se de sentir, lançando mão de mecanismos de cisão no ego, o indivíduo acaba por perder contato consigo mesmo, com seus próprios sentimentos, com o núcleo verdadeiro de seu *self*. As consequências desse processo podem ser constatadas ao longo da apresentação que Stephen faz de si próprio, sobretudo, quando se define como um quase morto, ou quando constata que não havia tido uma existência real.

Stephen, tal como cada um de nós diante de um paciente semelhante, se pergunta sobre a origem da perturbação que distorceu o seu ser. Como a maioria dos pacientes, entretanto, ele não consegue encontrar explicações, mas fala de sua infância envolvida em névoa, onde sobressai a força constante de um pai dominador, impondo a todos a sua vontade.

A submissão é uma característica presente, sempre, nos que desenvolvem uma vida falsa, pois, como aconteceu com Stephen, passam a ser aqueles que outros esperam que eles sejam, escondendo a própria natureza, muitas vezes até de si mesmos, como vimos, e assim se protegem contra uma verdadeira violação ou ameaça de aniquilamento. Uma identidade falsa se estabelece, muitas vezes por imitação, o que deve ter levado Stephen a se ver como um ator, um dissimulador eficiente.

As vicissitudes de um desenvolvimento perturbado são alcançáveis e reconstituídas, com frequência, somente por meio do estabelecimento de uma situação transferencial. É o que se passa, evidentemente, no processo analítico, mas também o que ocorreu com Stephen após a chegada de Anna à sua vida. Ele sentira, então, que estava nascendo e começando a existir pela mão de Anna, o que lhe despertava estranhas necessidades, provavelmente àquelas que, como bebê, não puderam ser satisfeitas, pois lembrava-se da mãe como pessoa delicada, mas também submetida à vontade imperiosa do pai. Talvez por isso, quem sabe, ela não tenha podido oferecer ao filho um reino, onde ele, Sua Majestade, o Bebê, vivesse uma condição de onipotência – o tudo, sempre – que o ajudasse a atravessar a fase de dependência absoluta dos primeiros tempos de vida. Nesses tempos a comunicação é, sobretudo, silenciosa, uma experiência corporal realizada *em termos de anatomia e fisiologia de corpos vivos* (Winnicott, 1969; p. 200), que nos remete à estranha linguagem do corpo mencionada por Stephen. Para ele o prazer, era incidental, um acontecimento secundário, pois o essencial era o próprio corpo de Anna, onde ele penetrava sôfrego, aflito, faminto, dizendo, em seguida: "Ah, Anna, Anna. Eu precisava, eu realmente precisava". A resposta breve de Anna, um simples murmúrio "eu sei, eu sei", nos faz recordar o primeiro contato dos dois, apenas um olhar, quando Stephen sentiu o choque de ser reconhecido, de ser provavelmente percebido em sua fragilidade e necessidade extrema. A propósito, nos diz Winnicott sobre o desenvolvimento primitivo: "não se pode pensar no bebê como uma pessoa que sente fome e cujos impulsos instintivos podem ser satisfeitos ou frustrados, e sim como um ser imaturo que está, continuamente, a pique de sofrer uma angústia inimaginável" (Winnicott, 1962; p. 56). Tal angústia é evitada pelo suporte que a mãe oferece quando, em um estado de identificação com seu bebê, cuida de seu corpo como se os dois formassem uma unidade. A mãe se torna, assim, uma parte do bebê, uma extensão de seu *self*, um objeto subjetivo seu, estado que Stephen talvez buscasse quando, em seus jogos amorosos, retira de Anna a visão e a audição, passando os dois a se moverem em um mundo a parte, um mundo de silêncio.

O corpo da mãe é, pois, a morada inicial do bebê, onde ele, começando uma existência psicossomática, em condição de confiança, encontra seu primeiro espaço de intimidade. Ali se abriga, vivendo momentos de relaxamento e paz. Foi essa, provavelmente, uma conquista de Stephen, representada no pequeno e isolado apartamento onde passou a viver. Diante de dois grandes painéis com fotografias, em tamanho natural, de Martyn e Anna, ele lê, escuta música e reflete, durante horas, deixando a pureza branca do quarto o invadir.

No processo analítico, o *setting* cria o espaço de ilusão, onde a regressão e a intimidade primitiva podem acontecer, mas também favorece a desilusão inevitável, à medida que o analista, tal como a mãe suficientemente boa, introduz o mundo em pequenas doses. Winnicott adverte, entretanto, quanto aos cuidados necessários no trabalho com o falso *self*, em virtude da ameaça de aniquilamento que, muitas vezes, o paciente terá que reviver, sobretudo, ao se dar conta da existência do mundo *não eu*, quando o analista, de início um fenômeno subjetivo, se torna um objeto percebido, objetivamente e com vida própria. Na infância, esse desenvolvimento deve levar meses, ou mesmo anos, para que as privações e as perdas possam ser absorvidas pela criança. O fracasso ocorre se a realidade se impõe ao bebê, rompendo, prematuramente, a ilusão da unidade-dual do objeto subjetivo.

De que onipotência estava Anna, então, investida, quando se acreditou capaz de prometer a Stephen que lhe daria tudo, sempre? Ela, a pessoa marcada, a sobrevivente, em um funcionamento perverso, identificada agora com o agressor e não mais vítima, talvez tenha submetido e seduzido Stephen para usufruir de sua busca sôfrega e se sentir, assim, a criadora de uma unidade que ela pode ter, também, perdido brusca ou prematuramente no passado. Stephen permaneceu, por alguns anos, no abrigo que criou, protegendo-se de cores e ruídos fortes, que sua sensibilidade, agora aguçada, não podia suportar. Recolhido, isolado, talvez tivesse conseguido manter Anna, ainda como uma parte de seu *self*, um objeto subjetivo seu. Um dia, entretanto, em uma das raras ocasiões em que deixara seu refúgio, em um aeroporto, ele a revê, grávida, abraçada a um homem, um antigo namorado, que leva pela mão uma criança pequena. Como que ruindo a precária integração que alcançara, Stephen sente seus ossos estraçalhados, seus músculos dilacerados, seu coração arrancado, seu corpo parece cair sobre si mesmo e ele se põe de joelhos.

Após ver Anna desaparecer, mais uma vez, ele volta rapidamente ao apartamento e fecha a porta para não mais sair. Ele se sente um moribundo, de novo um quase morto, e se encerra em seu túmulo.

Para Stephen (diz ele no último parágrafo do livro) essa é uma história de amor que chegou ao final. Para nós, é um triste relato onde se repetiu na transferência, a tragédia e o fracasso inicial de sua vida.

Bibliografia

1. BACHELARD, G. (1957) *A poética do espaço*. São Paulo, Martins Fontes, 1989.

2. FREUD, S. (1907) *Delírios e sonhos na Gradiva de Jensen*. E.S.B., vol. IX. Rio de Janeiro, Imago, 1976.

3. HART, J. (1991) *Perdas e danos*. Rio de Janeiro, Record.

4. WINNICOTT, D. W. (1960) *Distorção do ego em termos de falso e verdadeiro self.* Em *O ambiente e os processos de maturação*. Porto Alegre, Artes Médicas, 1982.

5. _____. (1962) A integração do ego no desenvolvimento da criança. Em *O ambiente e os processos de maturação.* Op. cit.

6. _____. (1969) A experiência mãe-bebê de mutualidade. Em *Explorações psicanalíticas*. Porto Alegre.

7. *Artes médicas*, 1994.

8. _____. (1970). Sobre as bases para o self no corpo. Em *Explorações psicanalíticas*. Op. cit.

Esta obra foi composta em CTcP
Capa: Supremo 250 g – Miolo: Pólen Soft 80 g
Impressão e acabamento
Gráfica e Editora Santuário